조선을 通하다
통

조선을 通_통하다

실록으로 읽는 조선 역관 이야기

• 이한우 지음 •

21세기북스

조선을 '通'한 지식 장인들

사역원司譯院은 요즘 식으로 풀어 말하면 '국립 동시통역 대학원'이다. 사역원이라는 기관은 1275년(충렬왕 1)에 이루어진 관제 개혁에 따라 예전의 통문관通文館을 개편한 것이다. 이미 고려 때부터 주변 국가들과의 외교 및 교역을 위해 한어, 거란어, 여진어, 몽골어, 일본어 등을 전문적으로 연구하고 교육하는 기관이 있었던 것이다.

주변 강국들에 둘러싸인 가운데 그나마 국제 정세를 직접 체험하고 당시 수준에서 세계화된 시야를 갖출 수 있었던 사람들이 바로 사역원에 있었다. 그런데 이처럼 중요한 일을 하는 역관譯官들은 주로 양반과 양인의 중간인 중인中人 출신이었다.

여기에 역관들의 사회구조적인 모순이 있었다. 외국어를 한다는 것은 당시로서는 특히 뛰어난 재능을 요구하는 것이었음에도 신분은 중간층에 머물러야 했다. 그런 면에서 사역원 사람들은 신분제 사회의 모순을 누구보다 첨예하게 느끼면서 동시에 국제 질서와 우물 안 개구리 조선 사이의 엄청난 간극을 마음속으로만 삭여야 하는 위치에 놓여 있었다.

오늘날 학계나 지식인 사회에서 사역원에 대한 관심이 거의 없다는 사실은 지금의 한국도 그와 유사한 처지에 놓여 있기 때문이 아닌가 라는 의심을 해볼 만하다. 여전히 한줌도 안 되는 지식이나 정보를 독점한 채 권력을 탐하거나 국제 감각과는 거리가 있는 사람들이 국가의 핵심을 장악하는 일은 계속되고 있지 않은가? 그러다 보니 자연스레 국제 감각을 가진 지식층보다는 국내의 역학 관계에서 일찌감치 토호처럼 행세해 온 '탁상공론형' 식자들이 지식인 사회를 장악하고 마침내 중앙 권력까지 좌지우지하는 단계에 이르렀다.

사역원 사람들이야말로 조선시대의 거의 유일한 지식 장인匠人들이었다. 최고의 전문가였으며 늘 총론이 판치는 세상에서 각론에 충실했던 그들은 억압의 대상이 될 수밖에 없었다. 그들은 자신의 능력에 비해 사회의 평가가 충분하지 못하다고 생각했을 것이며 그것은 늘 울분의 쌓임과 삭임의 삶으로 이어졌을 것이 분명하다. 이 책에서 철저하게 『조선왕조실록』에 근거해 사역원과 그 전통을 만들어 온 사람들의 이야기를 하려는 것은 이 같은 문제의식에서다. 조선을 건국한 태조 이성계는 고려의 전통을 이어받아 1392년(태조 1) 역과譯科를 신설하고 1393년(태조 2) 9월 예조 산하에 사역원 설치를 명한다.

　본문에서 확인하게 되겠지만, 역관들의 업무는 단순 통역에 머물지 않았다. 때로는 자신들이 가진 외국 체험을 바탕으로 외교 문제에 깊숙이 개입하기도 했다. 그런 점에서 사역원은 요즘의 외교안보연구원 역할도 했고 대외 정보 수입의 첨병이었다는 점에서는 국정원의 모태라고도 할 수 있다.

　이 책은 실록을 바탕으로 정사에 근거를 둔 역관 이야기를 정리한 것이다. 시대를 이끈 그들의 이름을 하나하나 불러 주고 싶었다. 물론 여기에 그들 이름이 모두 거명된 것은 아니다. 그러나 역사는 결국 사람이 만든 것임을 고려할 때 그들 이름을 다시 불러 주는 것만으로도 의미가 있는 것이 아닌가라고 자위해 본다.

글로벌 시대라고 하지만 대한민국 사회는 여전히 곳곳에서 쇄국적 멘털리티를 벗어 던지지 못하고 있다. 우리의 개방성을 한 차원 높이는 데 이 책이 조그마한 기여라도 할 수 있기를 기원한다.

방만한 원고를 깔끔한 책으로 만들어준 21세기북스 김영곤 대표, 안현주 실장, 정혜원 팀장께 깊이 감사드린다.

2013년 2월 탄주灘舟 이한우

:: 차례 ::

3장 신분의 한계 속에서 시대를 이끈 지식 장인들

4장 온갖 수모와 모함을 견뎌야 했던 역관의 숙명

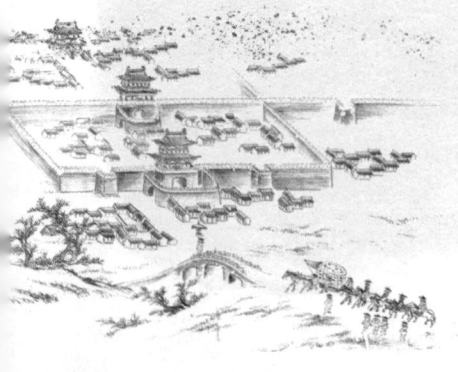

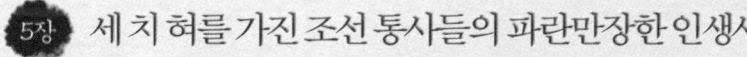

5장 세 치 혀를 가진 조선 통사들의 파란만장한 인생사

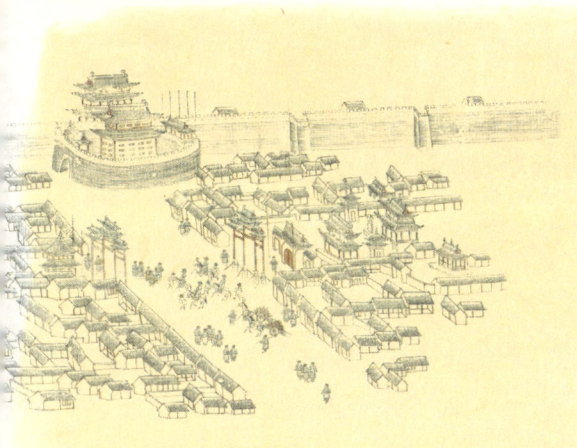

1장

길 위의 지식인,
조선의 동시통역사

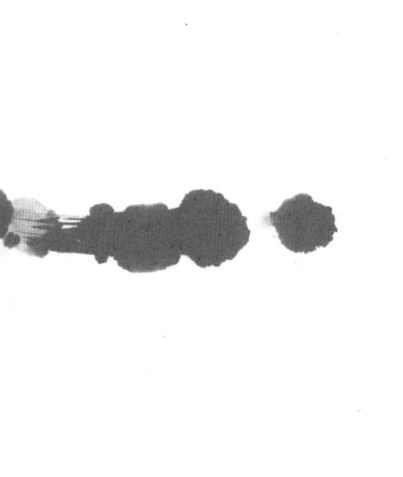

남경으로 가는
세자 양녕 사신단

태종과 눈물로 작별하노니

1407년(태종 7) 9월 25일 지금의 서울 서대문구 연신내에 있던 영서역迎曙驛 동쪽에서는 태종과 세자 사이에 눈물의 작별이 이루어지고 있었다. 세자인 양녕대군 이제가 신년 하례를 겸한 진표사進表使가 되어 명나라 수도 남경을 향해 출발하려고 했기 때문이다.

태종 이방원은 경복궁에서 예복을 갖춰 입고 명나라 황실에 올릴 표전表箋을 향해 정중하게 절을 올렸다. 표전은 중국 황실에 올리는 외교문서다. 표전은 표문과 전문을 합쳐서 부르는 말로 표문은 황제에게, 전문은 황태후나 황태자 등에게 올리는 사대事大문서였다. 그 밖에 외교를 담당하던 명나라 예부禮部에 올리는 외교문서는 자문咨文이라고 했다. 태종이 표전에 절을 했다는 것은 이번 사신 행차에 표문과 전문을 각각 담당하는 사신이 있다는 뜻이다. 실제로 진전사進箋使는 훗날 우의정으로 불리게 되는 우정승 이무李茂였다. 즉 이번 사신

태종이 장남과 작별하기 위해 거쳤던 무악재의 옛모습

단은 진표사와 진전사가 함께 파견되는 것이었다.

　태종은 장남을 먼 길 떠나보내는 게 못내 섭섭했던지 평소처럼 경복궁에서 환송하지 않고 몸소 오늘날의 자하문 터널이 있는 창의문을 지나 무악재 너머 홍제원을 거쳐 연신내에 있던 영서역에서 작별을 나누었다. 자신도 10여 년 전 명나라와 조선 사이에 외교적 갈등이 발생해 사신으로 가서 성공적으로 일을 마무리하고 온 적이 있던 태종은 사행使行길의 어려움을 누구보다 잘 알고 있었다. 어디서 무뢰

배들이나 오랑캐들의 습격이 있을지 알 수 없어 죽음까지 각오해야 하는 길이었다. 태종은 단단히 타이른다.

"길이 험하고 머니 마땅히 자중자애해야 하느니라. 저부儲副, 세자 자리는 책임이 중하다. 오늘 네가 이렇게 힘든 길을 떠나는 것은 다 종사宗社를 위하고 백성을 살리기 위한 계책이니라."

세자가 먼저 울면서 하직 인사를 올렸다. 태종도 이에 눈물을 흘렸고 좌우 신하들도 눈물을 흘리지 않는 이가 없었다. 이곳 영서역에서 태종은 돌아갔다. 드디어 사신단은 북쪽을 향해 발걸음을 옮기기 시작했다. 세자와 함께 가는 사신단의 면면을 살펴볼 차례다.

100명에 이르는 대규모 사신단

진표사 세자가 된 14세의 양녕대군은 당시 학문에 진전이 없어 태종의 불신을 받고 있기는 했지만, 여전히 다음 국왕에 오를 것이 틀림없어 보였다. 진전사 이무는 산전수전 다 겪은 태종의 충신이었다. 쉰 후반의 이무는 한때 정도전 편에 섰다가 이방원이 제1차 왕자의 난을 일으킬 때 투항했으며 한동안 불우하게 지내다가 제2차 왕자의 난 때 공을 세워 1등 좌명공신에 올랐다. 그리고 원나라의 지도 등을 참고해 김사형·이회 등과 함께 조선과 중국과 일본을 담은 지도 〈역대 제왕 혼일강리도〉를 제작한 장본인이다.

사신 다음으로 제2사신인 부사가 있었다. 진표사의 부사는 완산군 이천우, 진전사의 부사는 계성군 이래였다. 이천우의 아버지는 이성계의 배다른 형 이원계였다. 세자에게는 5촌 아저씨뻘이었고 태종의 심복이기도 했다. 이래는 고려 말 언간으로 있으면서 신돈의 횡포에 맞서 거의 유일하게 탄핵을 제기했다가 유배당해 세상을 떠난 이존오의

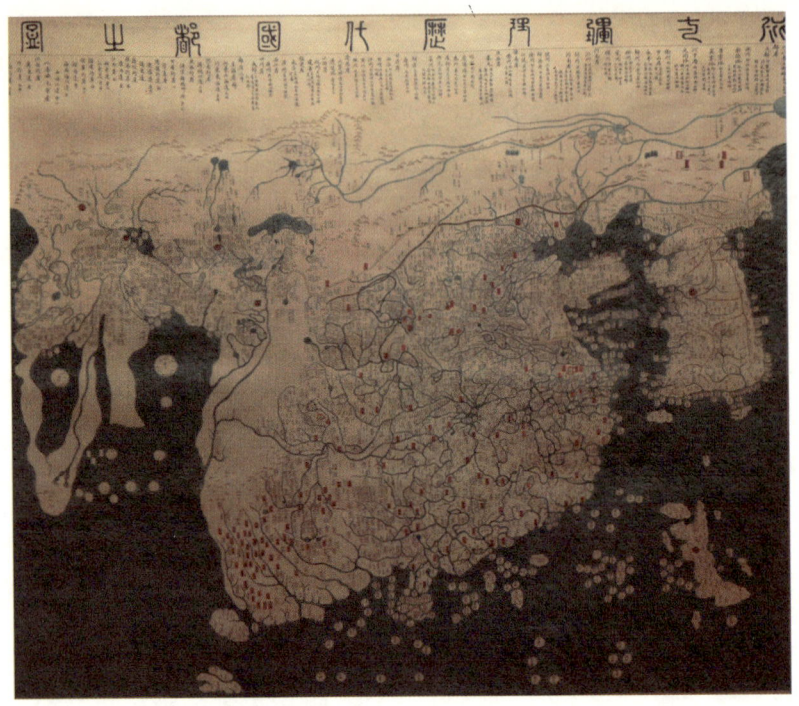

이무가 제작에 참여한 〈역대 제왕 혼일강리도〉

아들로 세자의 스승이었다.

　다음으로 6품 이상의 문무관으로 구성된 시종관 12명이 뒤따랐다. 여기에는 우군 동지총제 이현, 예문관 제학 맹사성, 대호군 손윤조, 사재감 지유용 등이 있었다. 그들은 말 그대로 사신과 부사를 경호하고 지원하는 역할을 맡았다. 맹사성은 세종 때 명신으로 이름을 날리게 되며 좌의정까지 오르게 된다. 그런데 기록을 보면 이 행차 때 세자의 통역은 뜻밖에도 이현이 담당했다. 그가 통역을 했다는 것은 당시 가장 유명한 통사通事, 동시통역사였던 곽해룡보다 실력이 뛰어났다는 뜻이기도 하다.

　다음으로 직위는 낮지만, 사신의 업무 차원에서 본다면 훨씬 중요

진표사 부사 완산군 이천우의 모습을
담은 영정

한 서장관書狀官이 따랐다. 흔히 '3사신'이라고 하면 정사, 부사, 서장
관을 말한다. 서장관의 주요 업무는 기록이다. 그들에게는 행대行臺라
고 해서 임시로 같은 품계에 해당하는 사헌부의 직위를 겸하도록 했
다. 그래서 겸대라고도 했다. 이때에는 인녕부 좌사윤 설칭과 사헌
부 집의 허조가 서장관이었다. 허조는 이때 38세였으며 훗날 정승까
지 오른 인물이다. 태종이 세종에게 자리를 물려주면서 "이 사람이야
말로 참정승이며 나의 주석柱石이다."라고 극찬했다. 황희와 함께 세종
때 최고의 정승으로 꼽히게 된다.

　이제부터 주의해서 봐야 한다. 통사로 군기감 판사 곽해룡, 인녕부
우사윤 오진 등 6명이 있었다. 그들 중 최고 실력을 갖춘 곽해룡과 오

진은 각각 정사 통역을 담당하고 그다음 두 사람은 부사, 그리고 나머지 두 사람은 주로 시종관과 서장관 통역을 맡았다.

그러나 그들만이 통역관은 아니었다. 압마押馬로 가는 상호군 이공효 등 2명과 압물押物로 가는 봉상령 이회 등 2명도 동시통역사였다. 압마와 압물은 직책 이름이다. 압마는 말을 관리하는 통역관이고 압물은 싣고 가는 물건 담당 통역관이었다.

이어 말이나 가마의 관리 책임을 진 사복관은 사복시 부정 하경복이었고 의원은 전의감 판사 양홍달이었다. 양홍달은 당대 최고 명의로 세자의 행차였기 때문에 수행했다. 이어 내시 2명이 따랐고 그 밖에 하급관리 39명이 식사와 빨래 등을 분야별로 맡아서 세자를 비롯한 사신들의 불편한 점들을 돌보는 책임을 맡았다. 그 밖에 말을 돌보는 잡부 3명, 말을 돌볼 수의사 1명, 말 끄는 인부 7명 등이 따라나섰다. 또 각 관리들의 하인 27명도 사행에 함께했다. 그 밖에 타각부打角夫라는 직함이 있었다. 봉례랑 김시우 등 2명이었다. 그들도 통역관이었다. 이들은 주로 사신들의 짐을 책임졌다. 사신단 수는 거의 100명에 육박했다. 이는 통상적으로 가던 사신의 두 배 규모다. 아마도 세자가 가기 때문이었겠지만 앞서 본 대로 진표사와 진전사가 함께 간 때문이기도 했던 것 같다.

50필의 말이 동원되었고 중간에 임시 막사를 만들 때 사용할 저마포도 600필이었다. 그 밖에 황제에게 진헌할 물건은 최고급 안장 4면과 활과 화살통 2쌍, 잡색마 50필이었고 동궁을 위한 안장 2면과 활과 화살통 1쌍, 잡색마 10필도 함께 갖고 가는 대규모 사행이었다.

그들이 떠나는 광경은 당시 사람들이 보기에 큰 구경거리였음이 틀림없다. 의정부 육조 3공신개국·정사·좌명공신은 태종이 궁궐로 돌아간 이후에도 좀 더 북쪽에 있는 남교까지 가서 사신단과 작별했고 태조 이성계의 배다른 동생인 의안대군 이화는 종친들을 거느리고 임진강 변까지 함께 가서 작별 인사를 했다. 그리고 청평군 이백강과 의정부 참지사 박신朴信, 내시부 첨사 김완 등은 압록강을 건너 요동까지 무사히 가는지를 확인하고 돌아오는 임무를 띠고 임진강을 함께 건넜다.

통사, 압물, 압마, 타각부

이상의 기록에서 동시통역사들과 관련된 항목을 짚어둘 필요가 있다. 위에서 나온 대로 통사와 관련된 직함은 통사, 압물, 압마, 타각부다. 즉 통사는 보통명사라기보다는 직책과 관련된 고유명사다. 따라서 보통명사로 이들을 두루 통칭하기 위해서는 역관譯官이라는 용어가 더 적절할 것 같다.

사신을 수행하는 역관을 보낼 때는 통상 시험을 쳐서 3등급으로 나눴다. 1등급은 통사, 2등급은 압물과 압마, 3등급은 타각부였다. 그리고 여기에 나와 있지 않지만, 통사는 당상관 이상의 당상 통사와 그 이하의 당하 통사가 있었다. 당상관이란 정3품 중에서도 상관과 하관이 있었는데 정3품 상관(이를 작위명으로는 통정대부라고 했다) 이상을 말한다.

사신으로 5,000리 길을 간다는 것은 쉽지 않았다. 목숨을 걸어야 했다. 특히 조선 초기 명나라 수도가 남경에 있었기 때문에 배로 가야 할 때는 풍랑을 만나 전원이 물에 빠져죽는 일도 종종 있었다. 그럼에도, 아니 그랬기 때문에 사신단으로 갔다 오면 진급이 약속되어 있었다. 그래서 서로 사신단에 끼려고 치열한 로비가 벌어지는 일도 많았다.

실록에 보면 이때의 사행길에도 설칭의 '로비'를 전하고 있다. 설칭은 세자가 어릴 때 교육을 담당하던 원자유선元子諭善이었다. 중국어를 조금 할 줄 알았고 세자가 황제를 알현하는 일이니 당연히 자신이 포함될 것으로 생각했다. 조정에서도 설칭을 압물로 내정했다. 그런데 이번에는 수행하는 조정 신하들이 너무 많다는 이유로 갑자기 배제되었다. 하지만 서장관으로 내정됐던 사간원 우사간 신상이 사헌부로부터 탄핵을 받았다. 기회를 포착한 설칭은 태종으로부터 큰 신망을 얻고 있던 이래를 찾아가 부탁을 했다. 이래는 태종에게 "설칭은 노련하므로 데리고 갈 만합니다."라고 말했고 태종도 신상을 별로 좋게 생각하지 않았기 때문에 흔쾌히 수락했다. 그렇게 해서 설칭은 압물이 아닌 서장관으로 포함될 수 있었던 것이다. 이 말을 듣고 설칭은 "황제를 알현하는 일행에 참여했다가 돌아오면, 재상 되기가 뭐 어려울게 있겠느냐!"라며 기뻐했다고 한다. 그런데 설칭은 집이 가난해 집까지 팔아서 행장行裝을 꾸리느라 이날 떠나는 행차에는 없었다. 뒤늦게 달려가서 일행에 합류해야 했다. 실제로 설칭은 훗날 세자 교육을 담당하는 세자시강원 우보덕까지 오르게 된다. 당시 좌보덕이 변계량이었다.

10월 16일 요동에 도착하다

한양을 떠난 지 20일 만인 10월 16일 세자 일행은 요동에 도착했다. 요동은 요동도사遼東都司가 다스리고 있었다. 한때 조선이 공격하기도 했고 늘 정벌하려 했던 곳이기도 했다. 세자 일행이 도착했을 때

옛날 요동을 나타낸 지도

이미 요동에는 황제의 성지聖旨가 내려와 있었다. 시 외곽에 이르렀을 때 요동의 최고 문무관들이 영접을 위해 나와 있었다. 또 황제는 성지에서 도보로 물건을 나르는 인부들이 부족하면 인력을 지원하도록 하고 병사들을 지원해 육로로 안전하게 올 수 있도록 최대한 도우라고 지시했다. 뱃길은 위험하니 피하라는 따뜻한 충고도 덧붙였다. 나흘 동안 세자 일행은 후한 대접을 받고 다시 길을 나섰다. 조정에서는 태종의 지시에 따라 요동까지 따라갔다가 11월 5일 한양으로 돌아온 청평군 이백강과 의정부 참지사 박신 등의 보고를 통해 이 같은 소식을 알게 된다. 이를 통해 본다면 세자의 행차는 요동까지 20일이 걸렸고 4일 후인 10월 20일경 요동을 떠난 이백강 일행은 보름 만에 돌아왔다.

요동은 역관들에게 남경이나 북경 같은 명나라의 수도 다음으로 중요한 곳이었다. 1급 통사들이 수도를 오가고 황제나 예부를 방문하는 사신들을 통역했다면 2급 통사는 '작은 명나라'라고 할 수 있는 요동을 오가며 당시 명나라와 조선 간의 이런저런 외교문제들을 해결했다. 북경 가는 통사와 요동 가는 통사 사이에는 그만큼 큰 계급적 차이가 있었다. 그래서 요동은 사신이 가지 않고 2급 통사들이 사신 역할까지 겸해서 가는 경우가 많았다. 명나라 조정에 바치는 말이나 소는 요동까지만 갖다 주면 되었고, 수시로 여진족이나 일본에서 포로로 붙잡혀 있다가 조선에 들어온 명나라 사람은 반드시 요동에 데려다 주게 되어 있었다. 이런 일을 하던 역관을 당인압해관唐人押解官이라고 불렀다. 우리나라 사람들은 명나라 때에도 중국 사람을 당나라 사람이라고 불렀던 것이다. 조선시대의 웬만한 역관치고 젊어서 압해관을 해보지 않은 사람이 거의 없을 정도로 자주 요동을 오갔다. 사실 역관 중에는 북경에 가보지도 못하고 요동만 오가다가 동시통역사로서의 경력을 마치는 경우가 수도 없이 많았다.

6개월 만에 한양에 돌아오다

해가 바뀌어 2월 22일 조정에서는 철성군 이원을 보내 세자를 요동에서 맞이하게 했다. 이원은 고려 말 총리에 해당하는 문하시중 이암의 손자로 1403년(태종 3)에 사은사로 남경에 다녀오는 등 사행길에 밝은 신하였다. 세종 때 좌의정까지 오른다. 2월 22일경에 보냈다면 세자 일행은 대략 보름에서 20일 후쯤에 도착하기로 되어 있었다고 봐야 한다. 즉 3월 10일 전후로 요동에 도착할 예정이었던 것이다.

그리고 3월 1일에는 세자를 수행했던 상호군 이공효와 사신 통사 곽해룡이 먼저 돌아와 남경에서의 상황을 전했다. 이처럼 사신단이 갔을 경우 일을 마치고 나면 통사 1명은 먼저 말을 달려 조정에 보고하는 것이 당시 관례였고 이런 통사를 먼저 온다는 의미에서 '선래先來 통사'라고 불렀다. 선래 통사의 보고로는 세자 일행이 1월 16일 남경에서 출발해 2월 17일 북경에 도착해서 한양으로 출발 준비를 하고 있다는 것이다.

세자 일행이 한양에 돌아온 것은 4월 2일이다. 거리에는 색실이나 색종이가 흩날렸다. 먼저 좌정승 성석린成石璘, 1338~1423과 육조판서 등이 현재의 구파발 근처에서 맞이했다. 이어 안평부원군 이서를 비롯한 공신들과 종친들은 영서역에서 맞이했고 70세 이상으로 영의정을 지낸 권중화 등은 홍제원에서 세자 일행의 무사 귀환을 축하했다. 국영 여관인 홍제원은 사신로로 불리던 의주가로義州街路, 서울에서 의주에 이르는 길에 설치되었다. 위치는 지금의 서울특별시 서대문구 홍제동이다. 홍제원은 주로 중국 사신이 한양에 입경하기 전 임시로 머무르면서 휴식을 취하고 예복을 갈아입는 장소로 이용되었다. 1895년(고종 32)까지 건물이 남아 있었으나 현재는 그 터만 남았다.

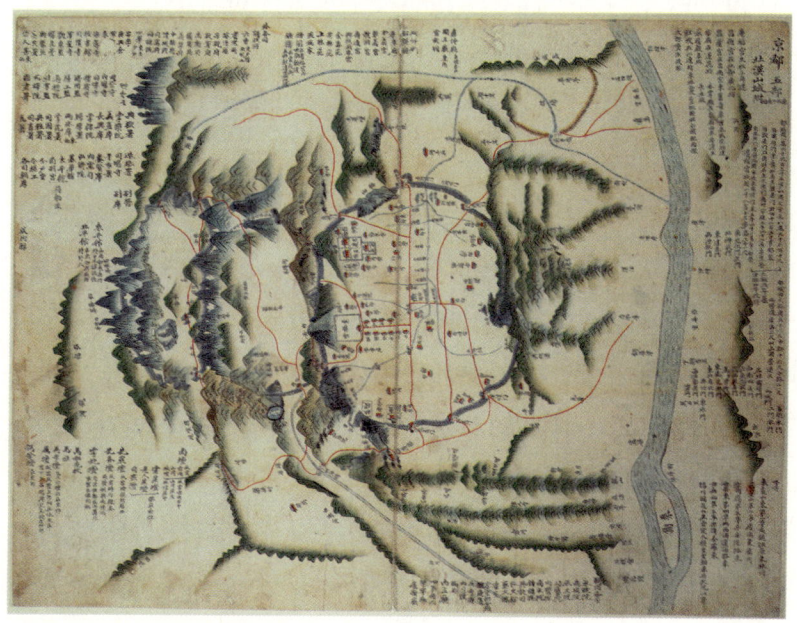

〈해동지도-경도〉. 홍제원 일대를 살필 수 있다.

사신단이 한양에 들어오자 태종은 기뻐하며 창덕궁 후원에 있는 광연루에 사신 일행을 모두 참석케 한 뒤 성대한 술자리를 베풀었다. 이 자리에서 태종은 세자를 보며 "그 사이에 네 몸이 장대해져서 떠나기 전과 크게 달라졌다."며 칭찬을 했다. 그리고 일행들에게도 이렇게 말한다.

"원래 일행—行이 많으면 그 가운데 반드시 우환憂患이 있게 마련이다. 이번 일행의 사람 수가 내가 사신으로 가던 때의 배나 되는데도 한 사람도 근심을 끼친 자가 없었으니 다시 무슨 말을 하겠느냐?"

황제 알현

이번 사신단의 또 다른 목적 중 하나는 신년 하례였다. 아마도 1월 1일이나 1월 2일 세자의 황제 알현이 이뤄졌을 것이다. 당시 명나라 황제는 명나라를 세운 주원장의 넷째아들로, 황손이자 제2대 황제인 조카 혜제를 죽이고 황위에 오른 영락제였다. 이때는 재위 6년째를 맞고 있었다. 세자가 황제를 알현하러 황궁에 들어갔을 때 옆에는 이천우, 이무, 이래, 맹사성, 이현 등이 함께 있었다. 통역은 이현이 맡았다. 황제는 "세자의 나이가 몇 살이냐?"고 물었고 이현은 "열네 살입니다."라고 답했다. 영락제는 '온화한 얼굴로' 이들을 맞은 다음, 세자에게는 각종 의복과 신발 등을 하사했고 35명의 종사관과 타각부 이하 75명의 시종했던 사람들에게도 옷 1벌씩을 내렸다.

다음날 다시 황제를 알현하자 이번에는 황제가 "글을 읽을 줄 아는가?"라고 물었고 세자는 이현을 시켜 "읽을 줄 압니다."라고 답했다. 그리고 황제는 세자를 쳐다보며 "얼굴 생김새는 아버지와 똑같은데

영락제의 모습. '정난의 역'은 영락제 성조가 주원장 사후 형제 조카들과 치른 권력 다툼을 뜻한다. 영락제는 바로 이 '정난의 역'의 주인공이다.

키만 조금 작구나!"라고 말했다.

이에 대해서는 약간의 보충이 필요하다. 1394년(태조 3) 이방원은 아버지의 명에 따라 명나라에 사신으로 다녀온 바 있다. 이때 이방원은 귀국길에 당시 북경 지역의 임금으로 있던 연왕훗날의 영락제을 만난 것이다.

며칠 후 세자는 다시 황제를 알현했다. 황제는 자신이 지은 시를 세자에게 내리면서 직접 읽어보도록 했다. 그리고 중국에서 제왕학의 양대서로 꼽히던 『통감강목通鑑綱目』과 『대학연의大學衍義』 각 1부와 법첩法帖, 뛰어난 글씨를 써서 모은 일종의 서예 교재 3부, 붓 150자루, 먹 25개를 하사했다. 게다가 황제에게 하직 인사를 하고 남경을 떠나올 때 예부상서 등 관리들이 강동역까지 나와 환송해주었다. 그리고 북경과 요동을 거쳐 4월 2일에 돌아온 것이다.

이상의 기록을 종합해 보면 세자의 일정은 대략 이렇게 재구성할 수 있다. 1407년 9월 25일 한양을 떠난 일행은 10월 16일 요동에 도착해 나흘을 머물렀다. 20일에 요동을 떠난 이들이 북경을 거쳤다면 북경의 도착일자는 11월 20일경이다. 그리고 12월 25일 전후로 황제가 있는 남경에 들어갔다. 남경에서는 대략 20여 일 정도 머무른 것으로 보인다. 남경 출발일자가 다음 해인 1408년 1월 16일로 나오기 때문이다. 그리고 한 달 후인 2월 17일 북경에 도착했고 요동에는 3월 10일 전후로 도착한 것으로 보인다. 그리고 4월 2일 한양으로 돌아왔다. 아마도 일반적인 사신들은 이보다 시간을 더 단축해서 오간 것으로 보인다. 이번 사신단에는 나라의 근본인 세자가 포함되어 있었기 때문이다.

한양에서 북경까지의
역관 루트

정례화된 공식 사신단

조선의 왕들은 매년 정월 초하루가 되면 향궐례向闕禮, 말 그대로 황제의 궁궐이 있는 쪽을 향해 일정한 의식을 거행했다. 사대事大 표시였다. 이런 향궐례는 1년에 네 차례, 즉 정월 초하루 외에 황제 생일인 성절聖節, 황태자 생일인 천추절千秋節 그리고 동짓날을 맞아 행해졌다.

여기에 맞춰 조선은 명나라와 청나라에 1년에 네 차례씩 공식적인 사신단을 파견해야 했다. 그러나 특별한 경우가 아니면 동지와 정월 초하루는 간격이 크지 않았기 때문에 동지사冬至使가 정조사正朝使를 겸하는 것이 일반적이었다.

사신단 구성은 정례 사행이건 임시 사행이건 일정한 원칙이 있었다. 정사 1명, 부사 1명, 서장관 1명으로 '3사신'이었다. 이들 각각의 통역을 담당할 통사 3명이 있었다. 앞에서는 세자가 사신으로 갔기 때문에 별도의 시종관 12명이 있었던 것이다. 일반 사신단의 경우 시종관은 당연히 필요 없다. 그 밖에 의원·화원·압물·압마·타각부·노비 등 40여 명이 기본 단위였다. 그들은 기본적으로 명나라 황실에 바치는 표전, 우리의 요구사항을 담은 주문奏文, 예부와 오가는 자문咨文, 공물목록을 정리한 방물표, 도강장과 같은 각종 통행증 등을 소지했다.

새해를 축하하러 가던 정조사는 하정사賀正使, 정단사正旦使라고도 했다. 이들 구성은 조금 특이했다. 3사신에 통사 3명, 그 밖의 관원 24명으로 이루어진 30명의 관리가 갔는데 함께 데리고 가는 사람들 수에 아무런 제한을 두지 않았다. 그래서 장사 목적으로 사신단에 끼어드는 사람들이 많았고 종종 물의가 빚어지기도 했다. 그들은 10월 말이나 11월 초에 출발해 북경에서 40일에서 60일 정도 머물다가 2월 중에 출발해 3월 말이나 4월 초쯤에 돌아왔다. 통상적으로 황제에게는 선물로 모시·명주·화문석·흰 종이 등을 바쳤고 황후에게는 모시·명주·나전칠기 등을 선물했다. 황태자와 황태후 선물도 함께 가져

전체 14폭으로 이루어진 〈연행도〉. 단원 김홍도의 작품으로 알려져 있다.

가야 했다.

　동지사의 경우 정사는 3정승이나 육조판서 중 1명이 맡았고 나머지 구성은 비슷했다. 다만 그들은 공무역 기능이 강했다. 그래서 조선에서는 모시·명주·종이·화문석 이외에 인삼·호피·수달피·금을 가져가는 대신 명나라 특산품을 선물로 받아왔다. 예를 들면 조선 성종 때 중국의 사치품들이 흘러넘쳐 사회문제가 될 정도였는데 대부분 사신단이 갔다 오면서 불법적으로 가져온 것들이었다. 황제 생일을 축하하러 가던 성절사는 시기만 다를 뿐 규모나 운영방침이 동지사와 비슷했다. 황태자 생일을 축하하러 가던 천추사도 마찬가지다. 다만 천추사는 청나라가 들어서면서 사실상 폐지됐다.

비공식 특수 파견된 다양한 사신들

　조선시대 때 조선에서 명나라에 보내던 사신은 정례 사신과 임시 사신을 모두 총칭해서 조천사朝天使라고 불렀다. 이 뜻은 천조天朝인 명나라를 찾아뵙는 사신이라는 뜻이다. 명나라에서 조선에 파견한 사신은 천사天使로 불렸다. 그리고 청나라에 보내던 사신은 명나라를 정복한 것에 대한 나름의 항의를 담아 그냥 '연행사燕行使'라고 불렀다. 임시 사신 중에는 정례 사신 못지않게 중요한 임무를 띤 사신단이 많았다. 기본적으로는 양국 왕실의 관혼상제冠婚喪祭와 관련해서 자주 오갔고 그 밖에 외교문제가 발생했을 때 오가던 주청사奏請使 등도 빈번하게 양국을 오갔다.

　조선 왕실의 새 국왕이나 왕비 혹은 세자에 대한 책봉이 중국 조정에서 내려오면 '은혜에 감사한다'는 의미에서 사은사를 보냈다. 그 밖

청에 파견된 연행사의 모습. 러시아 사진작가가 찍었다고 알려진 사진이다.

에도 외교적 숙원 사업을 요청해서 중국 사신이 허락을 내리는 황제의 뜻을 전해 오면 곧바로 사은사를 파견했다. 많은 경우 한 해에 서너 차례 사은사를 파견하기도 했다. 사은사의 경우에는 '3사신'과 1명의 당상관, 상통사 2명이 필수적으로 포함되었고 사자관寫字官이라 해서 각종 외교문서를 깨끗하게 정서하는 일을 임무로 하는 승문원 관리 1명도 함께 갔다. 그들도 일정한 분량의 공무역을 했다.

　그 밖에 조선은 중국 측 항의에 대한 해명, 국내에서 발생한 중대한 정치적 사건에 대한 보고, 연호사용문제, 내정간섭에 대한 항의, 일본의 정보, 원정이나 파병 등 군사문제와 관련해 주청사를 보냈다. 주청사의 구성은 비슷했고 한양에서 북경까지 2,000리를 왕복하는 데는 보통 30일 정도가 소요되었다. 하루에 100리 이상 가야 하는 강행군이었다. 그들은 최대한 빨리 돌아와야 했다. 주청사를 진주사陳奏使,

주문사奏聞使라고도 했다. 우리 견해를 밝히거나 중국 측 공식입장을 들으려는 사신이라는 뜻이다. 책봉을 청하는 책봉사나 우리 견해를 밝히러 가던 계품사도 주청사의 일종이다.

조선시대의 가장 대표적인 주청사로는 '변무' 주청사가 있다. 이를 줄여서 변무사라고 부르기도 했다. 변무辨誣란 왕실이나 국가의 중요 사실이 중국 조정에 잘못 전해졌거나 오해의 소지가 있어 문제가 생겼을 때 해명하고 정정하는 것을 말한다. 그 가운데 가장 유명했던 것은 태조 이성계의 종계변무宗系辨誣다. 즉 명나라의 공식 역사서인『명태조실록』과『대명회전大明會典』에 이성계가 이인임李仁任의 아들로 잘못 기록된 것을 바로잡기 위해 조선은 개국 초부터 줄곧 변무주청사를 파견해 200년 후인 1584년(선조 17)에야 겨우 바로잡을 수 있었다. 이인임은 고려 말 귀족으로 우왕의 측근이었으며 이성계와는 정면으로 대립하던 인물이다. 왕실의 종계宗系나 누명은 특히 체면과 관련된 일이어서 변무사를 파견하는 일이 많았다.

사은사·주청사 등은 조선의 필요에 따라 보내는 사신들이었다. 그리고 조선에서 왕이 죽으면 중국에 알리기 위해 고부사告訃使를 보냈다. 말 그대로 부음을 전하는 사신이다. 그들은 동시에 새로운 왕의 즉위에 대한 승인을 얻어내는 승습사承襲使 역할도 겸해야 했다. 그래서 합쳐서 고부승습사라고 부르는 게 더 일반적이었다. 고부승습사는 부사가 없다고 해서 단사單使라고 불렀다. 이 경우에는 불행한 소식을 전하는 것을 고려해 진헌할 방물도 없었다. 무역을 목적으로 따라가는 사람들도 거의 없었다.

반면 중국의 관혼상제가 있을 때 보내는 사신들도 다양했다. 중국 황실에서 황제의 등극, 황후와 황태자의 책립, 외적 토벌 등이 있으면 조선에서는 축하를 올린다는 의미에서 진하사進賀使를 보냈다. 초반에는 정례 사신과 마찬가지로 40여 명 정도로 구성했으나 시간이 흐르면서 30여 명으로 축소되었다. 그리고 중국 황실에서 각종 상喪을 당하면 진위사陳慰使를 보내 위로했다. 그 밖에도 명나라 궁궐에 큰 화재나 외침을 당했을 때에도 진위사를 보냈다.

사신 구성은 정례 사신과 비슷했다. 특히 황제·황후·황태자·황태후 등의 국상을 당했을 때는 진위사를 겸해서 향을 보내는 진향사를 파견했다. 이런 때 정사는 진위사, 부사는 진향사가 되었다. 규모는 40여 명 정도였다. 이때에는 반드시 진향 제문 1부, 황제상일 경우에는 황태자에게 보내는 전문箋文의 정본과 부본 각각 1부, 예부에 보내는 자문 1부 등을 지니고 갔다.

조선시대에는 정례건 임시건 명나라에 가는 사신들에게는 팔포八包라 해서 8개의 꾸러미를 가져가도록 하는 규정이 있었다. 태종 때까지는 여비로 은을 갖고 갔다. 그러나 중국에 인삼의 효능이 널리 알려지면서 세종 때부터는 은 대신 인삼 10근을 여비로 갖고 갔다. 그리고 광해군 때부터는 한 사람이 인삼 80근, 즉 8꾸러미를 갖고 갈 수 있도록 해서 팔포라는 말이 생겼다. 그 뒤 화폐 사용이 일반화되면서 1682년(숙종 8)부터는 인삼 1근을 25냥으로 환산해 당하관은 8꾸러미에 해당하는 2,000냥, 당상관은 12꾸러미에 해당하는 3,000냥을 갖고 갈 수 있었다.

명나라 천사들을 맞이하던 국내 사신들

천사天使들은 1년에 한두 차례 조선을 방문했다. 그들은 외교를 담당하던 예부 고위관리나 황제를 모시던 환관들이었다. 요즘 식으로 하면 미국의 백악관 외교담당 보좌관, 국무부의 동아시아 담당 차관이나 차관보 격이었다. 명나라에서는 특히 황제 즉위나 황태자 책봉 때는 반드시 천사를 보냈다. 그리고 황제 칙서를 들고 오는 천사를 칙사勅使라 해서 더 융숭하게 대접했다. '칙사대접'의 유래이기도 하다. 천사들은 정확히 날을 정해서 오지 않고 대략 봄쯤에 와서 여름에 돌아갔다. 그래서 명나라 조정을 드나들던 조선의 사신들은 늘 천사들이 언제 조선에 오는가를 알아내기 위해 노력했고 그에 관한 정보를 획득하면 즉각 서장관이나 선래 통사를 보내 조정에 먼저 알렸다. 왜냐하면 그들이 압록강을 건너기에 앞서 미리 의주로 나아가 맞아야 했기 때문이다.

여기서 먼저 중국뿐만 아니라 일본 유구국(오키나와) 등의 사신까지 포함해서 외국 사신들이 입국하는 시점부터 이들의 노고를 위로하기 위해 보내는 선위사宣慰使를 알아둘 필요가 있다. 조선에서는 중국·일본·유구국의 사신들이 입국한다는 소식을 들으면 선위사를 파견했다. 중국 사신이 올 때에는 2품 이상의 조정관리를 보냈고 일본과 유구국 사신에게는 정3품 이상의 조관을 보냈다. 중국 사신의 경우에는 원접사와 함께 선위사를 의주·안주·평양·황주·개성부 다섯 곳에 파견해 이들을 위문했다. 선위사에는 당연히 해당 언어를 하는 통사가 포함되었다.

원접사遠接使와 반송사伴送使는 사실상 같은 임무를 하는 사신이다. 원접사는 중국 사신들이 의주에서 한양까지 들어올 때 접대하는 일을 했고, 반송사는 반대로 한양에서 의주까지 접대를 맡았다. 원접사는 2품관정2품이나 종2품 중에서 경학에 밝고 문예가 뛰어나며 덕망이 있는 사람을 골랐다. 간혹 요동도사가 함께 올 때 별도로 그를 담당할 정3품 이상의 당상관을 원접사로 보냈다. 원접사와 반송사에도 통사가 투입되었음은 물론이다.

명나라 사신 일행과 함께 의주에서 한양까지

타임머신을 타고 1488년(성종 19) 조선으로 가 본다. 2월 28일 원접사 허종이 의주에서 급하게 조정에 보고를 올렸다. 정사 동월과 부사 왕창이 두목頭目 14명을 거느리고 방물에 대한 답례인 사물賜物을 담은 궤짝과 개인용 궤짝 등 6개의 궤짝을 갖고 3일 전인 2월 25일 압록강을 건넜다는 것이다. 적어도 7~8일은 걸리는 거리를 3일 만에 내달려 소식을 전해온 것이었다. 허종은 문무에 통달한 당대 명신으로 몇 년 후 좌의정에 오르게 될 만큼 성종의 총애를 받던 고위 관리였다. 동월과 왕창은 당시 조선에 자주 왔던 중국 관리이며 두목이란 천사를 따라오던 중국 상인들이다. 29일에는 동월과 왕창에 대한 정보보고가 올라오는데 동월은 58세, 왕창은 36세로 두 사람 모두 중국 과거를 통과한 문신들이고 예의를 알며 원접사인 자신과 선위사로 온 채수를 정중하게 대하고 있다고 밝히고 있다. 채수도 당시 성종의 신망이 두터운 젊은 신하였다.

25일 밤 채수는 의주의 신안관新安館에서 사신들을 위한 위로연을 베풀었다. 신안관은 임진왜란 때 선조가 의주로 피난 갔을 때 임시행궁으로 사용하게 되는 곳이다. 이때 기생과 음악을 사용하려 하자 두 사신은 아직 선황제의 상이 3년이므로 음악을 들을 수 없다며 물리쳤다. 또 선위사 이계남이 작은 선물을 올렸으나 이 또한 사양했다.

의주를 떠난 사신들은 2월 28일경 안주를 거쳐 3월 3일경 평양에 도착했다. 여기서는 평안도 관찰사 성현과 평양 선위사 이극돈이 맞이해 예를 행한 다음 선물을 바쳤다. 그러나 사신은 선물을 사양하면서도 통사에게 선위재상, 즉 이극돈이 행한 사신에 대한 예에 잘못이 하나도 없으니 저분은 예를 아는 재상이라고 극찬했다. 3월 7일 먼저 한양으로 돌아온 이극돈은 이 말은 자신을 칭찬한 것이 아니라 그전까지 조선에 왔던 사신의 상당수가 조선 출신 명나라 환관들이었다. 따라서 그들 행실이 엉망이었고 그에 따라 조선의 대접도 소홀했음을 알고 미리 경계하는 차원에서 그랬던 것이라고 보고했다. 평양에 온 사신들은 기자묘와 단군묘를 찾아 절을 하는 등 유적지나 명승지를 방문하며 며칠을 보냈다.

선위사는 말 그대로 천사들을 접대하는 것이 임무였다면 원접사는 천사들과 한양까지 동행하면서 각종 중요 정보들을 빼내고 조선 조정의 민원을 해결하는 것이 임무였다. 허종도 이때 중국 역사에 잘못 기재되어 있는 조선에 관한 기록들을 정정해 달라고 요청하는 등 원접사로서의 임무에 온 힘을 다했다.

3월 9일경 천사들은 황주를 거쳐 개성에 들어왔다. 개성에서는 이철견이 선위사로 나와 있었다. 이철견은 세조비 정희왕후의 집안사람으로 이미 호조판서·대사헌 등을 지낸 막강한 인물이었다. 이틀 후 먼저 한양에 돌아온 이철견은 개성의 태평관에서 연회를 베풀었으나 천사들이 곡 연주를 하지 못하도록 했다면서 한양에서 환영 연회를 할 때도 연주를 하지 않는 게 좋겠다고 건의했다.

태평관이 자리했던 곳에는 기념비만 남아 있다.

　3월 12일 천사들은 한양의 북쪽 관문인 벽제에 이르렀다. 이곳에는 고려 때부터 사용되던 벽제관이 있었다. 벽제관은 지금의 경기도 고양시 벽제역에 설치되었던 조선시대 국영 여관의 하나다. 중국 사신이 한양에 들어오기 하루 전에는 반드시 벽제관에 유숙했다. 원래 이 객관은 고려시대부터 있었으나, 『신증동국여지승람新增東國輿地勝覽』에 따르면 1426년(세종 8)에 수리하기 시작해 1428년에 공사가 끝났는데, 당시 동헌東軒, 서헌西軒, 문묘文廟, 남별관南別館 등의 부속건물이 있었다고 한다.

　그리고 다음날 천사 일행은 한양 궁궐에 더 가까운 지금의 홍제동에 있던 홍제원에 들어왔다. 그런데 성종으로부터 아무런 소식이 없자 화가 난 일행은 중국으로 돌아가겠다며 정복을 입고 나서려 했다. 이에 원접사 허종은 지금 국왕이 근교에 갔다가 오는 바람에 조금 늦는 것이라고 둘러댔다.

중국 사신이 한양에 들어오기 하루 전에 반드시 머물렀던 벽제관

실은 전날부터 성종은 황제의 조서詔書를 받는데 걸어서 가야 하느냐며 가마를 타고 가서 조서를 받을 수 없는가를 알아보라고 했다. 그러나 천사들은 단호하게 거절했다. 이 문제로 티격태격하는 가운데 성종의 출발이 늦어진 것이었다. 이를 명나라 천사들도 다 알고 있었다. 그래서 허종이 오늘 밤에는 모화관慕華館에 가서 유숙하도록 권해도 천사들은 그냥 홍제원에 머물러 있겠다고 우겼다. 그러나 일이 잘 마무리되어 오후 4시 무렵 천사들은 지금의 서울 서대문구 독립문 근처에 있던 모화관으로 왔고 성종은 그곳에서 이들을 맞이했다.

모화관慕華館, 우리로서는 쓰라린 기억을 갖지 않을 수 없는 곳이다. 사대주의 상징 같은 장소이기 때문이다. 이곳은 숙소라기보다는 영빈관迎賓館의 기능이 다분했다. 1407년(태종 7) 개경에 있던 영빈관을 모방해 서대문 밖에 건립하고 모화루慕華樓라고 했다. 현판은 태조의 친구이자 조선 초 명필가였던 성석린이 썼다. 모화루 앞에는 영은문迎恩

영은문. 중국에서 오는 사신을 맞이하던 자리

門을 세우고 남쪽에 연못을 만들었다. 1429년(세종 11) 규모를 확장, 보수하고 후에 모화관이라 개칭했으며 1502년(연산군 8)에는 중국 사신 영접에 여악女樂을 사용하게 했다. 통상적으로 중국 사신을 맞을 때는 왕세자가 모화관에 나와 두 차례 큰절을 올렸으며, 돌아갈 때는 백관百官이 모화관 문밖에서 일제히 절을 하고 배웅했다. 청일전쟁 후 모화관은 폐지되고 1896년(고종 34) 독립협회에서 영은문 자리에 독립문을 세우고, 모화관은 독립정신을 고취시키는 독립관으로 만들었다.

성종은 연을 타고 앞장섰고 조서를 받쳐 든 신하들이 뒤따랐으며 천사들은 말을 타고 그 뒤를 따랐다. 이들은 경복궁에 그 조서를 잘 모셨다. 그리고 다시 모화관으로 돌아가서 조서 때와 마찬가지로 칙서도 같은 의식에 따라 경복궁에 모셨다. 성종은 원래 조서와 칙서를 구분해서 두 번 하지 말고 한꺼번에 모시자고 제안했으나 이것을 거절당했던 것이다. 천사와 성종 사이에 있었던 정치적 타협의 결과였다.

그런데 한양에 도착한 이후 이들에 대한 이렇다 할 기록이 전혀 없는 것으로 보아 이들은 실제로 학식과 덕망이 있는 학자형 사신들이었던 것으로 보인다. 왜냐하면 이 무렵 조선을 찾았던 조선 출신의 환관 혹은 이들과 함께 온 사신들은 금강산 구경을 가거나 압구정에서 신하들과 술 파티를 벌이며 놀겠다고 청을 올리고 또 여색을 가까이하는 게 다반사였기 때문이다. 다만 한양에 처음 왔던 동월과 왕창이 오늘날 서울 망원동에 있던 망원정에서 서거정 등과 함께 시를 읊으며 고상하게 놀았던 기록 정도는 나온다.

오히려 그해 8월 24일 성절사로 북경을 다녀온 채수의 보고를 보면 동월과 왕창은 성종과 허종에 대해 깊은 인상을 받았다고 한다. 채수는 성종에게 "지난번 동월과 왕창이 중국 조정으로 돌아가 전하께서 현주賢主라며 크게 칭송했사오며, 또 허종을 어진 재상이라고 칭했습니다."라고 말했다.

이때의 실록에는 나오지 않지만 동월과 왕창 등은 태평관太平館에서 유숙했을 것이다. 지금의 남대문 옆 대한상공회의소 근처에 있던 태평관은 명나라 사신이 머물던 숙소다. 고려시대 중국 사신이 한양(남경)을 방문하면 숙소로 쓰던 정동행성을 1393년(태조 2) 태평관으로 개칭했고, 1395년 신축해 영접도감 아래 두어 사신 접대소로서의 기능을 담당했다. 중국의 천사가 오면 왕 이하 문무백관이 모화루에서 맞이한 뒤 경복궁에서 칙서를 전달받고 다례를 베푼 뒤 태평관(남경)에 머물게 하고 하마연下馬宴을 베풀었으며, 다음날 다시 연회를 베풀고 국사를 논의한 뒤 떠날 때 전별연餞別宴을 베풀어 전송했다. 태평관은 이와 같은 영송절차에 따라 두 나라 사이의 현안을 처리함으로써 외교상 중요한 기능을 담당했고, 순조 이전에 폐지되었다. 현재 태평로太

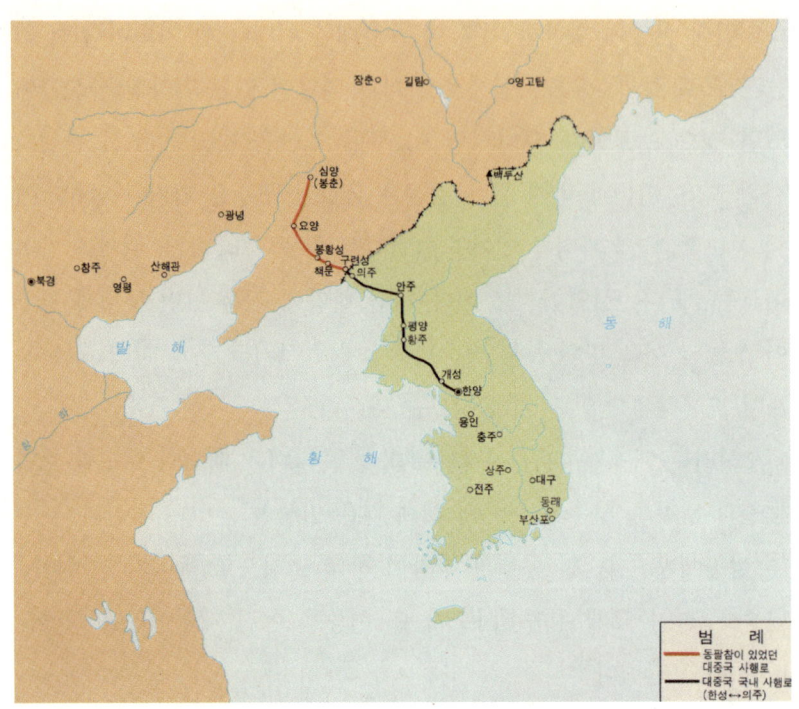

범 례
━━ 동팔참이 있었던
대중국 사행로
━━ 대중국 국내 사행로
(한성↔의주)

동팔참은 우리나라 사신이 중국에 왕래하던 교통로에 설치된 여덟 군데의 역참을 뜻한다.

平路라는 서울의 중심거리 이름은 태평관에서 유래한다.

동월과 왕창은 다음과 같은 연회들을 가졌는지는 알 수 없다. 실록에는 전혀 나오지 않기 때문이다. 아마도 처음 조선을 방문한데다 그전에 좋지 않은 이야기를 들어서 갖지 않았을 가능성도 있다. 그러나 통상적으로 중국 사신이 오면 다음과 같은 연회가 태평관에서 공식적으로 열렸다. 하마연은 도착한 다음날에 열렸다. 그다음날에는 익일연翌日宴이 열렸고 3일째는 인정전仁政殿 청연請宴으로 인정전에서 열렸다. 4일째는 회례연回禮宴이, 5일째는 별연別宴이 열렸다. 그리고 나면 사신들 취향에 따라 관광도 하고 성균관을 방문해 학생들과 토론하기도 했다.

　조선 출신 명나라 사신들은 각자 자신의 고향을 방문하기도 했다. 그리고 돌아가는 날짜가 정해지면 태평관에서 상마연上馬宴이 열렸고 떠나는 날에는 전연餞宴이 열렸다. 그리고 반송사의 영접을 받으며 왔던 길을 따라 벽제에서 출발해 개성혹은 개경·황주·평양·안주·의주를 거친 다음 압록강을 건너면 구련성에서 책문을 거쳐 봉황성, 요양을 들러 심양으로 갔다. 그래서 한양과 심양 사이에 있던 이들 8개 도시를 동팔참東八站이라고 불렀다. 동팔참은 곧 사행길이었다.

　국왕과 천사의 통역을 담당했던 어전 통사를 제외한다면 적어도 위에서 나온 각 종류의 사신들에게 배속되어 활약했던 통사들은 당대 일류의 동시통역사들이라고 보면 된다. 한번 왔던 천사들은 반복해서 오는 경우가 많았기 때문에 이들의 눈에 든 통사들은 크게 출세할 수 있었다. 명나라 천사들의 요구는 조선의 왕들도 여간해서 거부하기 어려웠기 때문이다. 사신 통사들은 돈과 명예를 얻을 기회를 얼마든지 가질 수 있었다. 그러나 동시에 수많은 적을 만들어냈기 때문에 정치적 고초를 겪는 통사도 많았다.

조선의 동시통역사가 되는 길

역관 선발 시험

조선시대 동시통역사는 크게 두 종류가 있었다. 한 종류는 외국어에 능통해 줄곧 사신단 일원으로 활동한 역관들이고, 또 한 종류는 중국어에 능하되 주로 승문원에서 이문東文을 작성하거나 사역원에서 역관들을 길러 내는 일에 전념한 문신들이다.

첫 번째 경우는 대부분 국가시험인 역과譯科를 거치거나 특채의 일종인 취재取才를 통해 선발되어 역관이 된 사람들이다. 이들에 대한 문신들의 멸시와 천대는 신분사회였던 조선시대답게 극심했다. 그러다 보니 이들은 오기로라도 중국에서 오는 사신들의 비위를 잘 맞춰 특진을 시도했다. 두 번째 경우는 문과에 합격한 문신 중에서 선발해 한학中國語 강이관講肄官 혹은 한학 습독관이라 해서 사역원에서 강의를 받았다. 이들은 1년에 30명 정도 되었다. 또 외교문서를 담당했던 승문원에는 질정관이라고 해서 정확한 중국어 발음을 물어 체계적으로 정리하는 일을 맡았던 임시직제도 있었다.

태종 때 중앙관리 선발시험에는 여섯 분야가 있었다. 문과文科·무과武科·음양과陰陽科·의과醫科·율과律科·역과가 그것이다. 이때부터 이미 문과 출신들은 음양과·의과·율과·역과 등을 멸시해 이들과 함께 성균관에서 공부할 수 없다는 상소를 올리기도 했다. 1417년(태종 17) 5월 예조에서 정한 규정을 보면 역과 시험 때 중국어와 함께 일본어도 할 줄 아는 사람은 특별대우를 하게 되어 있다. 이때만 해도 사역원에서는 중국어나 몽골어 등이 중심이었기 때문이다. 당시 역과에서 수석합격한 사람은 7품직을 받게 되었다. 그리고 세종 때에 들어서면 역과 분야도 4개나 된다. 한학·몽학·왜학·여진학이 그것이다. 그리고 청나라가 들어서고 나서는 여진학이 청학으로 바뀌게 된다.

잡학의 경우 과거를 해당 부서에서 담당하게 되었기 때문에 역과는 사역원에서 시행했다. 역과에도 문무과처럼 2단계 시험제도가 있었다. 초시에서 한학은 23명, 나머지 세 분야는 각각 4명을 뽑았다. 초시에 해당하는 향시는 황해도 관찰사가 7명, 평안도 관찰사가 15명을 뽑았다. 왜학의 경우에는 경상도 관찰사가 담당하기도 했다. 이어 복시에서는 한학 13명과 나머지 세 분야는 각각 2명을 선발했다. 그러나 한학에는 지원자가 많았지만 당시 중시되지 않던 나머지 분야는 지원자가 별로 없고 또 지원자가 있다고 하더라도 실력이 너무 떨어져 안 뽑고 지나가는 경우가 많았다.

시험방법은 강서講書·사자寫字·역어譯語의 세 가지가 있었다. 강서는 읽기, 사자는 쓰기, 역어는 말하기 시험이다. 강서에는 임문臨文과 배강背講 두 가지가 있었다. 임문은 말 그대로 책을 보면서 시험관 물음에 답하는 것이고 배강은 뒤로 돌아 책 내용에 관해 진술하거나 시험

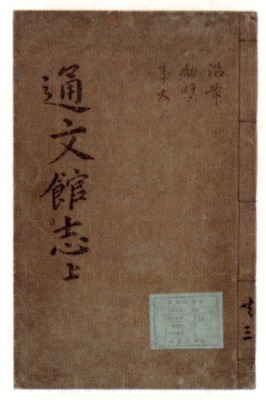

사역원의 내력 등과 의절 등을 담은 『통문관지』와 역과 합격자의 명단을 담은 『역과방목』

관 질문에 답하는 것이다. 사자는 해당 언어를 그대로 베껴 쓰는 시험이고 역어는 해당 외국어로 『경국대전』을 옮겨서 말하는 시험이다. 중국어 역과의 경우 임문은 『논어』 『맹자』 『대학』 『중용』 등 사서로 시험 쳤고 배강은 주로 『노걸대老乞大』 『박통사朴通事』 『직해소학直解小學』과 같은 당대의 대표적인 중국어 교재로 시험 쳤다.

중국어 3대 교재

『노걸대』는 조선시대 대표적인 중국어 교재로 저자는 알 수 없다. 실록에는 1423년(세종 5)에 그에 관한 기록이 처음 나온다. 사역원에서 예조에 건의한 내용이다.

『노걸대』 『박통사』 『전·후한서前後漢書』 『직해효경直解孝經』 등의 서적이 판본版本이 없음으로 인해 배우는 자가 전사傳寫해 송습誦習하게 되니, 주자소에 명해 인쇄하게 하소서.

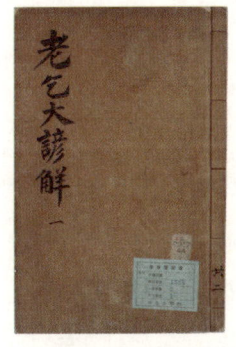
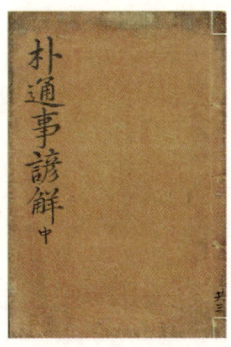

역관 양성을 위해 사용했던 중국어 학습서 『노걸대』와 『박통사』의 언해본

여기서 우리는 중요한 정보를 알 수 있다. 이들 책은 이미 그전에 있었다. 여기서는 필사본을 만드느라 어려움이 있으니 사역원 사람들에게 인쇄본을 만들어 달라는 것이다. 그리고 위의 네 책은 모두 중국어 학습서였다.

'걸대乞大'라는 말의 뜻은 중국 또는 중국인을 의미하는 몽골어 '키타이'에서 유래된 것으로 학계에서는 보고 있다. 그렇다면 『노걸대』라는 책은 고려 말에 저술되었을 가능성이 크다. 내용을 보면 더욱 그렇다.

상하 2권으로 되어 있는 『노걸대』는 중국으로 물건을 팔러 가는 고려 상인이 도중에 중국 상인을 만나 동행하면서 주고받는 이야기 형식을 갖고 있다. 즉 고려 상인이 인삼·모시포 등 고려 특산물을 말에 싣고 오랜 여정을 거쳐 북경에 가서 그것을 판 돈으로 중국의 특산물을 사서 귀국하는 것을 골격으로 하고 있다. 내용은 여행과 교역에 관한 회화집으로 물건 매매·의약품 거래·숙박·음식·연회 등에 관한 대화를 40여 개의 상황으로 나눠 상하권으로 구성한 것이다. 좀 더 구체적으로는 여관에 드는 방법, 거래하는 방법, 의원을 불러 달라고 요청하는 방법 등이다. 중종 때 뛰어난 통사이자 언어학자 최세진이 원래 한어로만 되어 있던 『노걸대』를 각 문자의 발음을 달고 한글로 번역한 『노걸대언해老乞大諺解』가 나와서 널리 이용되기도 했다. 그러나 오늘날 이 책은 전하지 않고 현재 전하는 『노걸대언해』는 대부분 18세기의 것이다.

『노걸대』보다는 고급스러운 내용을 담고 있는 회화 교재 『박통사』에 관한 최초의 기록은 『노걸대』와 같다. 이 책은 중국의 세시풍속·요동의 풍물·오락·말 타고 활쏘기·종교 등 111개 상황을 설정한 대화를 담고 있다. 『직해소학』은 앞에서 본 대로 설장수가 『소학』을 중국어로 옮긴 것이다. 세종 당시 조선을 찾았던 명나라 운학자들은 『직해소학』의 수준을 극찬했다. 그런데 조선시대 최고의 통사로 평가받는 이변은 1473년(성종 4)에 자신이 지은 교재 『훈세평화訓世評話』 간행을 성종에게 요청하면서 이렇게 말한다.

"『직해소학』은 하나하나 풀어 보면 일상적으로 사용하는 중국말이 아닙니다. 『노걸대』와 『박통사』도 몽골시대 음을 많이 띠고 있어서 순수한 한어가 아니며, 특히 장사치들이 흥정할 때 쓰는 말이 많아 공부하는 이들이 힘들어하고 있습니다."

간행된 지 100여 년이 넘어가면서 바뀌기 마련인 음운 변화를 제대로 반영하지 못하고 있다는 지적이었다.

생도들의 생활

사역원은 지금의 서울 세종로 정부종합청사 남쪽 편에 있었다고 한다. 사역원이 설치된 것은 1393년(태조 2) 9월이었다. 이때는 중국어밖에 없었다. 그후 계속적인 확대 정비과정을 거쳐 세종 때 4학체제로 완성되었다. 중국어의 경우 학생 정원은 사역원에서 30명이었다. 그 밖에도 평양·의주·황주 등에서 각각 30명씩 뽑아서 중국어를 가르쳤다. 몽학은 쇠퇴하면서 사역원에서 많을 때 10명까지의 학생이 있었고 여진학은 점점 활성화되면서 사역원에서 20명, 북청에서 10명 그리고 의주·창성·초산·벽동·만포·위원 등에서 각각 5명씩 학생을 두어 가르쳤다. 왜학은 사역원에서 15명이 교육받았고 제포와 부산포에서 각각 10명, 그리고 염포에서 6명이 교육받았다. 훗날 제주도에 15명, 거제도에 15명이 추가되기도 했다. 이상은 국가체제가 정비된 후 『경국대전』에 규정된 학생 수다. 이들의 교육기간은 대략 3년 정도였다. 그래서 역과 시험도 3년에 한 번씩 열렸다. 지원 자격은 15세 이하의 양반집 서얼이나 양갓집 자제들이었다.

일단 사역원 생도가 되면 국가로부터 음식과 의복을 제공받았고 그들의 아버지 형제, 사촌들까지 각종 공역을 면제받았다. 국가에서 통사 양성을 그만큼 중요하게 생각했기 때문이다. 또 사역원에 들어가면 상벌제도가 엄격했고 우리말 사용이 금지되는 경우도 있었다. 그리고 성적이 좋지 못하거나 생활태도에 문제가 있으면 사역원에서 쫓겨나 군대에 보내지기도 했다.

사역원 관리와 교수요원

『경국대전』 이전吏典에 따르면 사역원에는 도제조 1명, 제조 2명과 교수, 훈도를 제외하고는 모두 임시직이었다. 도제조와 제조는 별도의 고위직을 맡고 있었고 실질적인 책임자는 정正이었다. 세종 때는 특히 사대외교의 중요성 때문에 우의정이 당연직으로 사역원 도제조를 맡았다. 그만큼 사역원을 중시했던 것이다. 요즘 식으로 하자면 도제조는 이사장이고 제조는 이사이며 정은 총장인 셈이다. 사역원의 직제는 다음과 같다.

정3품 정正	1인
종3품 부정副正	1인
종4품 첨정僉正	1인
종5품 판관判官	2인
종6품 주부主簿	1인
종6품 한학교수漢學敎授	4인(2인 문신 겸)
종7품 직장直長	2인
종8품 봉사奉事	3인
정9품 부봉사副奉事	2인
정9품 한학훈도漢學訓導	4인
정9품 몽학훈도蒙學訓導	2인
정9품 왜학훈도倭學訓導	2인
정9품 여진학훈도女眞學訓導	2인
종9품 참봉參奉	2인

이상과 같이 사역원에는 29명의 전임 직원이 있었으며 겸직인 도제조 1명과 제조 2명을 합치면 모두 32명이었다.

길 위의 사람들

사역원 관리들은 수시로 현장에 파견되었다. 특히 이들은 북경을 오가기보다는 여진이나 일본에서 도망쳐 온 중국 사람들을 요동에 넘겨주는 것이 주업무였다. 그 밖에도 명·청나라와 교역하거나 공물로 바쳐야 하는 말과 소를 요동에 인계하는 일에 투입되었다. 예를 들어 1421년(세종 3) 한 해 동안에만 이런 기록이 나온다.

> 10월 20일 사역원 판관 허원상을 시켜 열 번째로 말 700필을 요동으로 보내다.
>
> 10월 22일 사역원 판관 구경천을 시켜 열한 번째로 말 600필을 요동으로 보내다.
>
> 10월 25일 사역원 주부 애검을 시켜 열세 번째로 말 600필을 요동으로 보내다.
>
> 10월 27일 사역원 주부 사주경을 시켜 열네 번째로 말 600필을 요동으로 보내다.
>
> 10월 29일 사역원 주부 김척을 시켜 열다섯 번째로 말 600필을 요동으로 보내다.
>
> 11월 1일 사역원 판관 유흥준을 시켜 열여섯 번째로 말 600필을 요동으로 보내다.
>
> 11월 12일 사역원 주부 당몽현을 시켜 열일곱 번째로 말 500필을 요동에 보내다.

판관은 종5품, 주부는 종6품 관리다. 여기서 말을 집중적으로 보내게 된 것은 그해 9월 21일 한양에 들어온 중국 사신 해수의 요청에 따른 것이었다. 해수는 10월 5일까지 한양에 머물다가 다시 북경을 향해 출발했다. 이를 위해 다시 반송사와 함께 각 처에 선위사를 파견했고 여기에도 통사들이 함께 파견되었음은 물론이다. 중국에서 사신이 도착한 지 5일 후에는 감사의 뜻으로 사은사 신호가 황제에게 바칠 주문을 갖고 북경으로 향한다. 11월 22일에는 북경에 갔다가 돌아오던 대호군 선존의가 미리 파발을 통해 북경방문 결과를 알려왔다. 대략 8월 전후해서 북경에 간 사신을 따라간 것으로 보인다.

이처럼 한양에서 동팔참을 거쳐 요동에 이르고 다시 북경으로 가는 사행길에는 늘 조선과 명나라의 각종 사신 일행들이 오가고 있던 것이다. 특히 동팔참은 사역원 관리로 있던 통사들의 독무대였다. 말을 몰고 가는 일은 사역원 관리 중에서 비교적 낮은 직급의 통사들이 맡은 반면 사역원의 정이나 부정은 요동에 가는 사신을 겸하기도 했다. 사신 통사가 아니라 자신들이 사신이었던 것이다. 성종 2년의 기록을 보자.

3월 23일 통사 사역원 정 최유강을 시켜 요동 도지휘사에 자문을 보내다.

즉 사역원 정은 요동과의 관계에서는 실질적인 사신이나 마찬가지였던 것이다. 이렇게 본다면 사역원은 단순한 통역사 교육기관으로 머문 게 아니라 외교관 양성기구이기도 했다.

임진왜란 때 역관의 활약상

임진왜란 때 통사들의 역할은 무엇보다 중요해졌다. 당장 통사들의 수요가 급격하게 늘어났고 군사전략을 다루어야 했기 때문에 아주 정교한 통역을 하지 않으면 큰 문제가 생길 수도 있었기 때문이다. 전란의 고비고비에서 통사들이 보여준 활약상을 재구성해 본다.

명나라의 오해

1592년(선조 25) 4월 일본은 대군을 보내 조선침략에 나섰다. 임진왜란 발발이다. 조선 조정에서는 곧바로 사신을 파견해 원군을 요청했다. 그런데 뜻하지 않은 문제가 터졌다. 요동도사가 명나라 조정에 보고하기를 "조선이 일본과 짜고 침략당했다고 거짓말을 했다. 조선은 침략당한 척하면서 실은 일본을 위한 길잡이 역할을 하고 있다."고 했다.

명나라 조정에서는 반신반의했다. 그래서 병부상서 석성은 요동에

명나라의 병부상서였던 석성의 모습을
담은 초상 초본

비밀리에 지시를 내려 최세신·임세록 등으로 하여금 평양으로 가서
조선 국왕을 직접 만나 상황을 파악해 오도록 했다. 겉으로는 일본군
의 동태를 살핀다는 것이었다. 두 사신이 선조가 피신해 있던 평양에
도착한 것은 6월 5일이었다. 실은 더 일찍 도착할 수 있었는데 중간에
작은 사고가 발생했다.

그들이 압록강을 건너려 할 때 조선 조정에서는 양론이 대립하고
있었다. 당장 원병을 요청해야 한다는 입장과 요동 병사들이 원병의
명목으로 조선 땅에 들어오면 갖은 약탈을 할 것이기 때문에 원병 요
청을 신중히 해야 한다는 입장이 충돌했다. 이로 인해 시간을 끌고
있을 때 두 사신을 맞으러 간 조선 사람은 통사였다. 이때 사신 겸 통
사는 유근이었다. 유근이 와서 당장은 원병이 들어와도 조선이 너무
피폐해 있기 때문에 제대로 지원할 수 없으니 곤란하다는 뜻을 밝혔

고 그래서 평양까지 오지 않고 의주에서 돌아갔다가 다시 온 게 6월 5일이었다.

이 때문에 5월 29일 사헌부와 사간원에서는 합동으로 "막중한 국가의 일을 일개 역관에게 일임해 마치 평범하게 왕복하는 것처럼 조처했으므로 사람들이 답답하게 여기고 있으니 결코 가볍게 넘길 일이 아니다."며 앞으로는 중신重臣을 파견해서 사신을 접대해야 한다고 건의했다. 실제로 6월 1일 예조판서 윤근수가 앞으로는 자신이 사신접대 임무를 맡겠다고 자임하고 나선다.

중국에서는 연이어 사신을 파견했다. 같은 해 6월 11일 의주목사 황진이 조정에 긴급보고를 올렸다. 명나라 사신 동양정이 의순관에 도착했다는 것이다. 그리고 함께 온 무관은 통사 표헌을 불러 의주에서 평양까지 다섯 파발로 나누어 전시상황을 명나라 조정에 빨리 보고할 수 있는 준비를 하라고 지시한다.

이들의 임무는 계속해서 전황을 살핀다는 명목으로 요동도사 보고의 진위를 확인하는 것이었다. 그래서 7월 1일이 되어서야 오해를 풀 수 있는 실마리가 잡힌다. 예조판서 윤근수는 일본 선봉장이 조선 조정에 보내온 두 통의 서찰을 명나라 사신 참정에게 보여주었다. 참정은 그때서야 다음과 같이 말한다.

염탐하는 사람이 한 번도 진짜 왜인을 못 보았다기에 아마 이는 가짜 왜인인가 여겼더니, 이제 왜인의 서찰을 보니 진짜 왜인이라는 것을 알겠다. 그대 나라가 천자天子를 위해 나라와 집을 잃고 많은 백성이 모두 도륙을 당했으며, 한쪽 변방에 피해 있으면서도 천자를 위하는 마음을 변하지 않으니 참으로 가련하고 애처롭다.

그리고 참정은 눈물을 흘리고 가슴을 치면서 이렇게 말했다.

"우리들이 판서(윤근수)와 더불어 서로 속마음을 터놓고 사귀었으니, 군이 평양에 갈 필요가 없다. 나는 단연코 병부상서를 만나 그대 나라의 실정을 분명히 말할 것이며, 이 서찰도 천자에게 올리겠다. 모쪼록 이런 뜻으로 자문을 만들어 나에게 달라."

그리고 곧바로 병사들을 파견하도록 건의하겠다고 말하고 북경으로 돌아갔다. 3개월 만에 겨우 오해가 풀린 것이다. 이 자리에도 통사는 배석했을 것이 분명하다.

선조의 요동망명을 둘러싼 논란

7월 3일에는 명나라의 병력 지원을 요청하는 청원사請援使로 요동에 갔던 대사헌 이덕형이 요동에서 돌아왔다. 이때 이덕형의 임무는 두 가지였다. 하나는 원병을 요청하는 것이고 또 하나는 선조의 요동 망명에 대한 허락을 받아오는 것이었다. 선조는 요동망명을 허락받았는지부터 물었다. 이덕형은 "만일 불행히 요동에 들어온다면 궁속宮屬과 부득이하게 따르는 자 외에 호위하는 군사를 간략하게 거느리고 오게 하라."고 했다며 사실상 내락을 받아냈다고 밝힌다.

그리고 이덕형은 윤근수가 참정을 만나 오해를 해소한 것은 몰랐던 것 같다. 길에서 교차할 수 있었지만 요동으로 돌아가던 참정 일행과 도중에 만나지 못한 것이다. 그래서 여전히 요동에서는 의심하고 있길래 자신이 눈물로 호소해서 오해를 풀었다고 보고했다. 그러면서 이덕형은 "지난번 중국 사람이 왔던 것은 깊은 뜻이 있었던 것인데 즉시 평양에 가는 것을 허락하지 않았기에 의심을 불러일으킨 것 같다."고

명나라에 병력 지원을 요청하러 요동에 갔던 한음 이덕형의 모습을 담은 영정

밝혔다.

7월 29일 의주의 행궁에서 선조는 삼도체찰사 정철, 좌의정 윤두수, 승지 민준 등과 함께 앉아 다시 요동망명 의사를 밝힌다. 평양성이 함락되었다는 좋지 못한 소식이 전해진 지 얼마 되지 않았을 때였다. 선조는 상황을 계속 좋지 않은 쪽으로 해석하며 요동으로 들어가려 했고 정철과 윤두수는 단호하게 반대했다. 예를 들어 윤두수가 "전라도는 이순신이 있어 온전합니다."라고 말하면 선조는 "적병이 벌써 전라도를 침범했다."고 맞받았다.

이에 정철은 이제 전라도에서 고경명이 의병을 일으켜 상황이 호전되고 있다며 "전하께서는 압록강을 건넌다는 말을 입 밖에 내지 않아야 할 뿐만 아니라 마음속에서도 영원히 끊어버리시기 바랍니다."라고 말한다. 윤두수도 "요사이 보내오는 자문을 보건대 요동으로 들

〈평양성 탈환도〉. 조선은 명의 지원을 받아 일본에 빼앗겼던 평양성을 1593년 탈환한다.

어가는 것은 온당치 않을 듯합니다. 더구나 한번 압록강을 건너면 회복할 희망이 영원히 끊어질 것입니다."라며 정철의 의견에 동의했다. 이로써 요동망명은 이뤄지지 않을 수 있었다.

이 와중에도 중국 쪽에 병력 지원을 요청하는 사신은 계속 파견해야 했다. 8월 20일에는 대사간 정곤수가 진주사로 북경에 갔다. 그때 많은 사람들이 서로 사신단에 포함되기 위해 백방의 노력을 했다. 그렇게 해서라도 명나라로 도망치기 위해서였다. 정곤수 일행은 12월 8일 돌아와 중국 조정에서 조선에 대한 의구심이 다 풀렸으며 이여송이라는 장군을 최고 지휘관으로 해서 내년 초쯤 10만여 명 규모의 원군이 올 것 같다고 보고한다.

다음 해 1월 11일 이 사신단 일행은 큰 포상을 받게 된다. 얼마 후 명나라 군대가 들어와 평양을 수복했기 때문이었다. 선조는 당시 기

뽐에 겨워 이렇게 지시한다.

　지금 이렇게 적을 토벌하고 수복할 수 있었던 것은 오로지 명나라 군사 때문이며, 명나라 군사가 나오게 된 것은 정곤수가 진주陳奏한 데서 말미암은 것이다. 정곤수는 이 다음에 후한 상을 내릴 것이니 우선은 숭정대부崇政大夫로 가자加資, 품계를 올리는 일하라. 함께 갔던 그의 서장관 심우승은 당상관으로 승진시키고, 데리고 간 역관은 정곤수에게 천천히 물어서 상을 주도록 하라.

제독 이여송의 전담 통사 김길손

1593년(선조 26) 2월 6일 이여송은 평양성 공략에 성공했다. 그래서 조정에서는 2월 10일 이조판서 한준이 감사를 표하기 위해 사은사로 북경을 향해 떠났다. 이여송은 6·25 때의 맥아더 원수와 비슷하다. 3월 27일에는 화약제조법을 익혀온 통사 표현이 선조로부터 상을 받는다.

제독 이여송의 전담 통사로 활약했던 인물은 김길손이다. 김길손은 3년 후인 1596년 명나라와 일본이 휴전회담을 할 때 중요한 정보들을 입수해 조선 조정에 알려 온다. 명나라와 일본의 비밀협상 내용의 상당수를 알아낸 장본인이 바로 통사 김길손이었던 것이다. 이를 통해 볼 때 실록에는 김길손에 관한 기록이 1593년에 1건, 1596년에 3건밖에 나오지 않지만 실은 계속해서 조선의 이해 관계가 걸린 중요한 정보들을 조정에 전달해 주었을 것으로 봐야 한다.

그해 12월 30일 대사헌 이덕형은 선조에게 이런 건의를 한다. 이여송은 일본과 적당히 타협하려고 하니 조선의 실상을 있는 그대로 명나라 조정에 전하자는 것이다.

"역관 이해룡이 적군의 정세를 적은 자문을 가지고 즉시 출발하려 합니다."

그러면서 혹시 정장을 하고 가면 요동의 기관에 적발당할 수도 있으니 외모를 장사꾼처럼 꾸며 가야 한다고 말한다. 그렇지 않으면 요동의 기관이 알아보고 서류를 빼앗아 이여송에게 전달할 것이 분명했기 때문이다. 그리고 주요 장수들에게 배속시켰던 통사들도 그때그때 자신들이 통역하는 과정에서 입수한 정보들을 조선 조정에 보고해 조정에서도 적절한 대응책을 마련할 수 있었다. 임진왜란 당시 통사들은 무엇보다 국가를 위한 정보원으로서의 활약상을 보여주었다.

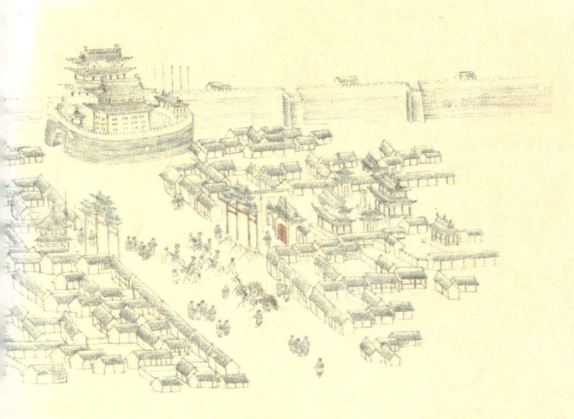

2장

왕의 입이 되어 조선의 뜻을 전한
국제 외교관

대명외교에 공을 세운 언어의 마술사
• 설장수

아버지를 따라 고려에 귀화

1995년 8월 중국 고대문화의 보고寶庫인 돈황과 투르판吐魯番 일대를 둘러볼 기회가 있었다. 특히 타클라마칸 사막과 톈산天山 산맥 사이에 있는 오아시스의 도시 투르판의 기억은 지금도 생생하다. 중국에 있다고 느낄 수 있는 것은 오직 이슬람 사원을 뜻하는 '淸眞寺청진사'처럼 한문 간판을 볼 수 있다는 것뿐이었다. 나머지 풍경, 즉 모래바람 날리는 사막 지형에 사각형의 흰색 집들, 동북아 사람들보다는 중동 사람들에 가까운 외모의 위구르인 등은 전형적인 이슬람 문화를 대표했다.

투르판에서 모래 먼지를 달리며 남동쪽으로 한 시간 반가량을 달려가면 고창고성高昌古城이라는 말 그대로 고색창연한 유적지가 나온다. 640년 당나라에 망한 고창국의 궁성 유적이라고 하는데 황토 벽돌로 지었기 때문인지 지금은 대부분 마모되어 마치 폐허를 보는 느

중국 신장웨이우얼자치구 투르판에 위치한 고창고성

낌이었다. 이때 당나라의 고창국 정복에 혁혁한 공을 세운 이가 바로 고구려의 명장 고선지다.

고창국의 역사는 기원전 3세기로 거슬러 올라간다. 이란계가 차사車師라는 왕국을 세우고 교하交河에 수도를 두었다. 투르판 시에서 고창고성과는 반대 방향인 서쪽으로 차를 타고 30분쯤 달리면 나오는 교하고성이 바로 그곳이다.

700여 년이나 지속된 차사 왕국은 기원후 450년 북량의 공격으로 망하고 만다. 그리고 국씨 왕국인 고창 왕국이 들어서게 되는데 이 고창 왕국이 고선지 등의 공격으로 당나라 태종에게 무릎을 꿇게 되는 것이다. 당나라는 고창에 서주를 설치했고 칭기즈칸의 등장으로 다시 원나라 영향권에 들어갔다가 훗날 청나라가 들어선 후에 지금의 지명인 투르판으로 불리게 된다. 일종의 자치국으로 명맥을 유지해 오던 마지막 고창 국왕 화적합이가 몽골군의 공격으로 전사하고 고창 성이 파괴되던 해가 1275년이었다.

여기서 다루고자 하는 첫 번째 인물 설장수偰長壽, 1341~1399의 뿌리 가 바로 이 고창이다. 기록에 따르면 설장수의 아버지 설손偰遜의 고조할아버지가 원나라에 귀화했다는 것으로 보아 대략 고창국이 망하 던 1275년을 전후해 설씨 집안은 자발적으로 원나라에 의탁한 것 같 다. 이런 전통은 후손들에게도 이어져 설손은 이미 즉위하기 전 원나 라에 와 있던 고려의 공민왕과 친분을 쌓게 된 것을 계기로 1358년 (공민왕 7) 홍건적의 난을 피해 아들들을 데리고 고려에 귀화했다. 공민 왕은 그를 고창백高昌伯에 봉하고 다시 부원후富原侯에 책봉해 부원富原 에 토지를 하사하는 등 크게 우대했다. 이미 설손은 원나라 순제 때 단본당 정자로 황태자에게 경전經典을 강론할 만큼 학문과 문장의 명 성이 높았다. 아버지를 따라 고려에 왔을 때 설장수의 나이는 성인에 가까운 17세였다.

고려의 문신으로 급성장

위구르 출신에 아버지가 원나라 문신이었다는 사실을 생각하면 설 장수도 위구르말에다 중국어와 몽골어에 능통했을 것으로 추정해 볼 수 있다. 게다가 아버지의 고려 망명으로 고려말까지 배워야 했으니 설장수는 최소한 4개 국어를 구사하는 독보적인 국제인의 소질을 일 찌감치 갖췄다고 할 수 있다.

이런 뛰어난 언어 감각에 문재文才까지 갖췄던 설장수는 1362년 문과에 급제했다. 고속승진을 거듭하던 설장수는 주로 명나라와의 외교 관계에서 공을 세우며 조정의 인정을 받았다. 그는 더욱이 별도의 통역이 필요 없는 외교관이었기 때문에 높은 평가를 받을 수밖에 없었다. 특히 1387년(우왕 13) 설장수는 문하부 지사로 명나라에 갔을 때 명나라의 관복을 답습해도 좋다는 허락을 받아내는 외교적 성과를 올려 한국 의복사에 큰 기여를 하게 된다.

난을 피해 고려로 망명했건만 설장수는 점차 고려 말 조선 초 격동의 사건 속으로 말려 들어가고 있었다. 1368년 명나라를 세운 태조가 한반도의 철령 이북 땅은 원래 원나라에 속했던 것이므로 자기 나라에 귀속하겠다는 심사로 철령위鐵嶺衛를 설치하고 병참 군영을 만들겠다는 구상이 고려 조정에 알려진 것이다. 이를 알아내 고려 조정에 전한 인물이 바로 설장수다. 철령위 문제는 이성계의 위화도회군으로 끝나게 되는 요동 정벌론을 고려 조정에 확산시킨 결정적인 사건이다.

이어 1389년 창왕을 몰아내기 위한 흥국사興國寺 회의가 이성계의 요청으로 열리는데 9명의 비밀회의 구성원 중 한 사람으로 설장수도 참여하고 있다. 이 회의가 공양왕 즉위에 기여했다고 해서 그 참석자 9명은 '구공신九功臣'으로 불리는데 이성계 외에 삼사 판사 심덕부, 찬성사 지용기·정몽주, 정당문학 설장수, 평리 성석린, 문하부 지사 조준, 자혜부 판사 박위, 밀직부사 정도전 등이 그들이다. 이들은 가짜 왕을 내몰고 진짜 왕을 세운다는 '폐가입진廢假立眞'을 명분으로 내세워 우왕과 창왕은 신돈의 자손이니 폐하고 왕씨의 피를 가진 정양군 요를 국왕으로 추대했다. 그가 공양왕이다. 사실상 이성계가 전권을 장악한 것이다. 그때의 공으로 설장수는 충의군에 봉해지고 문하찬성사로 승진했다. 1392년에는 삼사 판사에 올라 과거 시험을 주재하는

지공거知貢擧를 겸하는 등 잘나가는 듯했다.

그러나 구공신 명단에 정몽주가 포함된 데서 알 수 있듯 9명이 모두 이성계를 새로운 왕조의 창건자로 추대하자는 데 합의한 것은 아니었다. 새 왕조 창건론자와 고려의 철저한 내부 혁신론자가 뒤섞여 있었던 것이다. 여기서 설장수는 정몽주와 함께 후자에 가까웠다.

그 바람에 1392년 여름 정몽주가 살해당한 후 그 일당으로 몰려 조선의 건국과 함께 우현보·이색 등과 더불어 귀양을 떠나는 신세가 된다. 태조 이성계는 즉위 교서에서 이렇게 밝히고 있다.

"유사有司에서 상언하기를 '우현보·이색·설장수 등 56명이 고려 말기에 도당을 결성해 반란을 모의해서 맨 처음 화단禍端을 일으켰으니 마땅히 법에 처해 장래 사람들에게 경계시켜야 할 것'이라고 했지만 나는 오히려 그들의 목숨은 살려 두고자 하니 우현보·이색·설장수 등은 그 직첩을 회수하고 서인庶人으로 삼아 해상海上으로 옮겨 종신토록 같은 계급에 끼이지 못하게 하라."

진짜 반란을 꾀했다기보다는 새 왕조 창건에 비협조적이었기 때문이라고 봐야 할 것이다. 이때 설장수의 나이 이미 51세였다.

국내형 정도전, 국제형 설장수

실록은 정도전鄭道傳, 1342~1398이 설장수 등을 처형해야 한다는 내용을 담은 즉위 교서를 지었다고 밝히면서 이렇게 말하고 있다.

"정도전은 우현보와 오래된 원한이 있었다."

그래서 정도전은 우현보 집안을 모함하기 위해 하지 않은 것이 없었다는 것이다. 원한 대상에는 우현보와 함께 설장수도 포함되어 있었다.

　분명 태조가 극형에 처하지 말라고 했음에도 정도전은 다시 10여 명의 서명을 받아 극형을 건의한다. 당연히 태조는 격노했고 "이색·우현보·설장수는 감등을 하더라도 형을 가할 수는 없으니 결코 다시는 말하지 말라."고 엄명을 내렸다.

　그렇다면 왜 정도전은 설장수 등을 죽이지 못해 안달이었을까? 실록에서는 '사감私感'이라고 밝히고 있지만 그것은 다름 아닌 권력 투쟁의 일환이었다. 정도전은 설장수보다 한 살 아래로 상하를 다투고 있었다. 홍국사 회의에서 보듯 관직은 그 시점에서 설장수보다 아래였다.

　태조는 5개월쯤 지난 1393년(태조 2) 1월 1일 우현보·이색·설장수 등의 유배를 풀어 서울과 외방에서 편리한 대로 살게 해주었다. 이에 설장수는 1월 24일 직접 태조를 알현하고 사면해 준 것에 대해 깊이 감사하고 있다. 이성계로서도 설장수 같은 인재는 긴요했다. 명나라와의 뒤얽힌 외교문제를 풀어 가는 데 없어서는 안 될 인물이었기 때문이다. 이렇게 해서 설장수는 검교문하시중으로 다시 관직에 복귀했다.

　하지만 정도전과의 악연은 쉽사리 끝나지 않았다. 『태조실록』 5년 7월 27일자는 상당히 의미심장하다.

　"정도전으로 봉화백을 봉하고, 설장수로 삼사 판사를 임명했다."

　같은 날 각각 승진한 것이다. 이때부터 다시 '외교관' 설장수는 부지런히 명나라 조정을 왕래하며 여전히 껄끄러운 명나라와의 외교문제들을 조율하는 활약을 보이고 있다.

　반면 이 무렵 정도전은 명나라로부터 압력을 받고 있었다. 신하로서 전권을 행사하고 있던 정도전은 은밀하게 요동 수복을 위한 비밀

계획을 추진하고 있었다. 이를 눈치 챈 명나라는 정도전을 '조선의 화근禍根'으로 보고 사전에 제거하기 위해 1395년(태조 4)에 보낸 외교문서의 무례함을 핑계 삼아 그 집필자인 정도전을 명나라로 압송하라고 요구했다.

이에 정도전은 병을 핑계로 가지 않았고 대신 권근이 "신도 표문을 짓는 데 참여했으니 신이 가서 경위를 설명하겠다."고 나섰다. 이에 태조 이성계는 "경은 노모도 있고 황제가 정도전을 오라고 했지 경을 오라고 한 것이 아니니 차마 보낼 수 없다."고 하자 권근은 더 강하게 말한다. 사실 그것은 죽으러 가는 길이나 마찬가지였다. 권근의 논리다.

"부르는 명령을 기다리지 않고 신을 보내면 병으로 가지 않는 자도 의심을 면할 수 있고 신도 혹시 용서를 받을 수 있지만, 부름을 당해 가면 신의 죄가 더욱 무거워질 것입니다."

태조로서는 더없이 고마운 일이었다. 『태조실록』 6년 4월 20일자는 "권근을 아름답게 여기고 정도전을 그르게 여기는 자가 많았다."고 적고 있다.

이에 대해 정도전은 권근이 이색의 제자이니 꺼림칙하다며 반대했으나 태조는 마침내 권근을 보내기로 한다. 여기서 흥미로운 일이 발생한다. 태조는 고마움의 표시로 권근에게 사람을 보내 노자로 황금을 주었다. 그런데 함께 갔던 정총 등은 명나라에 억류되고 권근만이 돌아오자 정도전은 권근이 황금까지 소지하고 있던 것을 알아내고 태조에게 권근의 국문을 요청한다. 정도전은 황금을 근거로 내세워 황제로부터 상까지 받았다고 주장했다. 태조로서는 속으로 웃을 수밖에 없었다. 게다가 이 장면에서의 정도전의 행태는 그것이 만일 100퍼센트 사실이라면 용렬하기 그지없는 것이다. 정도전의 탄핵 대상에는 권근뿐만 아니라 함께 갔다 온 설장수도 포함되어 있었다. 그에 대한 태조의 대답에 모든 게 담겨 있다.

"천자가 진노했을 때 자청해 천자의 화를 풀게 해 다시 경을 부르지 않았으니 나라에 공이 있고 경에게도 은혜가 있다."

정도전의 무고를 정면으로 비판하고 있는 것이다. 그후 계속된 명나라와의 어긋난 관계를 해결하는 데 최대의 공을 세운 이가 바로 설장수다. 1399년(정종 1) 6월 27일자의 기록은 의미심장하다. 설장수 등이 명나라 예부로부터 받아온 황제의 조유詔諭에 따르면 "의례는 본국(명나라)의 풍속에 따르고 법은 예전 법을 지키며 스스로 성교聲敎, 통치하는 것을 허락한다."고 되어 있다. 상대적 독립성을 인정받은 것이다. 그는 총 여덟 차례에 걸쳐 사신으로 명나라를 찾았으며 뒤에 정종의 즉위를 명나라에 알리고 허락을 받아온 장본인이기도 했다.

조선 사회의 개방을 추구

실록에는 1393년(태조 2) 9월에 사역원을 설치했다는 기사가 나온다. 설장수가 사역원 설치에 어떤 기여를 했는지에 관한 직접적인 증거는 없다. 다만 그다음 해인 1394년(태조 3) 11월 19일 사역원 제조提調로 총책임을 맡은 설장수가 사역원의 시험 자격 및 선발 인원 그리고 운영 방안 등에 관한 개괄적인 내용을 담은 글을 올리고 있는 것으로 보아 1393년 관직 복귀와 함께 외교 분야의 일을 맡은 듯하다. 설장수는 그 과정에서 외교 통역 인력의 지속적인 배출을 위해 사역원 복원을 건의했을 것으로 추정해 볼 수 있는데 그 개연성은 대단히 높다.

지금까지 살펴본 것처럼 설장수의 경우에는 역관으로 성장한 것이 아니라 외교관이 본분이었다. 특히 개국 초기 중국 본토에서는 권력이 원나라에서 명나라로 이행하던 과도기였기 때문에 외교력의 중요성은 말할 수 없이 컸다. 실록에 따르면 그는 북경에만 여덟 번 갔다 왔다. 그가 『소학』을 중국어로 풀어쓴 『직해소학』은 중국인들로부터도 찬사를 받았으며 조선 초 대표적인 중국어 입문서였다. 게다가 요동 정벌론에서 보듯 국내에서도 현실주의자와 이상주의자가 충돌하고 있었고 현실주의를 대변하던 설장수의 외교론은 조선 초 국가의 방향을 정하는 데 큰 영향을 주었다.

그러면서 한편으로 사역원 제조를 맡았기 때문에 그로서는 통역 자체보다는 외교 입장에서 사역원 문제에 접근하는 것이 어쩌면 자연스러웠다. 설장수가 1394년에 올린 건의문을 검토해 보자.

첫째, 그는 교수의 정원을 3명으로 하되 2명은 한어, 1명은 몽골어로 해서 봉급을 후하게 주자고 말한다. 생도는 한어와 몽골어를 나눠서 공부하게 하고 상벌은 학생과 교수에게 모두 해당토록 건의한다. 전공 개념과 교수 평가제를 이야기하고 있는 것이다.

둘째, 3년마다 한 번씩 시험을 보되 사역원 재학 여부와 관계없이 응시 자격을 주자고 말한다. 그리고 등급을 정해 제1과는 정7품, 제2과는 정8품, 제3과는 정9품에 준하는 벼슬을 줘야 한다고 건의한다.

셋째, 한어에 능통한 자를 최고로 평가하되 특히 발음이 뛰어난 자를 첫째로 꼽아야 한다고 말한다.

넷째, 3년 동안 공부를 해도 한어나 몽골어에 통하지 못한 자는 퇴학시켜 군 복무를 시켜야 한다고 말한다.

다섯째, 시험에 합격한 자는 홍패 한 장을 주되 홍패에다가 통사

제 무슨무슨 과, 몇 번째라고 표시해야 한다고 말한다.

이를 종합해 보면 설장수는 하나의 신분으로서 역관을 길러 내는 전문 기관을 생각하기보다는 일종의 개방적인 자격증 획득 기관으로 사역원을 생각했음이 분명하다. 외교 업무를 일선에서 수행한 데서 나온 실무 경험이 자연스레 반영된 것이다. 그리고 실은 이것이 사역원, 나아가 조선 사회의 개방성을 높이는 데 훨씬 바람직한 방향이었는지 모른다.

학식이 뛰어난 설씨 가문

위구르에서 온 설씨 가문이 조선 초에 기여한 공은 설장수로 끝나지 않았다. 설장수의 조카 설순偰循, ?~1453은 비록 사역원과의 인연은 없었지만 세종 때의 대표적인 학자이자 문신으로 세종 때의 문화 발전에 큰 공을 세웠다. 설순의 아버지는 설경수였다.

특히 그는 1408년(태종 8) 문과에 급제했고 세자를 가르치는 시강관을 거쳐 1427년(세종 9)에는 문과 중시에 합격한다. 중앙 관리로서 1428년 『효행록』을 증보하는 작업을 했고 1431년에는 집현전 부제학으로 『삼강행실도』를 3년간 편찬하는 작업을 주도했다. 또한 그해 당대 최고의 글쟁이라는 윤회尹淮와 함께 세종이 가장 역점을 둔 역사서 『자치통감훈의』의 편찬작업을 이끌었다.

그 밖에 설장수의 아우 미수眉壽는 18세 때 문과에 급제해 태종 때에만 모두 다섯 차례 명나라에 다녀왔을 만큼 형을 이어 명나라와의 외교를 안정시키는 데 크게 기여했다.

중국에서 귀화한 통사 4인방
• 당성, 조숭덕, 장현, 서사영

사대이문의 개척자 당성

학문이 이문吏文을 겸해 양쪽이 정교하고 탄탄하니, 동방에 유익함을 누가 견줄 수 있으리오? 도통都統과 율문律文의 선후 이야기, 이 생에 깊기 어렵고 죽어도 잊기 어렵네.

1413년(태종 13) 11월 3일 공안부윤恭安府尹을 지내고 은퇴한 당성唐誠, 1336~1413이 77세를 일기로 세상을 떠나자 성석린이 당성을 기리며 쓴 일종의 조시弔詩다.

당성은 원래 중국 강절江浙성 명주 사람이었다. 원나라 말에 병란을 피해 동쪽으로 왔다가 처음에는 정동행성征東行省, 원나라에서 고려를 통치하기 위해 설치한 관청의 관리였으나, 공민왕이 정동행성을 혁파하자 중랑장中郎將으로 군인이 되었다. 율령律令에 능하고 밝아서 일이 생길 때마다 용감히 말했다. 당성의 졸기에는 왜 하필이면 성석린이 조시를 쓰면서 '도통과 율문의 선후 이야기'라는 대목을 집어넣었는지를 보여주는 일화가 자세히 소개되어 있다.

당시(고려시대) 권력자(신돈)가 성석린이 자기에게 붙지 않는 것을 미워해서 죄를 무고해 하옥下獄하고, 병마도통사兵馬都統使 최영崔瑩을 부추겨서 장차 극형에 처하려 하니, 당성이 그 죄가 사형에 이르지 않는다고 말했으나 최영이 듣지 않았다. 당성이 굳이 다투었으나 어쩔 수가 없게 되자 드디어 율문을 집어 땅에 던지면서 최영에게 이르기를, "도통이 율문보다 먼저 났습니까? 아니면 율문이 도통보다 먼저 났습니까? 도통이 어찌해 자기 한 사람의 견해로써 율문을 버리십니까?"라고 말했다.
이에 최영은 오히려 당성이 정직하다고 해 노하지 않았고, 우리 태조(이성계) 또한 성석린을 구해내려 했으므로 마침내 사형에서 감형받을 수 있었다.

성석린에게 당성은 생명의 은인이었던 것이다. 성석린은 고려 말 조선 초의 문신으로 이성계가 역성혁명을 할 때 참여해 한성부 판사(오늘날의 서울 부시장 격인데 당시 수도는 한양이 아니라 개성이었다)를 지냈다. 왕자의 난 이후 태조와 태종 사이가 불화해 태조가 함흥에 있으면서 태종이 보낸 사자를 해칠 때(함흥차사) 성석린이 태조의 옛 친구로서 자청해 찾아가 조용히 인륜의 변고를 처리하는 도리를 진술해 두 사람의 화해를 이끌어냈다. 그런데 이때 태조가 자신을 설득하는 성석린에게 태종을 위해 아양을 떠는 것이냐고 질책하자 그가 "만일 그렇다면 저의 자손은 반드시 눈먼 소경이 되리다."라고 맹세했는데 후에 그의 아들과 손자들이 장님이 되어 세상 사람들이 비웃었다는 일화의 주인공이기도 하다.

그후 당성은 관직을 여러 번 옮겨 전농시 판사에 이르고, 사대이문事大吏文을 맡았다. 즉 당성은 고려 때부터 외교관과 통사의 임무를 수행하고 있었던 것이다. 이문은 행정 및 법률 전문용어를 말한다. 태조가 즉위하게 되자 호조·예조·형조·공조의 4조 전서典書를 거쳤다. 졸기는 당성의 인물됨에 대해서 "당성은 성질이 부지런하고 조심스러웠으며 나이 일흔이 넘어도 정력이 쇠퇴하지 않았다. 무릇 사대문자事大文字가 있을 때는 반드시 친히 살피고 가다듬어 조금도 착오가 없었으므로 임금이 믿고 맡겼다."고 적고 있다.

그러면서도 당성의 성질은 성석린의 조시에서 알 수 있듯 불같은 데가 있었다. 1398년(태조 7) 12월 5일 그는 자신의 노비와 관련된 소송을 냈다가 패소하자 재판을 맡고 있던 변정도감辨定都監, 오늘날의 특별위원회에 대해 "누가 변정도감이라 말하는가? 실상은 부정不定도감인데!"라고 했다가 사헌부의 탄핵을 받아 호조전서에서 파면당했다.

당성은 1405년에도 봉변을 당한다. 명나라 황제에게 올리는 표문表文을 쓸 때 '황제 폐하'라고 한 다음에는 줄을 바꿔 글을 써야 하는데 바로 뒤에 글을 붙였다가 명나라 조정으로부터 책망받았다는 사실을 사신이 와서 고했다. 이 때문에 8월 8일 태종은 외교문서 작성을 책임지고 있던 문서응봉사 제조 당성을 비롯한 관련자들을 처벌하라고 지시했다. 그러나 며칠 후 과거 기록에도 '황제 폐하' 뒤에 이어 쓴 것이 많은 것으로 드러나 석방되었다. 여기서 우리는 이문 작성이 얼마나 힘든 일인가를 추정해 볼 수 있다.

아마도 그 무렵에는 중국어와 이문에 관한 한 당성은 독보적인 존재였던 것 같다. 1404년 8월 20일 사헌부에서 상소를 올리는데 그중에 보면 "응봉사應奉司는 한 나라의 문서를 책임지는 곳으로 학문하는 선비가 모두 다 속하지만, 한어 이문에 이르러서는 오로지 당성만이 맡고 있으니, 만약 하루아침에 사고라도 있으면 배우지 못한 사람이 그 직임을 맡기는 어려울 것입니다. 원하건대 이제부터 문한文翰의 선비 가운데 총명하고 박학하며 기예가 뛰어난 사람을 뽑아서 미리 이문吏文을 익히도록 해 향후의 쓰임에 대비해야 할 것"이라는 구절이 나온다.

한성부 판사 시절의 일화는 당성이 언어와 유머에 관한 한 탁월한 감각의 소유자였음을 보여준다. 검교 한성부 판사檢校漢城府判事로서 문서응봉사 제조를 겸한 당성이 국왕을 직접 만나 이렇게 말한다.

"지난번에는 명나라 황제가 국함國銜, 국왕의 칭호을 '권서국사權署國事'라고 칭했으나 이제는 다만 '국왕國王'이라고 하니, 이름이 바르고 말이 간단해 매우 좋습니다."

더불어 당성은 "소신의 직함에도 검교 두 자를 없애버리고자 합니다." 하니, 임금이 웃으면서 개성 부유후開城副留後로 고쳐 임명했다. 검교나 권서 모두 임시직이라는 뜻이다.

당성에 대한 태종의 신임은 1409년 7월 9일 공안부윤으로 재직하다 물러난 당성에게 종신토록 녹봉을 지급하라고 명한 데서 분명하게 알 수 있다.

중국어 통역 전문가 조숭덕

조숭덕曺崇德, ?~1425의 아버지는 고려 때 중국에서 귀화했고 조숭덕은 1405년(태종 5) 문과에 급제해 조선 조정의 문신으로 활약한다. 10년 후인 1416년에 승문원 교리가 된 것으로 보아 관료로서나 학자로서 크게 뛰어났던 것 같지는 않다. 다만 이문에는 능했다는 기록이 있다. 또 집안의 영향으로 중국어를 잘했을 것이 분명하기 때문에 자연스럽게 통사의 일도 하게 되었다. 같은 해 7월 5일 평안도로 가서 중국에서 흘러들어온 사람을 압송해 요동으로 돌려보내는 일을 맡은 것도 그런 맥락에서다.

그러나 조숭덕은 세종 때가 되면 본격적으로 통사로서 활약하기 시작한다. 1418년(세종 즉위) 12월 5일 조숭덕은 서장관 자격으로 주문사 박신을 수행해 중국을 다녀왔고 26일에는 태종과 세종이 함께 참석한 위로연이 열렸다. 왜냐하면 태종이 세종에게 양위하는 문제를 중국에서 성공적으로 추인받고 왔기 때문이다. 그래서 조숭덕은 우승범·김시우·김을현 등 다른 통사들과 함께 밭 10결을 하사받았다.

1421년(세종 3) 조숭덕의 직책은 승문원 판사로 오른다. 그해 봄에 요동을 다녀온 조숭덕은 7월 2일 주문사로 북경에 간다. 1424년(세종 6)에는 중국에서 온 사신과 세종의 대화를 동시통역한다. 적어도 중국어 통역에 관한 한 전문가였던 것이다. 그러나 그는 다음 해 8월 12일 공조참의로 있던 중 세상을 떠난다.

조숭덕의 사후에 눈길을 끄는 기록은 3일 후인 15일 이조판서 허조가 지신사 곽존중과 조숭덕의 후임을 의논하는 대목이다.

"공조참의 조숭덕이 사대문서를 관장해 왔는데 지금 죽었다고 하오. 뒤이어 맡을 자가 있어야겠는데 이긍·최치운·김하 등이 이 일을 맡을 만합니다."

사촌형제 장현과 서사영

장현과 서사영 모두 세종 초에 중국에서 조선으로 넘어온 귀화인이다. 두 사람은 사촌 관계로 장현張顯이 형이다. 1427년(세종 9) 4월 16일 함길도 도절제사가 올린 보고서에 두 사람에 관한 기사가 나온다.

"오랑캐로부터 도망쳐 온 중국 사람 서사영徐士英이 와서 말하는데, 서사영이 원래 명나라 개원성開原城 밖 5리쯤 되는 곳에 거주하면서 사촌형 장현과 함께 글방에서 글공부를 하고 집으로 돌아오다가 동맹가첩목아童猛哥帖木兒, 오랑캐에게 함께 잡혀 아목하阿木河에 끌려와서 종 노릇을 하던 중 장현이 먼저 도망해 조선 땅 길주吉州에 왔고, 사영도 고생스러움을 이기지 못해 이 나라 백성이 되려고 왔으니 한양으로 보내 주거나 원적지로 돌려보내 주기를 청합니다." 하므로 한양으로 보내라고 명했다.

이렇게 해서 한양으로 온 서사영은 6월 9일 "일찍이 개원開元에 살았으나 본래 원근 간의 족친도 없으니 성심으로 이 나라에 머물러 살기를 원합니다."라고 청한다. 이를 놓고 조정에서는 의견이 엇갈렸다. 좌의정 황희와 우의정 맹사성 등은 "사영이 길주에 이르러서 먼저 들어와 사는 중국사람 장현의 아들을 만나 이미 장현이 벼슬을 받아 사역원에 근무하고 있음을 아는지라 사영만을 제나라로 풀어 보내기는 미편한 일이고, 또 그가 한문 글자를 조금 알기 때문에 앞으로 소용될 만한 사람이오니 그의 뜻에 따라 머물게 하는 것이 좋겠나이다." 라고 의견을 냈고 판부사 변계량은 장현과 함께 명나라로 돌려보내자고 말했다. 세종은 두 사람을 한양에 머물러 살게 하라고 명했다.

실록에 따르면 장현은 서사영보다 2년 앞선 1425년에 한양으로 온 것 같다. 그해 10월 25일 조정은 그에게 '겨울옷 2벌과 갓과 신'을 하사했고 12월 23일 '가옥과 가재도구'를 내려 주었기 때문이다.

1434년(세종 16) 1월 4일 예조와 승문원이 합동으로 역어인譯語人, 동시통역사을 육성하는 방안을 올렸는데 그 일부는 다음과 같다.

1. 한어훈도漢語訓導에 사역원 사정司正 서사영과 장현 등을 추가 임명할 것이며, 전에는 통역에 종사하는 사람들이 무역을 큰 이권利權으로 삼고는 행역行役의 노고도 꺼리지 않고 앞다투어 그 업을 연수하고 서로 북경엘 가려고 경쟁을 하더니, 사무역을 금지한 뒤로는 종사관從事官에 임명되면 갖가지 이유를 내세워 이를 회피하고 다시 그 업을 연수하려는 마음조차도 없으니, 명나라에 들어갈 행역이 있을 때 비록 북경에서의 무역은 못하게 할지라도 요동에서의 무역은 허용해야 합니다.

1. 역학생도譯學生徒 중에 본가가 지방인 사람은 완전히 그 본가를 돌보아 주고, 또 한양에서의 생활비를 제공해 줄 것이며, 나이 젊고 총명 민첩한 젊은이 10명을 추가 선발해 역학에 입학하게 하소서.

장현과 서사영은 외교현장이나 외교 자문보다는 중국어 강사로 활동했던 것으로 보인다. 다만 장현만이 그해 사냥용 매를 명나라에 바치는 진응사의 통사로 중국을 한 차례 다녀왔을 뿐이다.

장현과 서사영의 생몰연대는 알 수가 없다. 다만 성종 4년 때 가뭄과 바람으로 말미암은 피해가 극심하자 기존의 제사 방식에 문제가 있는 것이 아니냐면서 의견을 올리는데 거기에 서사영이라는 이름이 나온다. 이것으로 보아 서사영은 중국에 있을 때에도 학식을 갖춘 사람이었던 것 같다.

즉 원래 우리나라에서는 풍운뇌우風雲雷雨의 신에게 각각 단을 설치해 제사를 지냈는데 중국의 예관禮官이었던 서사영이 우리나라에 와서 풍운뇌우를 같은 단에 함께 제사하라고 한 뒤부터 자연재해가 잇따르고 있다는 것이다. 따라서 중국의 문화 풍속을 나름대로 조선에 전하는 역할도 했던 것으로 보인다.

김치 만드는 법을 전파한 외교관
• 원민생

경은 타고난 천성이 부지런하고 민첩하며 행실은 공정하고 청렴했도다. 일찍이 사신 될 만한 재주를 가졌으며, 본디부터 중국말의 음훈音訓을 잘 알아 소고昭考, 태종에게 알아줌을 만나서 이미 칭찬을 거듭 받았도다. 내 몸을 보좌하게 되어 더욱 은총을 입게 되었고, 험난한 만 리 길을 직접 오가며 상세히 황제의 궁궐에다 아뢰었도다. 말이 지극한 심정에서 나오니 황제가 경의 충절忠節을 칭찬했고, 금은金銀의 조공朝貢을 면제받으니 기쁨이 동방東方에 넘쳤다.

— 1435년(세종 17) 9월 29일 세종대왕이 직접 내린 제문祭文

'원민생'이라는 이름에 담긴 비밀

실록에서 '졸기卒記'란 요즘 식으로 말하면 오비추어리obituary, 즉 어떤 사람이 죽었을 때 그의 생애를 간략히 정리하고 추모한 글이다.

1435년(세종 17) 7월 30일 원민생元閔生, ?~1435이 사망하고 그의 졸기가 같은 날짜 실록에 실렸다. 여기에 보면 원민생의 집안 배경이나 성장 과정을 추정할 수 있는 간략한 정보가 담겨 있다.

전 인수부윤仁壽府尹 원민생이 죽었다. 민생의 본관은 원주原州이 니 검교 중추원 부사 원빈元賓의 아들이다. 민부閔富의 집에 양아 들로 들어가 성을 민으로 하고 이름을 덕생德生으로 했다가 벼슬 이 사역원 부사司譯院副使에 이르러서야 성을 원으로 회복하고 이 름을 민생이라 했다. 말을 통역할 줄 알아서 통사通事로 북경에 간 것이 열네 번이고, 사신으로 북경에 간 것이 일곱 번이나 되었다. 태종 황제께서 민생이 현인비顯仁妃와 인척 관계가 있는 이유로써 후하게 대우해 무릇 사건을 받들어 주청奏請하니 윤허를 많이 받 았으며, 특별히 토지와 노비를 내리고 벼슬을 정헌대부正憲大夫까 지 이르게 해 그를 표창하고 다르게 대우했다.

여기서 먼저 우리는 왜 그의 이름이 원민생인지를 알 수가 있다. 원 래의 성 '원'과 양아버지의 성 '민' 그리고 새로 받은 이름의 끝 자 '생' 이 합쳐진 것이다. 이것만으로도 일단 그의 삶이 간단치 않음을 추측 해 볼 수 있다. 둘째 '말을 통역할 줄 알아서'라는 대목이 나온다. 세 종이 내린 제문에 있는 "본디부터 중국말의 음훈音訓을 잘 알아"와 일 치하는 대목이다. 셋째 중국을 총 스물한 번 다녀왔으며 그중 열네 번 은 통사로, 일곱 번은 사신으로 다녀왔다. 통사가 사신이 되는 일은 조선 초에는 종종 있었다. 그러나 원래 통사와 사신은 엄격하게 신분 이 다른 것이었다.

예를 들면 1483년(성종 14) 8월 조선에 대해 막강한 영향력을 갖고 있던 중국 사신 정동鄭同이 통사 장유성張有誠을 정조사正朝使로 삼아 달라고 요청하자 조정에서는 대신들이 논란을 벌인다. 신하들은 반대였다. 그들 논리는 이미 통사로 여러 차례 다녀온 장유성을 사신으로, 그것도 정사나 부사와 같은 고위직으로 임명한다면 중국에서 뭐라고 생각하겠느냐는 것이다. 중국으로 보내는 사신은 반드시 2품에서 선발하게 돼 있었다.

　마치 해방 직후 우리나라에서 영어 좀 하는 사람들이 미 군정 하에서 위세를 부리듯 통사 가운데는 중국 조정이나 사신들에게 뇌물을 써서 조선 조정에 압력을 넣도록 하는 사례들이 실록에서도 부지기수로 나온다. 장유성도 아마 그런 경우였던 것 같다. 그렇다면 마냥 거부하기도 어려운 측면이 있었다. 그래서 일부 신하들은 정사만 제대로 임명한다면 부사에 장유성을 임명하는 것은 무방하지 않겠느냐는 일종의 타협안을 제시하기에 이르렀다. 이런 이야기를 하는 가운데 이미 그전에도 통사이면서 사신이 되었던 인물들이 언급되는데 "원민생·매우梅佑·이흥덕李興德·김유례金有禮 등이 그들이다. 결국 논란 끝에 이계손李繼孫을 상사上使, 정사로 삼고, 장유성을 부사로 삼게 했다."

　따라서 원민생이 태종과 세종 때를 거치며 사신을 일곱 차례나 지냈다는 것은 장유성처럼 중국 사신에게 뇌물을 쓰거나 아부한다고 해서 될 일이 아니다. 무엇보다 그의 탁월한 중국어 실력 때문이었다.

비운의 황비 현인비 권씨와의 인연

그런데 줄기 중에서 우리의 눈길을 유난히 끄는 구절은 "태종께서 민생이 현인비顯仁妃와 인척 관계가 있는 이유로써 후하게 대우해"라는 대목이다.

현인비란 누구인가? 1409년(태종 9) 4월 12일자 실록의 일부다.

사은사謝恩使 이양우李良祐와 부사 민여익閔汝翼이 명나라 서울에서 돌아왔다. 이양우 등이 말했다.

"2월 초 9일에 황제가 북경에 거둥해 본국에서 바친 처녀 권씨權氏를 먼저 불러들여 현인비顯仁妃를 봉하고, 그 오라비 권영균權永均을 광록시경光祿寺卿에 제수했는데, 작질爵秩이 3품이고, 채단綵段 60필, 채견綵絹 300필, 금금錦 10필, 황금 2정錠, 백은白銀 10정, 말 5필, 안장 2면, 옷 2벌 등을 하사했습니다."

안동 사람 권집중의 1남 3녀 중 셋째딸이 북경으로 가서 황제 비가 되었던 것이다. 그런데 불행하게도 1410년 10월 24일 그녀가 병사했다고 중국을 다녀온 오빠 권영균이 와서 1411년 3월 29일 태종에게 직접 아뢰었다. 현인비는 중국의 황제 비가 되고서도 조선 왕실의 공주 등에게 극진하게 대해 태종이 현인비를 생각하는 것은 남달랐다.

그리고 3년이 지난 1414년 9월 19일 사신 윤자당의 통사 원민생이 중국을 다녀와 현인비 사망의 전말에 관한 황제의 언급을 조정에 보고한다.

황후가 죽은 뒤에 권비權妃, 현인비에게 명해 육궁六宮의 일을 맡아 보게 했다. 마침 저 여가呂家, 여미인呂美人가 권씨를 보고 말하기를, "자손이 있는 황후가 죽었으니 네가 맡아 보는 것이 몇 개월이나 가겠느냐." 하여 이처럼 무례했다. 우리 이곳 내시 두 놈이 고려의 내시 김득金得·김량金良 등 저들 네 놈과 친형제와 같았는데, 한 놈이 은장이 집에서 비상을 빌려다가 여가에게 주었다. 영락永樂 8년간에 남경南京으로 돌아갈 때 양향良鄕에 이르러 그 비상을 가루를 만들어 호도차 안에 집어넣어 권씨에게 먹여서 죽였다.

당초에는 내가 이러한 연고를 알지 못했는데, 지난해 양가의 노비가 욕하고 싸울 때 권비 노비가 여가 노비에게 이유를 말하기를, "너희의 사장使長이 약을 먹여 우리의 비자妃子를 죽였다."고 하므로 이때에서야 겨우 알았다. 사건의 경위를 묻고 꾸짖으니 과연 그러했으므로 저 몇 놈의 내시와 은장이를 모두 죽였고, 여가는 곧 낙형烙刑에 처했는데, 낙형한 지 1개월 만에 죽었다. 네가 가리家里, 고국에 돌아가거든 이러한 연고를 자세히 말하라. 권영균에게 근저根底를 알리고 여가의 어버이에게 말하고서 다시 뒷날 쉬었다가 오도록 하라.

1424년(세종 6) 12월 27일자 실록에는 현인비의 오빠 권영균의 사망을 전하는 줄기가 실려 있는데 대단히 신랄하다.

광록시대경光祿寺大卿 권영균이 졸卒했다. 영균은 명나라 태종太宗 문황제文皇帝의 후궁 현인비의 오라비였다. 갑자기 부하고 귀하게 되어 우리나라의 권력자와 교제해 자못 교만했으며, 주색을 좋아해 일찍 죽게 된 것이었다.

실록에서 찾아낼 수 있는 자료는 이것이 전부다. 그러나 실록 기록 뿐만 아니라 여러 가지 정황을 보더라도 원민생과 현인비는 멀지 않은 인척간이었음을 알 수 있다.

'채홍사'로서 출세의 발판을 삼다

통사로서 원민생의 이름이 실록에 처음 등장하는 것은 1402년(태종 2) 7월 2일자 기록이다. 전국적으로 가뭄이 심하게 들어 고민하던 태종이 원민생을 불러 중국에서 돌아오는 길에 본 평안도 지방의 가뭄에 관해 묻고 있는 것이다. 그리고 1403년 10월 14일 통사 원민생은 곧 중국 사신이 한양에 와서 "전하(태종)의 면복冕服과 중궁의 관복冠服, 태상왕太上王, 이성계의 표리表裏, 겉옷과 속옷 그리고 원자元子의 서책書冊을 가지고 옵니다."라고 보고한다. 이에 태종은 기뻐하며 말 1필을 주었다.

특히 현인비 사망이 '여씨'에 의한 것이 알려지면서 1414년(태종 14) 원민생은 두 차례나 중국을 다녀오며 혹시라도 있을지 모를 명나라와 조선 사이의 불미스러운 사태를 매끄럽게 처리해 태종의 신임을 크게 얻는다. 이미 이때 원민생은 황제를 직접 만나, 아마도 현인비와의 인척이었기 때문으로 보이는데, 조선 조정을 대표해 사후 처리를 진행하는 모습을 보인다.

1416년 9월 19일의 기록은 원민생이 중국 황제로부터 신망을 얻고 있음을 보여준다. 현인비의 오빠 권영균 등 4명이 북경에서 돌아와 이렇게 보고했다.

"황제께서 권영균 등을 특별히 후하게 대접하고 말하기를, '원민생은 어째서 오지 않았는가? 다음번에는 꼭 들어오도록 하라.'고 했습니다."

다음 해인 1417년 4월 4일 통사 원민생이 북경으로부터 돌아와 "황제가 미녀美女를 요구한다."고 극비로 보고했다. 황제의 총애를 받은 이유 중 적어도 한 가지를 알 수 있으며 동시에 태종이 원민생을 우대할 수밖에 없었던 배경을 보여주는 사건이다. 실제로 그 직후 한양과 지방에는 금혼령이 내려진다.

그런데 5월 3일 뜻밖의 사건이 터진다. 원민생이 하정사賀正使의 정사와 부사로 모시고 갔던 도총제 이도분과 대사헌 이발이 파직당하는 사건이 발생했다. 사건의 개요는 대략 다음과 같다.

그 시절 사신이나 통사로 가면서 공물 이외에 개인적으로 준비한 물건, 특히 베를 갖고 가 요동이나 북경에서 밀무역을 해 큰돈을 버는 것은 일종의 공공연한 비밀이었다. 국가에서는 엄금했지만 정사와 부사가 직접 나서서 이렇게 하면 따라가는 통사나 종들도 어느 정도 해 먹게 마련이다. 그런데 이를 보다 못한 통사 장유신이 돌아와 "내가 북경에 다녀오기를 서른여섯 차례나 했지만 이렇게 심한 행태는 처음 본다."며 사방에 떠들고 다녔고 결국 조정에서 알게 된 것이다. 게다가 그런 장본인이 대사헌에 올랐으니 출근하는 첫날 파직당하고 말았다.

특히 정사와 부사가 100여 필 이상을 싸들고 갔고 동반했던 사람들까지 50~100필씩 들고 갔으니 북경이 떠들썩해지는 큰 사건으로 비화했다. 오죽했으면 중국의 예부에서조차 "조선 사람들과 매매하는 자는 벌하겠다."는 금령을 내리기에 이르렀다. 여기에 원민생도 관련되었다. 태종 입장에서는 믿고 있던 원민생이 일부나마 밀무역했다는 것도 괘씸하지만 저간의 사정을 누구보다 잘 알면서 그동안 아무

말도 하지 않았다는 데 더욱 화가 났다. 결국 3일 후인 5월 6일 원민생은 의금부에 갇혔다. 태종은 얼마나 실망했으면 이틀 후 서리가 내리자 "4월에 서리가 내리는 것은 자주 있었지만 5월에 내린 것은 금년이 처음이다. 원민생이 하정사의 정사와 부사가 가지고 간 포물布物의 수를 보고하지 않아 인심이 이러하니 천지가 제자리에 있을 수 있겠느냐?"고 말한다. 태종의 불같은 성격에 웬만한 사람 같으면 목숨을 잃었을지도 모른다.

그런데 같은 날 실록에는 웃지 못할 기사가 함께 실려 있다.

"원민생을 석방했다. 원민생을 '처녀 주문사奏聞使로 삼아 장차 북경으로 떠나게 했으므로 다른 사람들보다 먼저 석방하게 했다."

그리고 비록 채홍사이긴 하지만 통사 딱지를 뗀 것도 특기할 만하다. 이제 그의 국내 직위도 좌군 첨총제로 바뀐다. 5월 17일 황제에게 헌납할 처녀의 프로필을 들고서 북경으로 떠난 원민생은 6월 22일 돌아왔다.

왕위 교체기 대명외교의 일등공신

1418년 3월 2일 원민생은 참판, 즉 오늘날의 차관급에 가까운 공안부윤으로 임명된다. 그런데 실록은 특이하게도 여러 사람을 임명하면서 유일하게 원민생에 대해서만 "원민생은 사람됨이 정교精巧하고 지혜롭고 구변口辯이 좋고 중국어華語를 잘해 임금이 중국 조정의 사신과 이야기할 적에는 반드시 원민생으로 하여금 전달하게 했다. 황제 또한 이를 사랑해 중국 서울에 가게 되면 비밀히 가까이 더불어 이야기하고 여러 번 금백金帛을 하사했다."고 임명배경을 밝히고 있다.

출신배경으로 볼 때는 도저히 맡기 어려운 고위관직을 맡게 된 것에 대한 배경설명으로 이해된다.

그로부터 3개월 후인 6월 3일 태종은 양녕을 폐하고 충녕을 왕세자로 삼는다. 명나라의 세자 승인을 받아내는 데 당시로서는 원민생만한 인물이 없었다. 원민생의 대운大運을 볼 수 있는 대목이기도 하다. 실제로 충녕을 세자로 봉하도록 청하는 외교문서 '표문表文'을 들고 연경에 있는 중국 관리 황엄을 방문한 이는 원민생이다. 이미 여러 차례 서울에 와서 충녕대군을 본 적이 있는 황엄은 원민생이 "세자를 바꾸기를 청합니다."라는 말만 했는데도 "필시 충녕을 봉하도록 청하는 것이리라."고 말했다고 한다. 충녕의 총명함과 인물됨이 중국까지도 소문이 자자했던 것이다.

6월 9일 원민생은 중국 황제에게 충녕을 세자로 봉해 주기를 청하는 주본奏本을 갖고 북경으로 떠난다. 태종은 원민생에게 8월까지는 돌아와 줄 것을 신신당부한다. 그 무렵 충녕에게 왕위를 물려줄 계획을 하고 있었기 때문이다. 빨리 갔다 돌아오면 한 달에서 한 달 반 정도 걸렸기 때문에 시간상으로는 충분했다. 그런데 원민생이 8월이 되어도 돌아오지 않아 태종은 결국 8월 8일 세자 충녕에게 양위하기로 결정한다. 신하들은 양위를 만류하는데 그 이유 중의 하나가 아직 원민생이 중국에서 '인준'을 받아오지 못한 것을 들고 있다. 그때까지도 원민생이 돌아오지 않은 것이다. 원민생은 열흘 후인 8월 22일 돌아와 명나라 황제가 7월 27일자로 충녕의 국왕 즉위를 추인한 사실을 보고했다.

중국 사신에게 김치 제조법 전수

세종 즉위와 함께 원민생은 수시로 중국을 드나들며 외교활동을 벌이고 중국에서 사신이 찾아오면 접대와 통역업무를 전담했다. 이때부터 원민생은 상왕 태종과 세종의 최측근 인사로 종종 술자리까지 함께한다. 세종 초기는 여전히 상왕이 외교와 국방문제에 관여하고 있었다. 1420년(세종 2) 상왕의 숙원사업 중 하나가 중국에 바치는 공물 중에서 금은을 면제받는 일이었다.

"고려 말엽부터 금은을 바쳐 왔는데 금은은 본국의 소산이 아니므로 상왕이 일찍이 사람을 보내어 다른 물건으로 이에 대신할 것을 청했으나, 중국 예부禮部에서 이를 좋아하지 않았던 것이다."

그런데 원민생이 가까이 지내던 중국 관리 황엄으로부터 1419년(세종 1) 가을 은밀한 이야기를 전해 들었다.

"내년에 그대가 한확과 함께 와서 금은의 감면을 청하면 뜻대로 될 것이오."

이 말이 있었기 때문에 예조참판 하연과, 딸을 중국 황제에게 바친 한확이 함께 중국에 갔다.

"임금이 처음에는 민생을 보내려고 하다가, 민생은 너무 자주 갈 수 없으므로 하연에게 한확과 함께 가서 진공하고, 금은의 면제를 청하게 한 것이다."

그러나 이때는 중국의 거부로 관철되지 못했다.

1424년 4월 1일 주문사로 중국에 가는 원민생에게 세종은 특명을 내린다.

"북경에 가거든 연전連箭, 연속해서 쏘는 화살 한 줌을 구하고 아울러 쏘는 방법도 배워 오라."

그런데 이렇게 해서 북경에 간 원민생은 황제에게 약소국 국민의 설움을 톡톡히 당하게 된다. 1424년 원민생이 돌아와 보고하는 7월 8일자 실록 기록이다.

황제가 원민생에게 이르기를, "노왕老王, 태종은 지성으로 나를 섬기어 건어乾魚에 이르기까지 진헌하지 않는 것이 없는데, 이제 소왕小王, 세종은 지성으로 나를 섬기지 아니해 전날에 노왕이 부리던 화자火者, 내시를 달라고 했는데도 다른 내시를 구해서 보냈다. 짐은 늙었다. 입맛이 없으니 소어蘇魚와 붉은 새우젓 그리고 문어 같은 것을 가져다 올리게 하라. 권비權妃, 현인비가 살았을 적에는 진상하는 식품이 모두 마음에 들더니, 죽은 뒤로는 무릇 음식을 올린다든가 술을 양조한다든가 옷을 세탁하는 등의 일이 모두 마음에 맞지 않는다." 하니, 내관內官, 내시 해수海壽가 황제 옆에 서 있다가 민생에게 이르기를, "좋은 처녀 2명을 진헌하라." 하니, 황제가 흔연히 크게 웃으면서 "20세 이상 30세 이하의 음식 만들고 술 빚는 데 능숙한 시비侍婢 5~6명도 아울러 뽑아 오라." 하고, 민생에게 은 1정과 채단 3필을 하사했다.

그 바람에 조선 조정은 즉각 혼인을 금지하고 처녀 2명을 구해 바쳤다. 원민생이 주도했음을 물론이다. 뭔가 중국과 매끄럽지 못한 관계가 형성되고 있었음도 알 수 있다. 이런 가운데 10월 17일자에는 원민생과 함께 처녀를 뽑아 중국으로 데려가던 중국 사신 황엄이 그 처녀가 배가 아프다며 김칫국을 먹고 싶다고 하자 그게 뭐냐고 원민생에게 묻는 대목이 나온다. 이때 원민생은 황엄에게 김치 담그는 법을 상세하게 설명해 준다. 사실 그 처녀는 이미 이웃사람과 관계를 가져 임신한 상태여서 김칫국이 먹고 싶었던 것이다.

1426년 11월 23일에는 원민생 등이 뇌물을 받았다 하여 사헌부의 상소가 있었지만 세종은 공이 있는 사람들이라 해서 처벌하지 않는다. 그리 깨끗했던 인물은 아니었던 것이다.

1429년 7월 30일 다시 중국에 보내는 공물 중에 금은을 면제하는 문제가 제기된다. 세종이 황희와 맹사성을 불러 명나라에 보내는 금은공金銀貢의 면제를 청하는 데 사신과 부사가 될 만한 사람을 의논했다. 두 사람은 이렇게 말한다.

"이 일은 매우 중대하오니 종친宗親으로 사신을 임명하고, 도총제 원민생으로 부사를 삼게 하소서."

이렇게 해서 공녕군 이인이 사신이 되고, 원민생은 부사가 되어 중국으로 향한다. 12월 돌아온 이인과 원민생을 위해 세종이 경회루에서 연회를 베풀고 큰 상을 내린 것으로 보아 임무를 성공적으로 달성한 것으로 보인다. 앞서 본 대로 그가 죽고 나서 세종이 내린 제문에 "금은金銀의 조공朝貢을 면제받으니"라는 대목이 나오는 것은 이때의 성과를 평가한 것이다. 1433년 12월 2일 원민생은 졸기에 나오는 관직 인수부윤에 임명된다. 행정관리로서는 이렇다 할 업적을 남긴 것이 없다. 그리고 1435년 세상을 떠나게 된다.

중국어로 부와 권력을 잡다

• 김하

중추원 판사中樞院判事 김하가 졸하니, 조회朝會를 2일 동안 정지했다. 김하는 개성부 유후 김자지金自知, 1367~1435의 아들인데, 과거에 급제해 여러 번 관직을 옮겨서 예조판서가 되었다. 역어譯語에 능해 중국에 출입했고, 의례儀禮를 밝게 익혀서 매양 명나라 사신이 올 때마다 김하가 왕명을 받고 일을 주선周旋했으나, 말과 행동에 어긋남이 없었다. 그러나 상을 당해 첩을 두니 여러 사람의 의논들이 그를 비루하게 여겼다.

— 1463년(세조 8) 1월 14일

세종의 밀명을 받다

김하金何, ?~1462는 1423년(세종 5) 문과에 급제했다. 그리고 실록에 그의 이름이 본격적으로 등장하는 것은 1425년 8월 15일부터다. 앞서 본 바와 같이 이조판서 허조가 대언사代言司, 승정원에 와서 지신사 곽존중과 논의하면서 이렇게 말한다.

"공조참의 조숭덕이 사대문서事大文書, 대명외교문서를 관장했는데 지금 죽었다고 하오. 뒤이어 맡을 자가 있어야 하겠는데, 이긍·최치운·김하가 이 일을 맡을 만합니다. 그동안 맡고 있던 승문원承文院 직사는 면제하고 오로지 사대문서에 필요한 중국 이문吏文을 습독習讀하도록 하는 것이 합당하니, 모름지기 이 뜻을 위에 아뢰시오."

이문이란 말 그대로 관리들이 사용하는 전문용어로 한문과는 전혀 다른 글이었다. 따라서 아직은 통역보다는 번역 쪽 일을 시작한 것으로 볼 수 있다. 그런데 1428년 12월 2일에는 하급관리들이 사무실에서 기생들을 불러다가 술을 마시고 놀다가 적발돼 10여 명이 장형을 당하는 일이 생겼는데 여기에 김하의 이름도 들어 있다.

그리고 3년 후인 1431년 1월 11일 세종은 우의정 맹사성, 찬성 허조, 예조판서 신상, 이조참판 정초, 예문관 제학 윤회 등을 불러 호통을 친다.

"승문원의 관리를 나이 젊고 총명 민첩한 자를 택해 한어漢語, 중국어를 습득하게 했으나 큰 성과를 이루었다는 말을 듣지 못했으니 그 이유가 무엇인가. 혹 잠시 임명했다가 곧 자리를 바꿔 그 학업에 전념하지 못한 소치로 그런 것이 아닌가."

이에 대해 신하들이 대답하는 말 중에 이런 대목이 들어 있다.

"이세형李世衡·이변李邊·김하金何·김퇴지金退之 등은 부지런히 이문을 공부한 자로서 꽤 한어를 알고 있사오니 모름지기 본원에 출입하게 해 그 업에 '더욱' 정통하게 할 것입니다. 청하옵건대 승문원에 도로 불러들여 그 전업을 정밀히 연구하게 하소서."

3년 사이에 김하의 중국어 이문실력이 상당히 늘어났음을 보여주는 기록이다. 그런데 행실이 반듯하지 못했는지 김하는 1432년(세종 14) 예조정랑으로 승진하지만 그해 12월 불법무역을 하다가 적발돼 투옥되었다. 그리고 일주일 후 장형을 받고 풀려났다. 다음 해 이조정랑으로 자리를 옮긴 김하는 세종의 특명을 받고 북방 오랑캐 동태를 파악하고 돌아와 그 대책을 제시했다. 그런데 1433년 12월에도 김하는 세종의 명을 잘못 전달했다는 이유로 장형 60대를 맞고 의금부에 투옥되는 일을 당했다. 아버지가 형조판서였음에도 관리로서의 그의 경력은 그리 순조로운 출발은 아니었던 것이다.

1434년 2월 6일 이조정랑 김하는 승문원 첨지사 이변과 함께 세종의 밀명을 받고 태조 때 설장수가 쓴 중국어 학습서『직해소학』의 의문점들을 질문하기 위해 요동으로 간다. 이 일은 비밀리에 추진하던 훈민정음 창제와 관련된 과제로 보인다. 당시 세종은 언어학에 관한 폭넓은 이론들을 구해 섭렵하던 중이었다.

북경 오가며 대활약

1435년(세종 17) 2월 23일 아버지 김자지가 세상을 떠났다. 그리고 10월 3일 조정에서는 상중에 있는 김하를 다시 불러들여 이문 혹은 이학吏學을 가르치게 해야 하는가를 둘러싸고 세종과 신하들 간에 이견을 보였다. 사간원에서는 "장상급將相級의 대신을 기복출사起復出仕, 상중에 있는 사람을 불러 관직을 맡기는 것시키는 것이 오히려 옳다고 하겠지만 이학을 가르치는 사람이 어찌 김하뿐이겠습니까?"라고 상소를 올리자 세종은 "아뢴 말이 심히 옳지만 김하는 장차 국가의 중대한 일을 맡을 것이니, 우선 임시의 법전을 따라 그로 하여금 기복하게 한 것이다. 다시 말하지 말라."고 답한다. 과연 세종은 김하의 어떤 능력을 보고서 무엇을 시키려 했을까?

1438년 세종은 신하들과 세자의 교육에 관해 이야기하면서 "중국어음語音도 몰라서는 안 된다."며 "3일에 한 차례씩 서연에서 세자에게 『직해소학』과 『충의직언忠義直言』을 가르치도록 하라."고 지시하면서 선생으로 김하를 지정한다. 당시로서는 이미 최고라는 평판을 얻고 있었던 것이다.

1439년은 실록에서 김하에 관한 기록이 가장 많이 나오는 해다. 그만큼 활약이 많았다는 뜻이다. 이미 그전에도 중국에 가서 사실상 조선의 형법이기도 했던 '대명률' 조항과 관련해 중국 조정의 유권해석을 받아오는 일을 한 것으로 보아 김하는 이 무렵이 되면 중국어와 이문에 상당히 능통한 수준에 이르렀다고 볼 수 있다.

그해 2월 15일 김하는 '사은사 서장관'이라는 직함으로 북경을 다녀왔다. 5월 11일 세종은 북경을 다녀온 김하를 치하하면서 "김하는 이름이 서장관이라도 명나라에 보낼 때에 부사副使의 자격에 비겨 사명使命의 일을 맡겼다."고 한다. 직위는 낮았지만 능력을 높이 평가했다는 뜻이다. 그런데 호사다마인가? 이번에는 김하가 아버지의 상중에 기생과 관계를 맺어 아이를 낳은 게 탄핵 대상이 된다. 그해 9월 내내 이 일로 조정이 시끄러울 정도였다.

그러나 세종은 특유의 뚝심으로 끝내 김하를 처벌하지 않고 오히려 11월에는 요동으로 가서 중국 사신을 영접하는 임무를 맡기겠다고 발표한다. 신하들이 김하의 행실을 비판하며 들고 일어났지만 세종은 "요동 가는 길은 영화로운 것이 아니라 힘들고 어려운 일"이라며 밀어붙인다. 김하에 대한 세종의 신임이 두터움을 볼 수 있다. 그러나 이 일로 고신告身을 빼앗겨 관직에서 물러나게 된다. 다음 해 10월 고신을 돌려받기는 하지만 이번에는 사헌부에서 장문의 상소가 올라왔다.

오늘날 김하의 사람 된 품이 창기倡妓 옥루아玉樓兒를 사랑해 정처正妻를 돌보지 않고, 부상父喪을 만났어도 슬픔을 잊어버리고 욕구를 마음대로 채워 뻔뻔스럽게도 수치를 모르고 자식을 낳음에 이르렀습니다. 부부와 부자의 도리가 이미 끊어졌사오니 그가 효도를 옮겨 임금을 섬기는 도리에 있어서 어떻다고 하겠습니까. 강상綱常을 무너뜨림이 이같이 극도에 이르렀은즉 김하의 소행이 금수와 다름이 없고 소인에서도 더욱 심한 자이옵니다. 대간臺諫이 두세 번 청했으나 결국은 전하의 마음을 돌릴 힘이 없었습니다. 대체로 보고 듣는 사람마다 팔을 걷어 올리고 주먹을 불끈 쥐지 않는 사람이 없사온데, 겨우 1년이 지나자 직첩職牒을 돌려주도록 명하오니 알지 못하겠습니다만 전하께서 김하의 역어譯語가 능하다 해 그를 상賞 주심이옵니까. 만일 김하에게 역어의 능함이 있어서 버릴 수 없다 하게 되면 신 등은 이르기를, 김하가 세상에 나오기 전에도 능히 사대事大해 실수가 없었다고 말씀드리고 싶습니다. 전하께서는 어찌하여 소인의 한 가지 재주를 아끼시고 만세의 강상을 헐려 하시옵니까?

그러나 북경을 오가며 세종이 중요하게 생각하는 책을 사오는 등 김하의 활약은 계속된다. 그가 승진할 때마다 사헌부·사간원 등에서는 상중에 아이를 낳은 일을 거론하며 비판상소가 계속 올라오는 가운데 1443년에는 종부시 판사宗簿寺判事에 오른다. 그리고 다음 해 12월에는 중추원 첨지사를 겸하게 된다. 이 날짜 실록은 "김하는 중국말 통역을 잘해서 임금이 신임하여 중국에 사신 보낼 일이 있으면 반드시 김하를 명했는데, 거의 20여 번에 대개 다 뜻에 맞게 하므로 은총과 예우禮遇가 매우 두터웠고, 상 준 것이 비할 데가 없었다."고 기록한다.

사신을 거쳐 재상이 되다

1446년(세종 28) 8월 15일 중국에 세자의 관복冠服을 청하는 문제로 세종과 신하들이 논의한다. 문제는 신년 하례차 가는 성절사에게 세자의 관복을 청하는 문제를 맡길 경우 중국 조정에서 비판적으로 생각할 것이니 성절사는 성절사대로 보내고 별도의 사신을 보내기로 한다. 그러자 황희 등이 나서 이렇게 말한다.

"성상의 명령이 진실로 마땅합니다. 만약 별도로 사신을 보낸다면 김하와 같은 사람이 없을 것입니다. 우리나라는 중국과 어음이 서로 통하지 않으므로 중국말을 알지 못하는 사람은 임금의 의사를 능히 일러 통달할 수가 없습니다. 김하는 중국말을 통달 이해하니 외국에 사신으로 가서 능히 응대할 책임을 맡길 만합니다마는, 다만 관질官秩이 낮은 것이 좀 걸립니다."

그래서 세종은 김하를 중추원 동지사로 승진시켜 중국으로 가는 주문사로 임명한다. 마침내 사신 자리에 오른 것이다. 그리고 이때의 공으로 김하는 1448년 2월 4일 오늘날 서울시장에 해당하는 한성부윤으로 임명된다. 그렇지만 중국통 김하는 계속 대중국 및 대북방 외교업무를 계속한다. 1449년 9월에는 국방과 관련된 밀명을 받고 북경을 다녀온다.

1450년 문종이 즉위하고서도 김하의 중용은 계속된다. 그해 말 김하는 중병이 있다며 한성부윤에서 물러나겠다고 청을 올렸지만 문종은 윤허하지 않는다. 그러나 결국 1451년 7월 13일 한성부윤에서 밀려난다. 이에 대해 실록은 의미심장한 기록을 남기고 있다.

"김하는 한성부윤이었는데, 잡음이 적지 않게 나므로 임금이 깨끗하고 유능한 자로 갈고자 하다가 이번에 바꿨다."

하지만 김하는 여전히 중추원 동지사 자격으로 외국 사신이 오면 영접을 책임지는 영접사로서 외교업무를 계속했다. 1453년(단종 1) 3월 19일 김하는 사역원을 총 책임지는 사역원 도제조에 올라 후진양성에 나서게 된다. 일선에서 물러나 있던 김하는 1년 4개월 만인 1455년 윤6월 예조판서로 화려하게 관직에 복귀한다. 그러나 당시 김하에 대한 세평은 좋지 않았던 것 같다. 여러 사람의 관직임명을 전하는 기록 끝에 유일하게 김하에 대해서만 "사람들이 많이 이를 한恨했다."라는 평이 붙어 있다.

그 사이에 수양대군이 계유정난을 일으키고 마침내 1455년 왕위에 올랐다. 그러나 김하의 관운은 계속된다. 이미 세종 때 사랑을 많이 받은 것을 알고 있던 세조는 신하들이 김하를 예조판서에 임명한 것을 철회하라고 요청하자 정면으로 물리친다.

"김하의 죄는 세종께서 특히 논하지 말라고 명하셨고, 더욱이 이미 재상宰相이 되었으니 무슨 임무인들 불가하겠는가?"

사실 쿠데타를 일으킨 세조로서는 중국으로부터 승인을 받아내는 일이 급선무였고 이 일을 하는 데 있어 김하만한 인물이 없었다. 1456년(세조 1) 윤6월 13일 세조는 예조판서 김하와 형조참판 우효강을 주문사로 임명한다. 임무는 하나, 세조의 즉위를 전하고 허락을 받아오는 것이다. 그리고 10월 13일 주문사는 성공적으로 임무를 마치고 귀국한다. 1457년 6월 25일 김하는 공조판서로 자리를 바꾼다. 그리고 중추원 판사까지 올랐다. 김하는 보기에 따라서는 중국어 실력 하나만으로 부와 권력을 함께 누린 인물이라 할 수 있다. 게다가 운도 잘 따라주었다.

독학으로 성취한 테크노크라트
• 이변

시호諡號는 정정貞靖이니, 안팎으로 정情을 쏟는 것이 정貞이고, 부드럽고 곧으며 편히 천명을 마치는 것이 정靖이다. 이변은 성품이 엄하고 곧아서 관장官長의 뜻에 구차하게 같이하지 않았다. 일찍이 이조참의가 되어 무릇 업무를 볼 때에 반드시 먼저 큰 소리로 말하기를, "참의도 역시 이조의 당상관堂上官인데, 사람을 잘못 쓰면 어찌 홀로 죄를 면할 수 있겠는가?" 하며, 논의에서 꺼리거나 피하는 바가 없었다. 항상 승문원과 사역원의 제조提調를 겸했는데, 하루에 반드시 두 관사官司에 두루 출근해 가르치기를 게을리하지 않았으며, 연초에는 반드시 문묘文廟에 배알하기를 늦도록 폐하지 않았다. 중국 사신이 올 때마다 항상 어전御前에서 말을 전하는 일을 맡았는데, 임금의 뜻에 맞지 않음이 없으므로 이로써 항상 돌보아 주는 대우를 받았다. 그러나 사람됨이 편협하고 성급해 부하직원이 조금만 마음에 맞지 않으면 바로 꾸짖었다.

— 1473년(성종 4) 1월 10일 졸기 중에서

대기만성한 중국 전문가

이순신의 직계 조상인 이변李邊, 1391~1473은 남들보다 한참 늦은 30세 때인 1419년(세종 1) 문과에 급제해 승문원 박사가 되었다.

1423년 5월 27일 이변은 동료와 잡희를 불러 사무실에서 일종의 신참 환영회를 했다가 사헌부의 탄핵을 받아 의금부에 갇히는 신세가 됐다. 통사라기보다는 중국어와 이문 전문가로서 이변의 면모가 제대로 드러나는 것은 1429년 9월 6일의 기사에서다.

예조판서 신상이 아뢰기를, "우리나라가 사대事大하는 데 있어서 역학譯學보다 더 중한 것은 없습니다. 그런데 지금 사역원의 생도들은 다만 어훈語訓만 익히고 문리文理를 알지 못해 중국의 사신을 접대할 때나 우리나라 사신이 명나라에 들어갔을 때에 통역이 잘못되어 조롱과 비웃음을 받게 됩니다. 그런 까닭에 일찍이 의관자제衣冠子弟를 뽑아서 이학吏學을 익히게 하라고 명하시어 조금 문의文義를 통하게 되었습니다. 그러나 앞장서서 외치며 인솔하는 방법이 없을 수 없습니다. 전 교리前校理 이변은 이미 문과에 급제하고도 오히려 이학을 즐겨해 자기의 임무로 생각하고 손에서 책을 놓지 않으니 사역원 학생들이 모두 그의 강의를 받고자 합니다. 마땅히 이변을 역학의 훈도訓導로 삼아 표면에서 인솔하고 격려激勵하게 해야 하겠으나, 변邊이 지금 상중에 있어 1년이 넘지 않았습니다." 했다. 좌의정 황희·판부사 허조가 따라서 아뢰기를, "변이 진실로 이학을 좋아하므로 전번에 관직을 맡기를 계청啓請하고자 했으나 아직 소상小祥에 지나지 않았으므로 하지 못했습니다." 하니, 임금이 말하기를, "역학은 실로 국가의 중대한 일이다. 변邊 또한 나의 뜻을 몸 받아 부지런히 배워 게을리하지 아니했으니 소상이 지나지 않았더라도 마땅히 관직을 맡게 해 서반西班의 벼슬을 주도록 하는 것이 좋겠다." 하였다.

이때 이미 이변의 나이는 그때로서는 많은 편인 마흔을 넘고 있었다. 여기서 드러나듯 실제로 이변은 독학으로 중국어와 이문을 즐겨 익혀 당대의 손꼽는 전문가 수준에 올랐다. 특히 어학 못지않게 학문에도 조예가 깊었기 때문에 승문원과 사역원의 관직을 늘 겸직하는 등 세종을 비롯한 역대 국왕들의 총애를 받았다. 그런데 10월 15일 사간원에서는 이변이 아버지의 상중인데도 벼슬을 사양하지 않고 받았다는 이유로 탄핵을 받았다. 삼년상이 끝나지도 않았는데 호군護軍의 직책을 받고 관직에 나선 것은 돈을 탐하였기 때문이라는 것이다. 이들은 이변의 직책을 거두라고 청했지만 이변을 불러들인 장본인인 세종은 윤허하지 않았다.

1434년(세종 16) 2월 1일 승문원 첨지사 이변은 이조정랑 김하와 함께 설장수가 지은 중국어 입문서 『직해소학』을 요동의 어학 전문가에게 보여주고 평가를 받기 위해 요동을 방문한다. 세종의 명이 있었기 때문이다. 이를 보고하는 실록에 이변이 어떻게 공부했는가에 관한 아주 흥미로운 이야기가 실려 있다.

이변은 그 사람됨이 본래 둔鈍했는데, 나이 서른이 넘어서 문과에 급제해 승문원에 들어가 한어를 배웠다. 공효를 이루고 말리라 기필하고 밤을 새워 가며 강독講讀하고, 한어를 잘한다는 자가 있다는 말만 들으면 반드시 그를 찾아 질문해 바로잡았으며, 집안사람들과 서로 말할 때에도 언제나 한어를 썼고, 친구를 만나도 반드시 먼저 한어로 말을 접한 연후에야 본국의 말로 말하곤 했는데, 이로 말미암아 한어에 능통하게 되었다.

요동에서 돌아온 이변과 김하가 『직해소학』이 높은 평가를 받았다고 말하자 세종은 기뻐하며 이들의 노고를 치하하고 경연에서 이틀에 한 번씩 『직해소학』을 강의하도록 한다. 세종은 중국어의 기본적인 내용들을 배웠던 것이다.

1436년 3월 이변의 모친상을 당한 지 얼마 되지 않았는데 세종은 그를 서둘러 관직에 복직시켰다. 이미 부친상 때 일찍 관직에 복귀했다가 탄핵까지 받은 바 있던 터라 이변은 제발 모친상을 마칠 수 있도록 두 번이나 간청했으나 세종은 받아들이지 않았다. 그래서 대호군으로 나아갔지만 이번에는 탄핵이 없었다.

깐깐한 성격의 소유자

1439년(세종 21) 8월 28일 사은사로 북경을 방문하고 돌아온 민의생과 그를 수행했던 종사관 이변, 통사 김한은 "요동 사람이 말하기를, '해서海西의 야인野人이 달달達達과 함께 장차 조선을 겁탈하려고 한다.' 했습니다."라고 긴급보고를 했다. 이에 세종은 대책수립을 지시했다. 그리고 9월 10일 세종은 신하들과 이야기하면서 이변을 김하와 비교하며 이렇게 말하고 있다.

"우리나라에서 중국말을 잘하는 사람이 오직 이변과 김하뿐인데, 이변은 말이 능하나 후중한 그릇은 아니고, 김하는 후중한 기량이 있어서 나라 사람들이 모두 말하기를, '하가 장차 어전 통사가 될 것이라.' 하고, 나도 역시 하가 아니면 안 된다고 생각한다."

이변은 깐깐한 성격이었다. 적당히 명나라 사신에게 아부도 하고 황제의 측근들에게 비밀리에 뇌물도 갖다 바치고 해야 하는데 그런 쪽으로는 부적절한 성품이었다. 실력은 김하보다 뛰어남을 세종도 알고 있었다. 성품으로 볼 때 그는 오히려 학생들을 가르치는 데 적합했다. 1440년 10월 12일에는 사헌부에서 사간원 소속인 좌사간 이변이 정조사의 검찰관으로 북경에 가게 된 것은 법도에 어긋난다고 말하니 세종은 "이변은 비록 대간이나 이변이 아니면 이 임무를 감당할 수 없다."고 말한다. 1441년부터 이변에게도 관운이 열린다. 호조참의·공조참의·이조참의·예조참의·중추원 부사 등을 거쳐 1448년(세종 30)에는 이조참판에 오른다. 그리고 그해 9월 세종의 밀명을 받고 성절사로 선발돼 북경을 다녀온다.

아마도 세종은 관리로서 이변의 능력도 높이 평가했던 것으로 보인다. 1449년이 되면 이변은 사신이나 통사로서보다는 형조·예조·이조·병조의 참판직을 두루 거친다. 1450년에는 한양을 찾은 중국 사신들을 접대하는 데 전력을 쏟는 예조참판 이변의 모습을 볼 수 있다. 그러면서 1451년(문종 1) 10월에도 중국을 다녀온다.

1453년(단종 1) 이변의 관직은 경창부윤을 거쳐 11월 8일 계유정난에 공이 있는 사람들에게 관직을 제수할 때 마침내 형조판서에 이르게 된다.

대제학에 오른 테크노크라트

　이번의 경우 단종에서 세조로 넘어가는 과정에서 별다른 활약을 보이지 않았다. 사육신 계열은 아니었고 그렇다고 적극적으로 수양대군의 정난에 가담한 것도 없다. 아마 나이도 많았고 외교관으로 테크노크라트의 전문성을 높이 산 수양대군의 배려 때문이 아니었을까 생각된다. 1456년(세조 1) 7월에는 중추원 지사가 된다. 그후 그는 한명회·정인지·신숙주 등과 함께 공신세력의 중요한 일원으로 활동한다. 또 1457년에는 예문관 대제학에 올라 과거시험을 출제한다. 1458년 12월에는 공조판서가 된다.

북경 길에 횡액을 당한 불운한 통사
• 이긍

사연 많은 승문원 관리

통사들 이야기를 추적하면서 느낀 점 한 가지는 중국을 오가는 여정상의 어려움보다 그들을 더 압박한 것이 그 업무의 중요성, 즉 중국을 사대하는 일의 중요성이었다는 것이다. 그러다 보니 수시로 외교문서 작성의 잘못은 말할 것도 없고 밀무역에 연루되거나 중국 측 오해나 노여움 때문에 곤경에 처하곤 했다.

이긍李兢, ?~1433에 관한 실록의 첫 기사는 1417년(태종 17) 12월 6일에 나오는데 어떤 일로 곤욕을 치르고 있는 장면이다.

승문원 지사 신장, 교리 이긍, 부교리 김균을 의금부에 가두었다. 진헌사進獻使 노귀산盧龜山이 아뢰기를, "가지고 간 주본奏本, 황제에게 바치는 문서의 겉봉투에 임금을 대신해 써넣는 일종의 서명인 대압代押을 하지 않았으므로 부득이 함께 갔던 원민생으로 하여금 대압하게 했습니다." 하니, 임금이 "승문원을 설치한 것은 온전히 사대문서事大文書를 관장하기 위한 것인데 주관하는 유생이 어찌해서 마음을 쓰지 않았는가?" 하고, 신장 등을 가두도록 명했다.

그러나 이틀 후 모두 풀려나 원래 자리에 복귀한다. 그리고 특별한 활약상이 보이지 않다가 1425년(세종 7) 8월 15일에 와서야 이긍이라는 이름이 다시 등장한다. 앞서 본 대로 이조판서 허조가 지신사 곽존중과 논의하면서 이렇게 말한다.

"공조참의 조숭덕이 사대문서를 관장했는데 지금 죽었다고 하오. 뒤이어 맡을 자가 있어야 하겠는데, 이긍·최치운·김하가 이 일을 맡을 만합니다. 그동안 맡고 있던 승문원 직사는 면제하고 오로지 사대문서에 필요한 중국 이문吏文을 습독하도록 하는 것이 합당하니, 모름지기 이 뜻을 위에 아뢰시오."

그리고 1427년 3월 20일 이긍은 사재감 판사로 발령을 받는다. 1430년 윤12월 3일에는 예조참의가 된다.

1431년 2월 29일 이긍은 승정원 동부대언훗날의 동부승지이라는 관직을 제수받았다. 이에 참찬관이라는 자격으로 세종의 경연에 참석해 학문과 정사에 관해 함께 토론한다. 이때 세종이 "목은 이색李穡이 이사吏事, 행정능력에는 어떠했는가?" 하니 참찬관 이긍이 답하기를, "다만 문장이 특출할 뿐이요, 정사政事의 재주는 남보다 나은 것이 없었습니다. 그 당시의 벗들이 이르기를, '강원도 안렴사按廉使를 맡기는 것이 가하다.' 했다는데, 강원도는 지역이 좁고 사무가 간편하기 때문에 그렇게 말했다는 것입니다."라고 했다. 그리고 10월 8일 이긍은 우부대언으로 승진한다.

임금도 슬퍼한 이긍의 죽음

1431년 12월 5일 세종은 조정 대신들과 국정을 논의하다가 이렇게 말한다.

"승문원에 상시 근무하는 제조를 일찍이 이긍으로 임명했더니, 지금 이긍이 대언承旨에 있으면서 그 직무를 살피지 못하고 있으니 마땅히 어떤 사람을 써야 하겠는가?"

황희 등이 이렇게 아뢰었다.

"중국을 섬기는 일이 지극히 중대하며, 또 중국말을 알지 못하는 사람은 그 잘되고 잘못됨을 알아서 그 직무를 살필 수가 없으니 다른 사람은 이 임무를 맡을 만한 사람이 없습니다. 대언이 비록 중요한 인선人選이지만 청컨대 이긍을 한가한 보직으로 옮겨 임명해 날마다 승문원에서 근무해 직무를 살피도록 하소서."

그래서 12월 9일 이긍은 첨총제僉摠制를 맡는다. 또 다음 해 10월 12일에는 이조좌참의, 12월 8일에는 공조우참판으로 승진한다. 그리고 1433년(세종 15) 3월 26일 아마도 기록상으로는 처음으로 사신이 되어 현장외교에 나선다. 이때 그의 직위는 공조참판이다. 그런데 유감스럽게도 이것이 그에게는 처음이자 마지막 북경 출장이 되고 만다.

그해 5월 3일자 실록의 기록이다.

공조참판 이긍이 사은 부사謝恩副司로 북경에 가던 도중 병을 얻어 첨수참에 이르러 졸卒했다. 요동도사遼東都司가 제문을 지어올렸다.

"생각건대 영靈은 성품이 충성하고 관후하며, 덕기德器가 슬기롭고 어질어서 일찍부터 벼슬을 받았도다. 조선의 관직에 제수되어 그대 임금의 왕명을 받아 사명을 받들고 중국에 오다가, 건강이 아직 쇠하지도 아니한데 갑자기 아름다운 재목이 쓰러졌도다. 횡액을 만날 것을 어찌 뜻했으랴. 같이 온 관원에게 물어 신상의 일을 모두 들었도다. 덕을 잡아서 의혹하지 않고, 직책을 지킴에 충성하고 견실했도다. 세 아들을 낳아 가정 교훈에 힘을 쓰고, 아름다운 딸 둘이 있어 가사家事를 깨끗이 하니 어찌 이 좋은 사람이 화관華館에서 목숨을 버리는고. 살아서 영화롭고 죽어서 슬퍼함은 인생의 떳떳한 일이로다. 이에 약소한 제물을 베풀고 한없이 추모하니 아아, 슬프다. 흠향할지어다."

임금이 부음을 듣고 심히 슬퍼해 관곽棺槨과 쌀, 콩 합해 70석을 하사했다. 이긍은 정미년 중시과重試科에 급제해 대언에 뽑혔고, 또 한어漢語, 중국어를 잘해 승문원 제조가 되어 한어 가르치기를 게을리하지 않았다.

그런데 10여 년이 지난 후인 문종 즉위년 7월 4일자 실록에는 이긍의 능력과 관운을 돌아보게 하는 뜻밖의 글이 실려 있다.

안숭선의 기질이 영결하고 날카로워서 좋아하고 미워하는 것이 편벽되고, 가는 곳마다 자기 마음대로 했다. 일찍이 지신사가 되어 대언 이긍과 사이가 좋지 못해 모략을 써서 아뢰어 이긍을 좌천시켰다.

오랑캐 토벌 전략을 세운 전략가
• 김청

비교적 순조로웠던 관운

김청金聽, ?~1462에 관한 기록은 1419년(세종 1) 7월 12일 처음 나온다. 천추사千秋使 통사 김청이 북경으로부터 돌아왔다는 것이다. 그런데 세종 1년에 이미 통사라면 그전에도 압물·압마와 같은 낮은 직위의 통역관으로 활약했다는 것을 알 수 있다. 그리고 성종 때의 기록을 보면 김청은 사대부 집안이 아니라 역관에서 출발했다.

"다만 역관으로서 2품에 승진한 자는 세종 때의 김청 한 사람뿐이었다."

1420년 3월 20일에는 중국 황제에게 보내는 외교문서에 날짜를 기입하지 않았다는 이유로 승문원 첨지사 김청은 집현전 직제학 신장, 인녕부 판관 최흥효崔興孝, 승문원 교리 나유수, 저작랑 박간·민인 등과 함께 의금부에 잡혀 들어간다. 그래서 장형 70대를 맞고 풀려났다. 그리고 같은 해 12월 15일 그 문제에 관해 사면을 받았다.

1432년(세종 14) 12월 10일 조정에서는 중국 황제에게 보낼 외교문서 작성을 논의하는데 이때 세종은 이런 지시를 내리고 있다.

"내일 승문원 제조 이긍李兢과 판사 김청 등을 불러 주문할 초안을 작성해 아뢰게 하라. 그런 뒤에야 다시 여러 대신과 의논하겠다."

한학과 문장에 대한 상당한 실력이 요구되는 일을 맡은 것이다. 다음 해인 1433년 3월 10일에는 지신사 안숭선과 승문원 판사 김청은 오랑캐 토벌을 위한 기본 전략을 세우는 일을 함께 의논한다. 이것으로 볼 때 김청은 단순한 통역관이 아니라 조정의 문신으로서 정무에도 깊이 관여하고 있었다.

1434년 10월 28일 김청은 공조우참의를 제수받았다. 같은 해 10월 30일에는 중추원 첨지사가 된다. 그후 외교와 관련된 주요 이슈들이 생길 때마다 김청은 핵심참모로서 세종을 도왔다. 1439년 12월 1일에는 경창부윤으로 승진한다. 1441년 2월 1일자의 기록이다.

중추원 지사 권제, 예조판서 민의생, 이조참판 안지, 행 상호군行上護軍 김청 등에게 이문을 전공한 자를 선발하라고 명하니 정랑 김황, 도사 황보공, 겸교리 손사성, 교리 조유신, 겸부교리 곽순을 천거했다.

이 인용은 중요하다. 김청이 중국어뿐만 아니라 이문에도 능통했음을 보여주는 증거이기 때문이다. 그리고 같은 해 11월 2일 김청은 중추원 부사로 승진한다.

세종의 최측근 외교전략가

김청은 현장형 통사라기보다는 세종 때의 외교전략가였다. 그는 북경을 오가기보다는 세종 곁에서 치밀한 대안을 만들고 외교문서 작성에 힘썼던 인물이다. 1442년(세종 24) 2월 24일자의 기록은 김청이 세종 때에 얼마나 깊숙이 권력에 참여하고 있었는지를 잘 보여준다.

황희·신개·하연·최사강·황보인·이숙치와, 승문원 제조 정인지·김청·안지 등을 불러서 일본에서 나온 당인唐人을 북경으로 들여보낼 것인가의 여부를 의논하게 하니 여러 사람들이 의논하기를, "들여보내는 것이 편리합니다."라고 했다. 임금이 또 이르기를, "나의 눈병이 날로 심하니 세자로 정사를 보게 하고 싶다." 하면서 간절하게 전지傳旨하니 좌석에 있는 자들이 자기도 모르게 눈물을 흘리면서 아뢰기를, "성상께서 아직 춘추春秋가 성하시므로 안질은 곧 나으실 것이오니 갑자기 세자에게 정사를 보게 해 신민의 소망을 놀라게 할 수는 없습니다." 하고서 거듭 다시 청하니 그만두기로 했다.

같은 해 7월 14일 이문에 능한 김황이 부친상을 당해 관직에서 물러나 있는데 세종이 3년상이 끝나기도 전에 그를 불러들이려 하자 사간원에서는 반대하는 상소를 올렸다. 상중에 있다가 벼슬에 나오는 것을 기복起復이라 하는데 그것은 곧 그 사람의 능력이 대단하다는 뜻이기도 하다. 그래서 늘 국왕이 기복하려 하면 신하들은 반대하는데 그때마다 기복의 성공사례로 인용되던 인물이 바로 김청이었다. 그만큼 능력을 인정받고 있었던 것이다.

"전번에 이긍과 김청이 약간 이문을 알므로 사대의 사명을 맡길 만하다고 해 특히 기복을 명했던 것은 부득이한 한때의 임시방편일 뿐입니다. 그 뒤에 잇달아 생긴 기복자들이 한 가지의 능함도 없었던 것은 아니지만, 그 능력은 김청이나 이긍에 비하면 오히려 미치지 못하는 바입니다. 지금 김황의 기복을, 만약 그가 이미 이문의 재능이 이루어져서 하루라도 없을 수 없다고 한다면, 김청의 무리가 오랫동안 이문을 맡았으므로 사대 사명을 또한 수행할 것이오니, 비록 한 사람의 김황이 없더라도 원래의 일에는 장해가 없을 것입니다."

여기서 '약간 이문을 알므로'라는 것은 정확한 표현이 아니다. 훗날 성종 때 정괄이 올린 상소문에 보면 "김청은 이문에 정통해 동료 가운데 따를 사람이 없었다."고 되어 있다.

당대 최고의 이문 전문가

문종 즉위년 7월 6일 김청은 중추원 부사에서 지사로 승진했다. 8월 7일에는 다시 중추원 동지사가 되었다. 호사다마라고 했던가? 8월 25일 김청은 그의 관력에서는 드물게 처벌을 받는다. 의금부에서 이렇게 아뢰었다.

"승문원의 관리가 중국에 보내는 사은방물표謝恩方物表에 '근상표謹上表' 3자를 잘못해 빠뜨렸으니 저작랑 안초는 형률을 적용하면 장杖 70에 해당하고, 부교리 이한겸·부지사 김득례·판사 임효인은 장 60에 해당하고, 제조 이변·김청·허후는 태笞 50에 해당합니다."

임금이 안초 등에게는 각기 2등을 감해 태형笞刑에 처하고, 이변과 김청은 관직을 파면하고, 허후는 용서하라고 명했다. 이변과 김청은 그러나 11월 30일 다시 행 중추원 첨지사行中樞院僉知事로 임명되고 관직에 복귀했다. 그리고 12월 14일 김청은 인수부윤이 되었다.

수양대군의 쿠데타에 가담한 덕에 김청은 공신으로 인수부윤으로 임명받았다. 그러나 적극적 가담자라기보다는 소극적 입장을 보였는지 관직이 세종이나 문종 때에 비해 높아지거나 하지 않았다. 어쩌면 나이가 많았기 때문일 수도 있다. 적어도 그 당시로서는 크게 연로한 일흔에 거의 이르렀던 것으로 볼 수 있다.

어떤 이유에서건 세조 때에 김청의 활동의 거의 없다. 그리고 1463년(세조 8) 5월 16일 그의 졸기가 나온다. 이를 보면 김청은 조용하고 담백한 성품의 소유자였던 것을 알 수 있다.

"중추원 지사 김청이 졸했으므로 1일 동안 정무를 폐했다. 시호를 희정僖靖이라 했으니 소심小心해 두려워하고 꺼리는 것을 희僖라 하고, 몸을 공손히 하고 말이 드문 것을 정靖이라 한다."

훗날, 그러니까 1478년(성종 9) 11월 30일 홍문관 부제학 성현이 성종에게 세종 때를 본받을 것을 권하면서 올린 상소 중에 김청과 관련된 대목이 나온다.

"세종 때에는 경학經學으로 황현·윤상·김구 등이 있었고, 역학으로 김하·이변 등이 있었으며, 이문으로 김청, 음악으로 박연 등이 있었습니다."

즉 김청은 통사로서보다는 자타가 공인하는 이문의 대가로 이름이 높았던 것이다.

어머니를 찾다가 일본통이 되다

• 이예

울산군의 아전 시절 왜구 3,000명이 울산군 지사 이은과 전 판사 위충 등을 사로잡아 돌아갔다. 그때 울산의 아전들은 모두 도망치거나 숨었는데 이예만이 관아에서 쓰던 은으로 만든 술그릇을 들고 왜적의 배를 쫓아가 올라 탔다. 대마도에 이르러 왜적들이 이은 등을 죽이려고 의논하다가 이예가 이은에게 들고나는 데 여전히 아전의 예절을 깍듯이 지키므로 보는 이들이 "이 사람은 진짜 조선의 관리다. 이를 죽이는 것은 좋지 못한 일이다."라고 해 모두 살려 주었다.

— 1445년(세종 27) 2월 23일 졸기 중에서

왜구의 포로가 된 어머니

아주 드물게 이예李藝, 1372~1445의 경우에는 어디서 어린 시절을 보

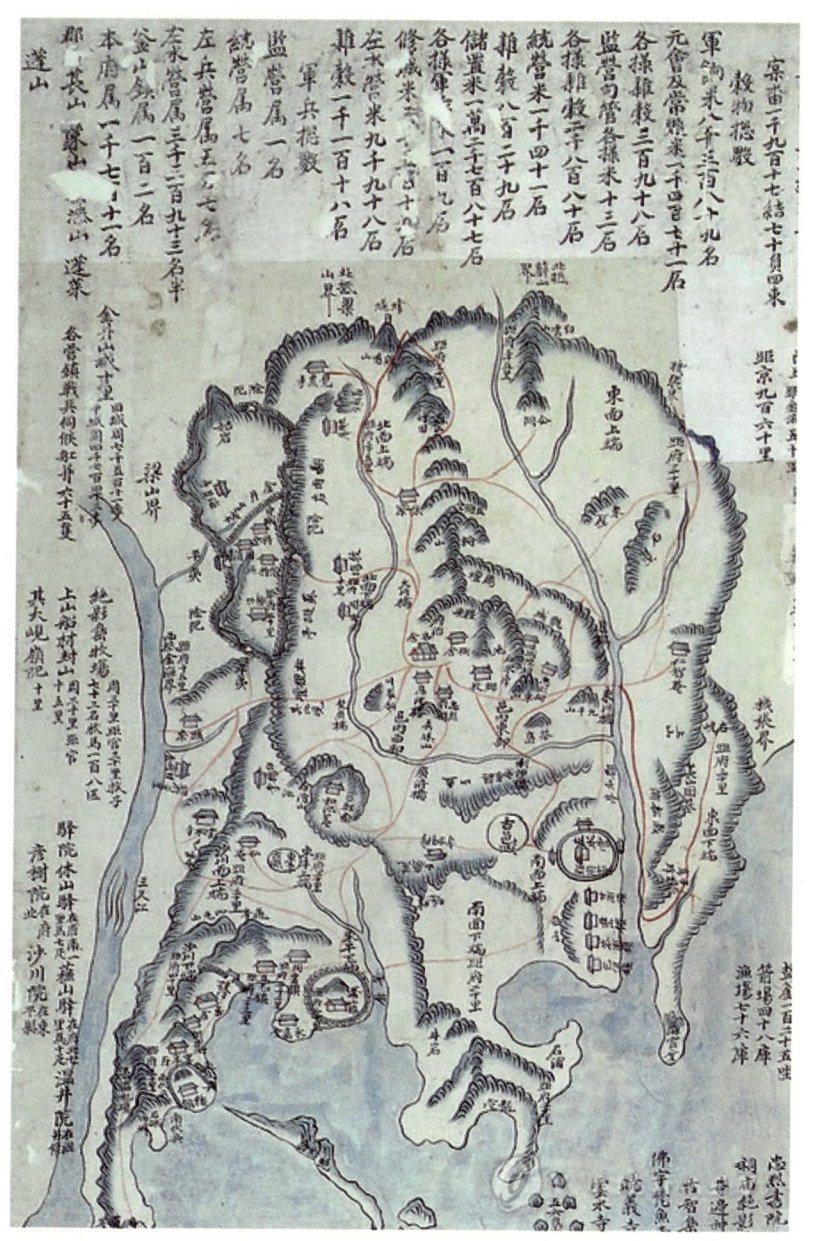

19세기 대마도를 비롯한 부산 주변 지역을 담은 옛지도. 표현기법이나 담고 있는 정보가 이채롭다.

냈고 또 어떤 계기로 일본어를 배우게 됐는지 잘 알 수 있다. 이예가 8세 때 어머니가 왜구 포로로 잡혀갔다. 그후 울산군의 아전^{지방관서의}_{말단관리}으로 일하다가 조정에 간청해 일본으로 가는 회례사_{回禮使, 일본}_{을 방문하는 사신} 윤명을 따라 일본 방방곡곡을 헤매며 어머니를 찾았으나 실패했다. 그때 대마도 도주가 윤명을 감금하자 이예는 윤명을 대신해 예물을 받아 이키 섬_{壹岐島}으로 가서 조선 포로들의 석방과 조선에 대한 도적질 금지를 요청했다. 사실상 외교활동을 벌인 셈이다. 아마도 일본어는 그전에 배운 것으로 보인다.

1397년_(태조 6) 1월 3일자 기록을 보면 이번에는 이예 자신이 왜구의 포로로 잡혀갔다가 도망쳐 온 기록도 있다. 고려 말 조선 초 경상도 지방에 왜구 침략이 어느 정도였는지를 쉽게 짐작할 수 있다. 그리고 같은 해 윤7월 3일에는 회례사 통사로 일본에 가서 포로로 잡혀 있던 조선인 70여 명을 데리고 돌아왔다. 이런 공을 인정받은 이예는 정4품 무반직인 호군_{護軍}에 오른다. 왜냐하면 1410년_(태종 10)에 이미 그는 '전_前 호군 이예'로 불리고 있기 때문이다.

이예의 활동무대는 일본·대마도·유구국 등 3도_島를 가리지 않았다. 1416년 1월 27일 왜의 포로가 되었다가 유구국으로 팔려간 조선 사람들이 많다는 이야기를 듣고 태종은 그들을 송환하도록 명한다. 물론 반대도 있었다. 호조판서 황희는 "유구국은 물길이 험하고 멀며 또 비용도 대단히 많이 드니 파견하지 않는 게 좋겠다."고 말하자 태종은 이렇게 답한다.

"고향 땅을 그리워하는 정은 본래 귀천이 없다. 가령 권문대가 집에서 이처럼 포로가 된 사람이 있다면 번거롭다느니 비용이 많이 든다느니 하겠는가?"

성을 공격하기 위해 만든 청동제 화포. 화통완구, 총통완구, 대완구라는 이름으로 불린다.

이렇게 해서 파견된 통신관 이예는 7월 23일 44명을 데리고 귀국한다. 1418년 4월 대마도 추장 종정무가 사망하자 이예는 대마도로 향한다. 그리고 돌아온 이예는 대마도에서 중국제 화통완구火㷀碗口, 대포와 포탄를 갖고 왔으니 이를 모방해 조선에서 만들 것을 건의한다. 이예는 문인보다는 무인 기질이 있었던 것 같다. 1420년(세종 2) 11월 17일에는 상왕 태종이 직접 양화도에서 전함을 테스트하는데, 이때 이예는 군기 부정軍器副正, 훗날 군기감으로 교체되는 군기시의 부지휘관이다. 정·부정·판관 순이다이라는 직함을 갖고 있었다.

다시 1422~1423년에는 회례사의 부사로 사신 박희중을 모시고 일본을 다녀온다. 박희중은 별로 청렴한 인물이 아니었던지 1425년 3월 26일 사간원에서 상소를 올려 "글 읽은 유신儒臣으로서 타국에 사신으로 가서 행동이 너무나 염치없었고 더욱이 도적질까지 해 웃음거리가 되었으며 임금의 명을 욕되게 했다."며 탄핵했다.

또 그해 12월 17일 회례사 부사로 사신 박안신을 수행해 일본으로 떠나는데 이때 이예의 직위는 종3품 대호군이다. 그전까지 3도를 왕래하면서 70여 명의 조선 사람을 구출해 오는 데 공을 세웠기 때문이었다. 1426년 2월 12일 세종은 이예를 불러 "그동안 대마도에 몇 번이나 갔다 왔느냐?"고 묻자 "모두 열여섯 번입니다."라고 답한다. 당대 최고 대일외교 전문가로서의 면모를 확인할 수 있다.

탁월한 정치 · 군사정보 수집력

1428년(세종 10) 기록에는 그전에 이예가 일본에 갔다가 해상에서 풍랑을 만나 표류하다가 죽을 뻔했는데 일본 정부가 구해 준 일에 관한 기사가 있다. 중국과 달리 대일외교는 바다를 넘나드는 것이었기 때문에 늘 생사의 갈림길에 서야 했다. 특히 명나라에 비한다면 이들 3도에 대한 외교 비중은 비교할 수 없을 만큼 낮았다. 오죽했으면 일본에 보내는 사신의 경우 중앙관리는 3명 이하로 한다는 규정까지 있었겠는가? 그런데도 이예가 지방 아전으로 출발해 종2품인 중추원 동지사까지 오르게 된 이유로 그의 피눈물 나는 노력을 꼽지 않을 수 없다.

특히 이예는 앞서 화통완구 입수에서 드러나듯 일본 내 정치정세나 군사정보에 해박했다. 일본에 다녀올 때마다 조선 포로들을 데려오는 한편 그때그때의 정세들을 상세하게 보고하는 일이 많았다. 특히 대마도는 일본국이 조선에 대한 침략의지를 가질 경우 척후 역할을 하게 될 것이라는 통찰은 인상적이다.

1430년 5월 19일자 보고서 일부다.

일본에서는 왜선 수천여 척이 항상 모여 있어서 도둑질하오니 만일 대마도를 치는 적선이 따라오게 되면 우리나라 바닷길의 멀고 가까움과 편하고 험한 것을 자세히 알게 될 것이므로 훗날 일본이 병사를 일으킬 수 있음도 염려해야 할 것입니다. 지금은 태평한 때이니 마땅히 사람을 보내어 각 포구의 병선과 군기를 살펴보아 만일 충실하지 못함이 있거든 즉시 수리해 만일의 경우에 대비하옵소서.

또 이예는 군선 무장과 편제에 관해 구체적인 대안을 제시해 조정의 인정을 받았다. 이예는 비교적 처신이 깨끗해 본인의 문제로 큰 처벌을 받거나 하지는 않았다. 다만 같은 해 7월 통사 윤인보를 제대로 단속하지 못했다는 이유로 태형 40대를 선고받는다. 다행히 세종의 반대로 처벌받지는 않았다.

일본 사신의 어려움은 기후에만 있지 않았다. 해적의 위험 또한 늘 도사리고 있었다. 실제로 1433년 일본에 갔다가 돌아오던 중 이예 일행은 해적을 만나 포로로 잡혀 있다가 대마도 태수의 도움으로 겨우 생환할 수 있었다. 이에 조정에서도 위로 차원에서 1품계 특진을 결정해 이예는 대호군에서 상호군으로 올랐다. 아전이었던 이예의 신분이 종3품을 거쳐 정3품 당하관으로 뛴 것이다.

40여 차례 현해탄을 건너다

1434년(세종 16) 1월 탄탄대로를 달리는 듯하던 이예에게 커다란 시련이 닥친다. 명나라를 오가던 사신이나 통사와 마찬가지로 일본이나 대마도를 오가던 사신이나 통사들은 임무와는 별도로 사무역 혹은 밀무역을 해 큰돈을 챙기기도 하고 발각되어 처벌을 받기도 했다. 이예도 예외는 아니었던 것 같다. 이예와 함께 일본에 갔다 왔던 직예문관 김구경이 세종과 국정을 이야기하는 윤대자리에서 이렇게 말했다. 전에 일본에 갔을 때 이예가 거래를 잘못해 큰 손해를 입었고 또 이예가 일본인과 뒷거래를 통해 동과 철 4,000근을 배에 실었다가 배가 가라앉을 뻔했고 그나마도 해적을 만나 전부 강탈당했다는 것이다.

이 바람에 이예는 물론이고 김구경까지 의금부에 갇혀 국문을 당했다. 6월 8일 의금부에서 그동안 조사결과를 보고한 것에 따르면, 김구경이 이예에게 덮어씌운 것이고 오히려 김구경 자신이 공금으로 향과 백철 등을 사서 빼돌린 사실이 드러나 중형에 속하는 장형 100대와 강제노역형 3년을 선고받은 것으로 드러났다. 이때 풀려난 이예는 그후 정3품 당상관인 중추원 첨지사가 되어 1438년 대마도에 사신으로 간다. 그리고 예순을 넘긴 나이 때문인지 그후 이예는 주로 국왕과 예조의 외교자문으로 활동한다.

세종 덕분에 살아난 대일외교 특보

• 윤인보

왕의 신임 두터운 일본통

윤인보尹仁甫의 경우 『조선왕조실록』을 검색해 보니 1414년(태종 14) 때의 기사 1건과 1455년(세조 1) 때의 기사 1건을 제외하면 나머지 모두 세종 때에 속하는 일들이다. 성종 때 3건이 나오기는 하지만 2건은 세종 때의 일을 회고하는 것들이고 1484년(성종 15) 나머지 하나에 나오는 윤인보라는 이름은 아무리 봐도 동명이인인 듯하다. 동명이인이 아니라면 태종 때 20세였다고 해도 1484년에는 아흔이라는 이야기인데 이것은 가능성이 거의 없기 때문이다. 그리고 세조 때 원종공신 3등에 책록되었다는 것을 빼면 아무런 활동이 없는 것으로 보아서도 아마 그는 세조 때에 사망한 것으로 보인다.

1414년 10월 26일 윤인보가 "일본인의 조선 방문이 끊이지 않으나 일본어에 능통한 자가 적으니 원컨대 젊은이들로 하여금 일본어를 학습하도록 하소서."라고 건의해 마침내 사역원에서도 일본어를 가르치는 계기를 만들었다.

그런데 유감스럽게도 이예와 달리 윤인보가 어떤 연유로 어디서 어떻게 일본어를 익히게 되었는지에 대한 기록은 없다. 다만 이예처럼 일본과 접촉이 잦은 경상도 지역에 살면서 익히지 않았을까 추정해볼 뿐이다.

1420년 1월 6일자에 보면 윤인보는 일찍부터 실력이 뛰어났기 때문인지 일본 사신 양예와 그 일행이 인정전에서 세종을 만났을 때 그 통역을 맡았다. 이 자리에서 일본 사신은 『대장경』을 요청했고 세종은 완곡하게 거절했다. 그러면서 세종은 윤인보를 통해 일본 사신들에게 지난해 대마도를 친 연유를 설명한다.

같은 해 10월 8일에는 회례사의 통사로 일본에 갔던 윤인보가 사신보다 먼저 돌아와 일본에서의 일을 상세하게 아뢴다. 간략히 정리하자면 다음과 같다. 첫째, 수도에서 30리 떨어진 곳에 머물게 하며 항상 병정들이 지키면서 일본 사람들과의 접촉을 차단했다. 둘째, 명나라가 일본을 토벌한다는 소문에 대한 사실 여부를 캐물었다. 셋째, 여러 절간을 옮겨 다녀야 하는 일본 국왕의 거처하는 곳이 보잘것없어 외국 사신들에게 보이기 싫어 수도에 못 들어오게 했다. 넷째, 대마도의 한 지도자는 "내가 너희를 가두어서 우리 대마도 사람으로서 너희 나라에 붙잡혀가 있는 것처럼 하고 싶으나 조선과 교류가 있기에 감히 그렇게 하지 못하니 돌아가는 대로 그 사람들을 빨리 돌려보내라."고 협박했다는 것 등이다.

1422년(세종 4) 12월 20일 다시 회례사가 떠나는데 사신은 전농시윤 박희중, 부사는 호군 이예, 서장관은 봉례랑 오경지, 통사는 윤인보였다. 이예와 윤인보의 서열 관계를 보여주는 기사다. 그리고 사신의 직위와 규모를 볼 때 중국으로 가는 사신단과는 비교할 수 없을 만큼 보잘것없다.

기밀누설죄로 형을 받다

1424년(세종 6) 1월 5일 일본에서 온 사신 규주와 범령이 단식을 하며 『대장경』을 달라고 떼를 쓰자 조정에서는 직제학 박희중, 호군 이예, 윤인보를 보내어 설득한다. 그 사이에 윤인보도 이예와 같은 호군으로 승진해 있었다. 다음날 다시 이들 세 사람이 찾아가 애걸 반 협박 반으로 설득하니 사신들은 겨우 음식을 들었다. 그리고 1월 8일 세종은 윤인보를 불러 사신들에게 밀교대장경판과 화엄경판 그리고 『대장경』 1부 등을 주겠노라고 약속한다.

그런데 1월 20일 예기치 않은 사건이 발생한다. 윤인보가 동생 윤인시와 그의 집에 있던 왜노비 3명과 함께 한꺼번에 의금부에 갇혔다. 윤인보의 죄목은 기밀누설죄였다.

전후 사정은 이러했다. 대마도에 포로로 잡혀 있던 조선 사람이 귀국해 자신이 대마도에 있을 때 들은 이야기를 전하면서부터다. 일본 국왕이 대마도 도주에게 "조선에 사신을 보내 대장경판을 구하려 하나 만약 허락하지 않는다면 침략하는 방법을 취할 것이니 너희도 전함을 수리해 따라야 한다."고 말했다는 것이다. 그런데 규주와 범령 등 일본 사신이 대장경판을 못 구하고 인쇄본 1부만을 구하니 "병선 수천 척을 보내어 약탈해 돌아가는 것이 어떤가?"라는 보고서 초안을 작성했다. 그런데 이때 일본 사신을 모시고 왔던 일본승 가하加賀가 그 초안을 빼내 통사 이춘발에게 유출해 사건의 전모가 드러난 것

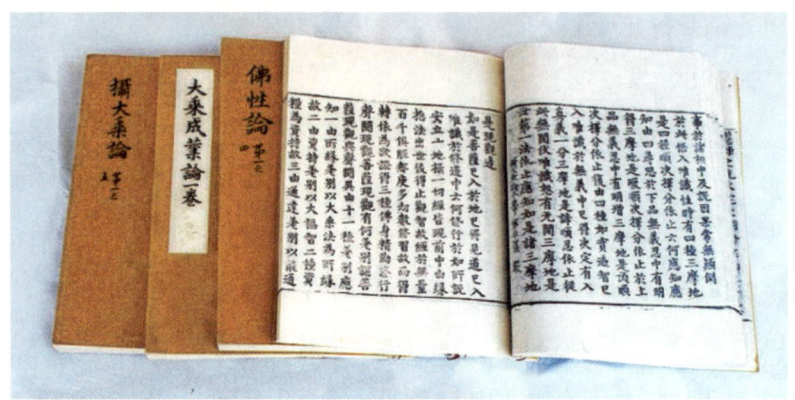

16년이라는 오랜 시간 끝에 간행된 대장경. 8만여 개의 판수, 8만4천 개의 경전 말씀이 실려 있다.

이다. 이때까지만 해도 윤인보는 관련되어 있지 않았다.

그런데 마침 왜관倭館의 관리가 고하기를, "어떤 사람이 규주에게 밀고해 지금 선장과 부하들을 시켜 가하를 죽이려 한다."고 했다. 정부와 육조가 논의한 결과 "통사 윤인보가 그 말을 누설했을 것"으로 결론짓고 윤인보와 동생 그리고 왜노비 3명을 함께 잡아들인 것이다. 결국 이 일은 사실로 드러나 윤인보는 품계가 2품계나 깎이는 중벌을 받았으나 7월 16일 사면된다. 그러나 오늘날의 복권에 해당하는 직첩 반환은 2년 후인 1426년 8월 12일에야 이루어진다.

조선통신사의 동시통역관

일본에 파견한 사절단에 통신사라는 명칭이 처음 쓰인 것은 1413년 (태종 13)에 박분朴賁을 정사로 편성한 사절단이었지만, 이 사신 행차는 중도에 박분이 병이 나는 바람에 중단되었다. 그 뒤 통신사 파견이 실제로 시행된 것은 1428년(세종 10) 11월로, 이때 편성된 뒤 다음 해 일본에 파견되어 임무를 수행하고 귀국한 부사 박서생朴瑞生 이하 사절단에 의한 것이 최초의 통신사라 할 수 있다. 여기에 윤인보가 통사로 수행했다.

그런데 이때 윤인보가 은밀하게 뒷거래했다가 발각되어 1430년 7월 7일 장 60대에 강제노역형에 해당하는 도형徒刑을 받았다. 이런 경우 염전이나 광산에서 1년을 보내야 했다. 그러나 10개월 만인 1431년 5월 19일, 그는 직첩을 돌려받는다.

윤인보의 또 다른 동생 윤인소尹仁紹도 형처럼 왜 통사로 일하게 되었다. 이것으로 보면 그 집안이 왜관이나 일본과 관계가 밀접했던 것 같다. 1436년 12월 22일 조정에서 가뭄으로 말미암은 흉년 구제책을 널리 구했는데 이때 윤인보 형제가 일본에서 본 '칡뿌리와 고사리 먹는 법'을 고했다. 이에 세종은 즉각 윤인보를 경상도에, 윤인소를 전라도와 충청도에 보내어 그것을 캐 먹는 법을 가르치도록 했다. 칡뿌리 먹는 기원이 윤인보 형제와 연결되어 있는 것이다.

1440년(세종 22) 5월 25일 통신사 중추원 첨지사 고득종과 부사 상호군 윤인보가 일본에서 돌아왔다. 그런데 이번에도 문제가 발생했다. 이번에는 윤인보가 김해의 관노 신복을 고득종에게 청탁해 일본 가는 배에 태웠다가 문제가 된 것이다. 신복은 다름 아닌 윤인보가 아끼는 기첩妓妾의 동생이었다. 이 사실은 대단히 중요하다. 윤인보의 출신지를 추론해 볼 수 있고 또 당시 통사의 경제수준을 알 수 있기 때문이다. 사헌부에서 처벌을 요구했으나 세종이 이번에는 "인보가 지나간 일을 뉘우치고 있으니 마땅히 용서해야 할 것"이라고 말한다. 1443년에도 윤인보는 부사 자격으로 일본을 다녀오고 당연히 일본에서 사

〈인조 14년 통신사입강호성도〉. 조선시대 통신사의 모습을 담고 있다. 각 그림 위에는 관직명이 표기되어 있다.

신이 왔을 때는 세종의 일본어 통역을 전담했다.

세종은 윤인보에게 생명의 은인이기도 하다. 1444년 세종은 대마도 추장 종정성宗貞盛이 조선에 대한 예의를 지키는 것을 기특히 여겨 윤인보를 대마도에 보내 상을 내리려 했다. 그런데 일본에서 온 사신의 이야기를 들어보니 대마도의 분위기가 조선에 대해 적대적이라는 정보를 캐내고서는 대마도 파견을 중지한 것이다. 그때 갔더라면 적어도 억류당했을 것이고 생명을 잃을 수도 있었다.

대일외교 특보

세종 말년과 문종 때를 지나면서 윤인보는 현장 통역관이나 외교관일보다는 중앙에서 국왕의 대일외교 자문에 힘쓴다. 그 점을 보여주는 대표적인 사례가 상호군 자격으로 글을 올린 1446년(세종 28) 9월 9일자 기사다. 이 글에서 윤인보는 일본·대마도·유구국 등의 내부 상

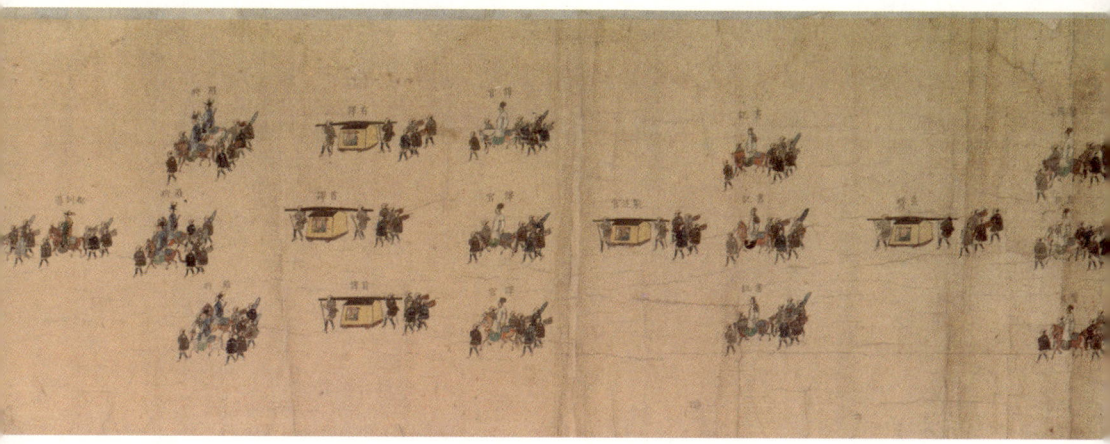

황을 상세하게 보고하면서 선린 관계를 유지하되 대일 첩보수집의 필요성을 강조한다.

"지금부터 조정 신하 중에 문식文識과 무략武略을 고루 갖춘 사람 두세 명을 미리 뽑아서 혹은 저들 땅에 사신을 보내기도 하고 혹은 저 사람들을 접대해서 그들의 인심을 살피고 그 정세를 늘 파악하는 일을 맡기도록 하소서."

이에 대해 예조판서 정인지와 참판 허후도 "인보의 말이 실상 조리가 있습니다."라며 동의를 표한다. 실제로 그렇게 했는지는 별개의 문제다.

1447년에는 세자(훗날 문종)가 김종서에게 들었다면서 승정원에 이런 말을 전했다. 이때는 이미 세자가 세종을 대신해 정무에 적극 관여할 때다.

"원숭이가 있는 곳에서는 말이 병들지 않는다."

그러면서 윤인보를 시켜 왜인들과 접촉할 때 슬쩍 조선 조정에서 원숭이를 필요로 한다는 말을 전하라고 지시한다. 이때 이후로 윤인보가 대일외교 현장에서 활약을 보인 기록은 눈에 띄지 않는다. 다만 1455년(세조 1) 12월 27일 원종공신 3등에 책록되었다는 기사 정도가 주목할 만하다.

격동의 세월에 신분 상승을 노리다
• 이흥덕

신분의 한계를 뛰어넘는 입지전적 인물

통사가 되는 것은 중인 신분이 역관으로 시작해 사역원의 코스를 거치는 것과 학문에 능한 양반계층이 사대문서를 관리하면서 통사를 겸하는 것이 일반적이었다. 이흥덕李興德은 전형적으로 낮은 신분에서 출발해 2품까지 오르게 되는 입지전적인 인물이다.

이흥덕에 관한 기록이 처음 나오는 것은 1436년(세종 18)인데 사역원 주부의 직함으로 통사를 맡아 포로를 요동도사에게 압송했다는 내용이다. 그러나 이미 그전부터 이흥덕은 수시로 중국을 오갔음이 분명하다. 전형적으로 현장에서 잡초처럼 커 온 인물이다. 1440년 12월 3일 이흥덕은 광흥창사廣興倉使라는 문관 자리에 오르는 데 성공한다. 실록은 이와 관련하여 이흥덕에 관해 아주 부정적인 평가를 덧붙이고 있다.

이홍덕은 역관 출신으로 늘 중국을 왕래하면서 채색 비단을 권세 있는 집안에 뇌물로 바쳐 역관의 천직賤職을 갖고서도 항상 몇 가지 직임을 겸했으므로 당시 사람들은 그를 비루하다고 여겼다.

어쩌면 이것은 역관들의 숙명인지도 몰랐다. 그들에게 부를 이루는 길은 열려 있는 편이었다. 그러나 신분적 한계를 뛰어넘기는 그리 쉽지 않았다. 오죽했으면 이홍덕이 세상을 떠난 후인 성종 때 그와 비슷한 신분의 역관을 승진시키려 하자 대관들이 벌떼같이 일어나 상소했겠는가. 그중에 이런 말이 들어 있다.

"역관으로서 2품으로 승진한 자는 세종 때 김청 한 사람뿐이었고 세조 때 이홍덕과 김유례 두 사람뿐이었습니다."

이홍덕은 그만큼 역관의 성공을 상징하는 대표적인 인물이었다. 그러니 주변에서는 말할 것도 없고 관리들도 견제심리가 작동했을 것이 분명하다. 결국 1441년 2월 13일 "광흥창사 이홍덕이 천첩賤妾의 딸과 결혼했으니 문반文班이 될 수 없다."는 사헌부의 건의에 따라 관직을 빼앗기는 아픔을 겪는다.

다시 통사로 돌아온 이홍덕은 세종 때 줄곧 중국을 오가는 사신들의 통사로 시간을 보내며 기회를 노렸다. 이 무렵 세종은 그에게 재미있는 과제를 맡겼다. 중국으로부터 양혹은 염소을 사오게 한 뒤 이를 기르는 업무까지 맡겼던 것이다. 세종 후반기에 이홍덕에 관한 기록이 뜸해지는 것은 아마도 그가 외교업무보다는 양 치는 일에 전념한 때문인지도 모른다. 실제로 그는 양을 잘 키웠다고 해서 1품계 승급되는 영예를 얻기도 했다. 더불어 이홍덕은 각종 가축을 기르는 분예빈시의 책임을 맡아 양계와 양돈에도 능했다고 한다.

스캔들에 연루돼 파직

1451년(문종 1) 1월 9일 이흥덕은 사은사 황보인을 보필해 왕비 책봉을 받으러 중국에 갔다가 황보인보다 먼저 왕비 책봉과 더불어 세자까지 책봉하는 황제의 칙서를 베껴서 서울로 들어왔다. 당시로서는 선래 통사로서 큰 공을 세운 셈이었다.

조선에서는 공식적으로 1년에 세 차례 성절사·천추사·하정사를 보내는 것 말고 의견을 구할 때 주문사를 보냈고 감사 표시를 해야 할 일이 있을 때 사은사를 보냈다. 주문사는 대단히 실무적인 것이어서 종종 통사들이 이 임무를 맡는 경우가 있었다. 그렇다고 하더라도 어학은 물론이고 중국 측으로부터 상당한 인정을 받지 않으면 통사가 주문사가 된다는 것은 쉽지 않은 일이었다.

1452년 2년 3월 26일 문종과 신하들 사이에 논쟁이 벌어진다. 문종은 "신하들 의견을 들어보면 이인손·이사평·이흥덕 등 3품관 중에서 보내려는 것 같은데 아무래도 주문사는 재상급이 가야 하지 않겠는가?"라고 말했고 신하들은 "주문사의 경우에는 대신이 아니어도 갈 수 있으니 이흥덕도 갈 수 있지만 문제는 이흥덕이 통사 출신이라는 것을 중국에서도 알고 있어 자칫 자신들을 무시한다고 화를 낼까 두렵다."고 밝힌다. 결국 이흥덕은 신분적 배경 때문에 밀렸다. 게다가 같은 해 단종 즉위년 12월 29일에는 명나라에 출장을 가 있는 중에 부정 스캔들에 연루돼 파직당하기도 한다.

이 무렵 수양대군은 중국에 사신으로 다녀오는데 당시 이흥덕이 통사로 수행했다. 이때 중국 측 고위관리 구심과 수양대군이 대담을 나누는데 두 사람의 통역을 맡은 사람이 바로 이흥덕이었다. 이는 곧 당시 수행한 통사 중에서 이흥덕이 가장 뛰어났다는 뜻이기도 하다.

날개를 달아준 후원자 세조

세조가 집권하자 이흥덕은 1455년(세조 1)에 원종공신 1등에 오른다. 이어 2월 19일에는 중추원 첨지사로 승진하고 이틀 후에는 세조의 집권과 관련된 대명외교를 성공적으로 마친 공을 인정받아 동료 통사 고용지·김유례·김신 등과 함께 전지 15결을 하사받았다.

이흥덕에 대한 세조의 애정은 그가 마침내 1459년 2월 10일 주문사로 서울을 떠나 4월 25일 황제의 칙서를 갖고 돌아오는 데서 다시금 확인할 수 있다. 문종 때는 맡을 수 없었던, 그리고 그때보다 훨씬 비중 있는 임무를 띠고 있던 주문사를 맡은 것이다. 역관이 사신이 되는 일은 흔치 않은 일이었다. 그리고 7월 17일에는 세조가 자신과 함께 북경을 다녀온 신하들을 경회루로 초대해 주연을 베푸는데 통사로는 이흥덕을 비롯해 매우·이정규·김유례 등이 참석하고 있다. 그리고 그 자리에서 세조는 이들 네 사람의 직급을 1품계 올려 주라고 명한다. 그래서 매우는 가선대부 행 상호군이 되고 이흥덕·이정규·김유례는 가선대부 행 섭호군이 되었다.

그리고 9월 16일에 이흥덕은 다시 인수부윤 김길통을 사은사로 모시고 북경을 향한다. 한 해에 두 차례나 북경을 다녀온 것이다.

그런데 아주 드물게 1467년 9월 14일자에는 이흥덕이 한양에 온 중국 사신 백옹과 세조 사이의 대화를 통역하다가 결정적인 잘못을 저지르는 장면이 상세하게 묘사되어 있다. 그 바람에 그 자리에 있던 신숙주가 급히 나서 대신 통역을 하면서 이렇게 말한다. "통사가 너무 늙어서 뜻을 제대로 전하지 못했습니다." 이로써 이흥덕이 이미 노년에 접어들고 있었음을 추론해 볼 수 있다. 그러나 아무런 처벌을 받지 않은 것으로 보아 이흥덕에 대한 세조의 총애는 대단히 컸다. 게다가

세조는 죽을죄가 아니라면 공신들을 처벌하지 않는다는 원칙의 소유
자였다.

　오히려 그후에도 이흥덕은 세조의 밀명을 받드는 일까지 하고 있다.
그에 관한 기록은 1468년으로 끝난다. 따라서 정확히 이흥덕이 세상
을 떠난 연대는 알 수 없지만 세조 말이나 성종 초로 보인다.

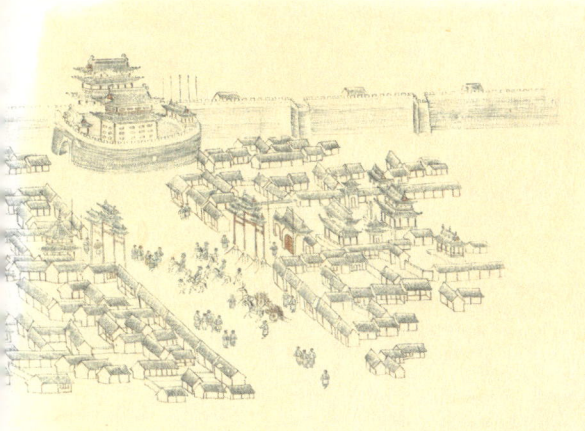

3장

신분의 한계 속에서
시대를 이끈 지식 장인들

한글 창제의 일등공신
• 신숙주

『동국정운』서문 집필

세종 때부터 세조를 거쳐 성종 때까지 탁월한 능력과 충성심으로 명성이 드높은 신숙주申叔舟, 1417~1475가 통사로 이름을 날렸다는 사실을 아는 사람은 별로 없다. 그저 수양대군에게 붙어 동료인 사육신을 저버리고 권세를 누린 인물이었다는 정도가 일반인이 아는 신숙주에 대한 인상일 것이다.

신숙주는 공조참판 신장의 아들로 어려서부터 총명함이 널리 알려졌다. 그의 졸기에도 "글을 읽을 때 한 번만 보면 문득 기억했다."고 적혀 있다.

신숙주는 1438년(세종 20) 사마 양시에 합격해 같은 해에 생원과 진사가 되었다. 다음 해 문과에 급제해 전농시 직장이 되고 1443년 조정에서 일본으로 사신을 보낼 때 서장관으로 뽑혀 일본을 다녀왔다. 서장관은 일본어를 하지 못하고서는 맡을 수 없는 자리였다. 이미 이때부터 신숙주는 일본어에 능했던 것이다. 그런데 이때 있었던 불미스러운 일이 문제가 되어 다음 해인 1443년 5월 28일 사헌부로부터 탄핵을 당한다.

"일본 통신사(요즘 말하는 조선통신사가 아니라 일본에 보내는 사신의 통칭) 변효문 일행이 일본으로 갈 때 경상도의 수령과 만호들이 기생 10여 명을 거느리고 2~3일 동안 따라가면서 전송했는데, 변효문과 서장관 신숙주가 거절하지 않았으니 그 죄가 큽니다."

그러나 세종이 국가의 명을 받고 가는 사신들에게 수령들이 위로 차원에서 그렇게 한 것을 벌할 수는 없다고 변호해서 아무 일 없이 넘어갔다. 그해 하반기에도 사신 변효문, 부사 윤인보, 서장관 신숙주로 구성된 사신단이 일본을 다녀온다. 실록에서는 이때의 일화 한 가지를 전한다. 우리나라를 향해 오는데 폭풍우가 몰아쳐 배에 있던 사람들이 모두 당황해 어쩔 줄 몰라 했다. 그때 배 안에는 오랫동안 왜적의 포로로 잡혀 있다가 임신까지 했던 조선 여인이 있었는데 배에 있는 사람들이 한결같이 "아이 밴 여자는 배에 태우면 안 되는데 저 여자 때문에 이 폭풍이 분다."며 여자를 바다에 던지려 했다. 이때 신숙주

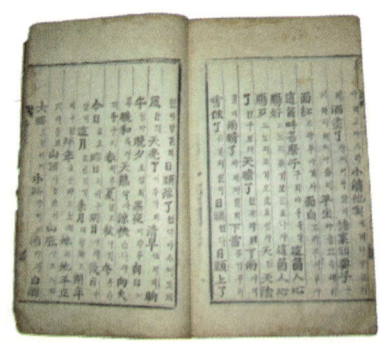

신숙주가 일본의 정치·외교관계·사회·풍속·지리 등을 종합적으로 정리, 기록한 『해동제국기』

는 "남을 죽이고 자기 삶을 구하는 것은 사나이로서 차마 못 할 짓이다."라고 말했고 얼마 후 바람이 잠잠해져서 그 여자는 물론이고 모두의 생명을 구할 수 있었다.

1444년 2월 16일자의 기록은 훈민정음 창제와 관련된 대단히 중요한 자료다. 여기에 나오는 사람들이 바로 훈민정음 창제의 주력 인물군이기 때문이다.

집현전 교리 최항·부교리 박팽년, 부수찬 신숙주·이선로·이개, 돈녕부 주부 강희안 등에게 명해 의사청議事廳에 나아가 언문諺文으로 '운회韻會'를 번역하게 하고, 동궁東宮, 문종과 진안대군晉安大君, 수양대군 이유·안평대군 이용으로 하여금 그 일을 관장하게 했는데, 모두가 성품이 예단睿斷하므로 상賞을 거듭 내려 주고 공억供億하는 것을 넉넉하고 후하게 했다.

이것으로 보아 이미 신숙주는 한문은 말할 것도 없고 일본어와 언문에도 능해 언어에 관한 한 탁월한 능력의 소유자였음을 알 수 있다. 이 말은 곧 성실한 성격이었다는 뜻이기도 하다. 다음 해 1월 7일에 신숙주는 세종의 밀명을 받고 훗날 자신과는 전혀 다른 길을 걷게 되는 성균관 주부 성삼문과 함께 중국의 운서韻書, 음운학 중에서 의문 나는 점들을 알아오기 위해 요동으로 떠난다.

1446년에 훈민정음이 창제 반포되고 그다음에는 훈민정음을 이론적으로 뒷받침하는 『동국정운』(전6권)이 간행되었는데 그 서문을 다름 아닌 집현전 응교 신숙주가 썼다. 이는 곧 신숙주가 이 문제에 관한 한 가장 뛰어났다는 뜻이기도 하다. 1449년 12월 28일 중국에서 사

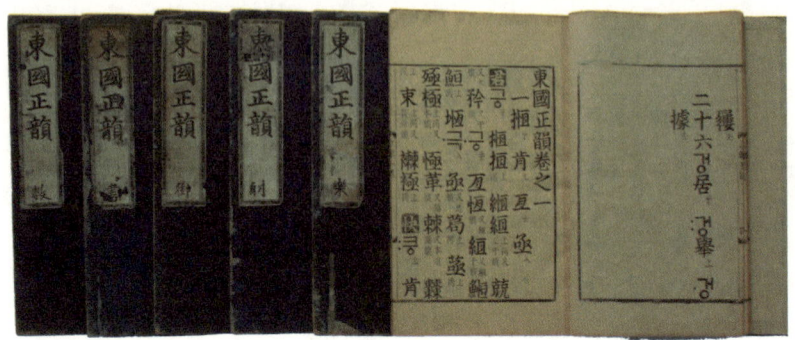

우리나라 최초의 운서 『동국정운』

신이 찾아오자 세종은 신숙주와 성삼문으로 하여금 사신을 접대하도록 했다.

수양대군의 거사에 참여

문종 즉위년에 신숙주는 사헌부 장령으로 발령이 난다. 이때 신숙주는 양녕대군이 다시 궁궐을 드나들며 국정에 개입하려 하자 여러 차례 반론 상소를 올렸다. 그리고 다음 해 8월 5일자에는 그 당시 신숙주의 중국어 실력이 어느 정도인지를 추정해 볼 수 있는 일화가 나온다. 문종이 하는 말 중의 일부다.

세종께서 일찍이 말씀하시기를, "신숙주는 큰 일을 맡길 만한 사람이다."라고 하셨다. 비록 한어漢語, 중국어는 모르지만 음훈音訓에 정통해 일찍이 중국 사신 예겸倪謙, 사마순司馬恂과 더불어 교유했다. 이제 중국 서울로 보내어 예겸의 무리를 만나 보고 최근 북방에서 일어난 사변事變의 전말도 묻고 서적도 구해 오려고 한다.

어쩌면 일본어도 비슷한 수준이거나 한문으로 필담이 가능한 수준이었을 수도 있다. 1452년(문종 2) 수양대군이 사은사로 북경을 다녀올 때 신숙주도 서장관으로 수행했다. 훗날 이 사신단에 참여한 많은 이들이 수양대군의 쿠데타 '계유정난'에 참여하게 되는데 신숙주가 대표적인 경우다. 이것으로 보면 중국어의 경우 아직은 회화보다는 독해가 되는 정도의 수준이었던 것 같다. 그리고 단종 즉위년 8월 10일 신숙주에게 삶과 죽음을 가를 수도 있는 운명적인 사건이 일어난다.

정수충이 수양대군의 집에 가니 수양이 그와 더불어 서서 이야기를 하고 있는데, 마침 집현전 직제학 신숙주가 문 앞을 지나갔다. 수양이 "신수찬申修撰!"하며 신숙주를 부르니 신숙주가 말에서 내려 뵈었다. 수양이 웃으면서 말하기를, "어찌 문 앞을 지나가면서 들어오지도 않는가?"라며 함께 술을 마셨다. 수양이 농담처럼 "옛 친구를 어찌 찾아와 보지 않는가? 이야기하고 싶은 지 오래였다. 사람이 비록 죽고 싶지 않겠지만 사직에는 죽을 일이다." 하니, 신숙주는 그 뜻을 알아차렸다는 듯이 "장부가 편안히 아녀자의 수중에서 죽는다면 그것은 '재가부지在家不知, 집에 머물러 세상 돌아가는 것을 전혀 모르는 것'라고 할 만하겠습니다."라고 답했다. 그리고 1년 후 계유정난이 있었고 여기에 참여한 신숙주는 공신이 된다.

1455년(단종 3) 1월 24일 이미 세조의 세상이 된 가운데 신숙주는 본격적으로 공신의 구성원이 된다. 이때 신숙주의 이름 앞에 붙은 직함만 '수충협찬 정난공신輸忠協贊靖難功臣 통정대부通政大夫 승정원 도승지承政院都承旨 경연 참찬관經筵參贊官 겸 상서윤尙瑞尹 수문전 직제학修文

殿直提學 지제교知製教 충춘추관 수찬관充春秋館修撰官 겸 판봉상시사兼判奉常寺事 지이조내직사준원사知吏曹內直司樽院事'였다.

이 무렵 신숙주가 도승지였다는 것은 의미심장하다. 도승지란 오늘날의 대통령 비서실장에 해당한다. 그런 사람이 겉으로는 단종을 모시면서 사실상 수양대군의 밀명을 받들고 있었던 것이다. 그리고 이 과도기에 중국에서 사신들이 찾아왔다. 정난세력으로서는 이 사신들을 구워삶아 자신들 편으로 만드는 것이 무엇보다 중요했다. 4월 20일 중국 사신을 우의정 한확, 형조판서 이변, 도승지 신숙주가 벽제역에서 맞이했다. 그리고 4월 27일 사신 일행은 수양대군의 사저를 방문해 대화를 갖는데 이 대화를 보면 이미 명나라에서도 수양대군의 정난을 대세로 받아들이고 있었음을 알 수 있다.

사신이 말하기를, "전하(단종)께서 '수양에게 큰 공로가 있다.'고 하셨습니다. 수양군의 공은 천하가 다 아는 바이며, 황제도 다 아시고 계십니다. 우리가 어찌 알 수 있었겠습니까? 조정에서 파다하게 일컫기 때문에 우리가 자세히 들었습니다. 천하가 수양군을 당唐나라의 이정李靖에 비합니다." 하니, 세조가 사양해 말하기를, "황제께서 덕德이 중하시고 전하께서 복이 많으셔서 사직에 액厄이 없으려니까 난신亂臣들이 저절로 주륙誅戮된 것뿐입니다. 내가 무슨 공이 있겠습니까?" 했다.

사신이 말하기를, "수양군이 아니시면 일이 어떻게 평정되었겠습니까?" 하고 또 말하기를, "오늘의 연회와 전하께서 수양군의 공로라 하신 말씀을 우리가 반드시 황제께 아뢰겠습니다." 하니, 세조가 말하기를, "나도 또한 오늘의 잔치를 황제께서 반드시 아시리라 생각합니다." 했다.

사신이 말하기를, "수양군이 북경에 갔다 돌아오실 때 야인들이 급하게 돌아오므로 조정에서 괴이하게 여겨 물었더니, 야인들이 말하기를, '조선에서 안평대군과 황보인, 김종서 등이 모반해 훗날에 변變이 생길까 두려워서 급히 돌아간다.'고 했는데, 뒷날에 과연 난을 평정했다는 사실을 조정에서 다 알고 있습니다." 하니, 세조가 말하기를, "그렇습니다. 과연 이런 일이 있었던 것을 조정에서도 알고 있습니다." 했다.

사신이 말하기를, "야인들이 조선의 군사를 두려워하는 것은 활을 잘 쏘기 때문입니다." 하니, 세조가 말하기를, "어찌 잘 쏘겠습니까?" 하니, 사신이 말하기를, "아닙니다. 천하에서 가장 잘 쏩니다."라고 답했다.

사신에게 전한 '수양에게 큰 공로가 있다.'는 내용의 문서를 작성한 장본인은 말할 것도 없이 도승지였던 신숙주였다.

영의정에 올라 누린 최고의 권세

1455년(세조 1) 10월 신숙주는 북경행에 오른다. 당시 예문관 대제학이었던 신숙주는 노산군魯山君, 단종이 물러나게 된 경위를 설명한 사은표謝恩表를 받들고 주문사로 가게 된 것이다. 신숙주가 2월 하순경에 돌아와 보니 부인이 1월 23일 세상을 떠나고 없었다. 또 그가 아직 도착하기 전인 2월 4일 병조판사가 돼 있었다.

그러나 1456년 6월 성균관 사예 김질이 성삼문에게서 직접 들었다며 밀고를 했다. 사육신 사건이 시작되고 있었다. 그중에는 이런 대목이 포함되어 있었다.

"성삼문이 말하기를, '좌의정은 북경에 가서 아직 돌아오지 않았고 우의정은 본래부터 결단성이 없으니 윤사로·신숙주·권남·한명회 같은 무리를 먼저 제거해야 마땅하다. 그대의 장인(정창손)은 사람들이 다 정직하다고 하니, 이러한 때에 창의唱義해 상왕上王, 단종을 다시 세운다면 그 누가 따르지 않겠는가? 신숙주는 나와 서로 좋은 사이지만 그러나 죽여야 마땅하다.'라고 했습니다."

이때 사육신의 '반역'을 다스린 공으로 신숙주는 오히려 좌익공신에 오른다. 이때부터 신숙주의 이름 앞에는 '고령군'이라는 칭호가 늘 따라붙게 된다. 9월 8일에는 중추원 판사가 되고 10월 18일에는 의정부 우찬성이 된다. 12월 3일에는 성균관 대사성까지 겸하게 된다. 학술·외교·행정의 최고봉에 오른 것이다. 그리고 연말에는 중국 조정을 방문하는 세자를 수행해 북경에 다녀온다.

1457년 3월 15일 세조가 종친과 측근 신하들을 불러 술을 마시고 놀던 중 이런 이야기가 오간다.

임금이 우찬성 신숙주에게 술을 올리라고 명하니 이제(양녕대군)가 어전에 나아가서 아뢰기를, "신숙주는 서생이지만 현명하고 재능이 많습니다."라고 했다. 전교傳敎하기를, "그냥 서생이 아니라 곧 지장智將이니, 신숙주는 곧 나의 위징魏徵, 당나라 태종 때의 명신이다." 하고는 사관史官에게 이 말을 기록하라고 명했다.

또 5월에는 일본에서 사신들이 찾아오자 신숙주가 책임을 지고 접대 임무를 다했다. 그리고 일본 사신이 돌아가기 무섭게 곧 명나라 사신이 오게 돼 있어 세자로 하여금 사신을 맞아 처음에 갖춰야 하는 예의를 가르치는 일도 신숙주가 주도한다.

이후 신숙주는 영의정에 오를 만큼 최고의 권세를 누렸다. 그는 뛰어난 학식으로 훈민정음·중국어·일본어 등에 모두 뛰어난 업적을 낸 보기 드문 인물이었다.

기개와 능력을 겸비한 언어학자

• 성삼문

세종 때에 신숙주·성삼문 등을 요동에 보내 황찬에게 어음語音과 자훈字訓을 묻게 해 『홍무정운』과 『사성통고』 등의 책을 이루었기 때문에 우리나라 사람들이 이에 힘입어서 한훈漢訓, 중국말의 뜻을 대강 알게 되었습니다.

― 1487년(성종 18) 2월 2일 경연에서

신숙주와 함께 훈민정음 창제의 길을 걷다

흔히 사육신의 1명으로만 추앙하는 성삼문成三問, 1418~1456은 사실 탁월한 언어학자이자 중국어 전문가였다. 그는 신숙주보다 한 살 아래로 학문적 동료이자 절친한 친구이기도 했다. 학문적 능력은 신숙주가 조금 앞섰지만 선비로서의 기개는 단연 성삼문이 위였다. 성삼문은 1438년(세종 20) 문과에 급제하고 1447년에는 중시에 장원급제해 집현전 학사로 뽑혔다. 세종은 두 사람을 크게 신임했다.

한글 반포가 이루어지기 직전인 1445년 1월 7일 세종은 집현전 부수찬 신숙주와 성균관 주부 성삼문을 요동에 보내 운서韻書를 질문해오게 했다. 운서란 요즘 식으로 말하자면 음성학, 음운론, 의미론 등을 모두 포괄하는 전통학문이다. 이때 훈민정음은 반포의 마지막 단계에 접어들어 있었다. 두 사람이 요동을 드나들며 운학을 배우고 있었다는 것은 훈민정음을 이론적으로 완벽하게 마무리하기 위한 것이었다.

무엇보다도 이런 일을 할 수 있었다는 것은 신숙주와 성삼문 모두 언어 일반에 대한 탁월한 감각과 지식의 소유자였기 때문이다. 더욱이 언어에 능했던 세종이 신뢰한 인물이라면 두 사람의 언어학에 대한 지식과 수준은 새삼 의문을 가질 필요도 없다. 다음 해인 1446년 9월 29일 훈민정음이 반포되고 그후 실제적 적용을 위한 모든 준비를 하는 과정에서 성삼문은 정인지·신숙주·최항·박팽년·이개 등과 함께 핵심참모로 세종을 도왔다.

1449년 12월에는 중국에서 두 명의 사신이 찾아오자 세종은 통사 김하와 윤형을 사신의 시중을 책임지는 관반館伴에 임명하고 나서 이렇게 말한다.

"지금 오는 사신은 다 유학자다. 신숙주 등이 교열한 운서『동국정운』에 관해 의문 나는 곳을 물어보고자 하니 사신이 들어온 뒤에는 신숙주·성삼문 등으로 하여금 태평관사신들의 숙소에 왕래하게 하고 손수산·임효선을 통사로 임명하라."

왕이 직접 승진을 챙김

1450년 윤1월 중국 사신 예겸과 사마순이 한양을 찾았다. 예겸은 쌍기와 함께 당대 최고의 음운학자이기도 했다. 정인지, 성삼문·신숙주·손수산·김하 등이 사신을 방문하자 사신은 김하에게 "이분들은 무슨 벼슬을 하는 사람인가?"라고 물었다. 김하가 "모두 승문원 관원들입니다."라고 답하자 손수산을 가리키며 "저 사람의 직책은 뭔가?"라고 물어 "통사입니다."라고 답했다.

그런데 아직은 중국말이 자유롭지 못했는지 성삼문과 신숙주가 『홍무정운』과 관련해 의문 나는 점들을 물을 때 김하가 통역을 하고 있다. 그리고 며칠 후에 성삼문이 다시 찾아가서는 음운에 대한 것뿐만 아니라 법률용어에 관해서도 여러 가지 질문을 하는 장면이 나온다.

또 4일 후에는 당시 중국에 가지가 없었던지 성삼문이 운서에 관해 이런저런 질문을 하던 중 가지 '가茄' 자가 나오자 사신은 "옛날에 장건이 서역에 사신으로 갔다가 포도 종자를 얻어와 중국에 전했는데 우리도 가지 종자를 얻어서 중국으로 갖고 가고 싶다."고 말한다. 참고로 가지의 원산지는 인도다.

그리고 이 무렵 성삼문은 세종의 명을 받아 중국어 입문서 『직해동자습역훈평화直解童子習譯訓評話』를 저술했다.

사실 훈민정음 창제에는 소수의 신하 이외에 문종, 수양, 안평 등 세종의 아들들도 깊이 관여했다. 문종 즉위년 10월 10일 중국으로 떠나는 사신에게 물어야 할 음운 관련 의문사항들을 신숙주가 정리해서 보고하자 문종은 이렇게 지시한다.

"음운은 예겸이 왔을 때 이미 질문하도록 했다. 비록 중국에서도 예겸 같은 자가 드물겠지만, 이번에 성삼문이 중국으로 들어가니 만약 예겸보다 뛰어난 자를 만나거든 물어보고 그렇지 않으면 굳이 물어볼 필요가 없다."

그보다 앞서 9월 18일에는 승진자 명단을 훑어본 문종이 "승진시킬 만한 사람 중에 어찌 성삼문이 없는가."라고 직접 챙기고 있다. 성삼문에 대한 총애는 세종에서 문종으로 이어지고 있었던 것이다. 이에 대해 이계전이 "박팽년이 상소할 때 성삼문은 겁이 나서 참가하지 않았으니 지사志士로서의 기풍이 없다 하여 여러 사람이 이를 비판했기 때문에 빠졌습니다."라고 답한다. 그러자 문종은 "박팽년의 상소가 잘못된 것이고 성삼문이 참가하지 않은 것이 옳은 것인데 어찌 그 때문에 승진자 명단에서 빼버렸는가."라고 통박한다.

수양대군과의 악연

수양이 제1차 쿠데타인 계유정난을 일으킬 때까지만 해도 성삼문은 노골적으로 반기를 들지 않았다. 수양으로서는 성삼문과 같은 재목을 자기편으로 만들고 싶었을 것이다. 그래서 정난공신 명단에 성삼문이 포함되기도 했다. 그리고 세조 초기에는 대외관계 자문에 응하고 대명외교에 직접 나서기도 했다.

1455년(세조 1) 11월 26일 아마도 승지 성삼문이 왜인과 야인野人, 북방 오랑캐을 극진하게 대접하는 것에 대해 비판하는 의견을 올렸는지 세조는 성삼문에게 이렇게 말한다.

"최근에 왜인·야인들이 오는 것이 전의 갑절이나 된다. 네가 여러 차례 지극한 대우를 하는 것의 폐단을 진달했고, 나 역시 모르는 바 아니다. 그러나 즉위한 처음에 성의껏 대하지 않으면 저자들은 반드시 사단을 일으켜 그 후환後患이 무궁하게 될까 우려스럽다."

1456년 4월 성삼문은 중국 사신 윤봉에게 중국 황제 내시로 일하게 될 아이를 뽑기 위해 20명을 선발해 선 보이는 일을 맡았다. 윤봉은 그중 10명을 가려낸 뒤 성삼문에게 "이들에게 춤과 노래를 가르쳐 5명씩 나에게 다시 보이고 각자의 생년월일과 고향 그리고 아버지 이름을 써내도록 하시오."라고 말한다. 약소국의 비애를 맛본 것이다.

그로부터 2개월 후인 6월 2일 김질의 밀고로 세조를 내쫓고 다시 단종을 복위시키려 했던 성삼문은 죽음의 길로 들어선다. 성삼문이 불려 왔을 때 세조가 한 말이다.

"너는 나를 안 지 가장 오래되었고, 나도 너를 대접함이 극히 후했다. 지금 네가 비록 그 같은 일을 했다고 하더라도 내 이미 친히 묻는 것이니, 네가 숨기는 것이 있어서는 안 된다."

결국 사건의 전모가 드러나 성삼문은 자신의 아버지 성승 등과 함께 6월 8일 처형을 당했다. 그리고 9월 7일에는 아내와 딸까지 운성부원군 박종우에게 하사되는 등의 비극을 사후에도 겪어야 했다. 1691년(숙종 17)에 신원되고 1758년(영조 34) 이조판서로 추증되었다.

오랑캐 침입 정보를 알아내 국난을 막다
• 김유례

이 무리(역관)가 항상 중국 조정을 왕래하면서 오로지 물건을 팔아 이익을 취하는 데만 골몰하니, 직접 물화物貨를 가지고 시장에 매매하는 것을 양반들은 다 알고 사대부들은 그것을 천하게 여기는 바입니다.

— 1474년(성종 5) 경연에서 홍윤성이 올린 말

성공신화의 주인공

신분제 사회였던 조선시대에 역관에 대한 사대부들의 인식이 어떠했는지를 잘 보여주는 언급이다. 그럼에도 통사들은 직무상 국가안위와 관련된 최고 정보를 다루는 사람들이었다. 김유례金有禮는 통사로서 출발해 나중에는 당상관까지 올라간 성공신화의 주인공이었다.

종종 통사를 사신으로 보내는 문제가 조선 조정에서 논의되는 때도 있었다. 통사가 외교문서까지 능하면 굳이 사신과 통사를 나눠서 보낼 필요가 없었기 때문이다. 그러나 사신은 기본적으로 당상관들이 맡는 것으로 되어 있기 때문에 통사를 사신으로 보내려 할 때마다 신하들의 반대가 거셌다. 홍윤성의 말도 이런 논의를 하던 중에 나온 것이다.

1474년(성종 5) 이번에는 거꾸로 당상관 통사 장유성을 통사로 보내려 하자 신하들이 하나같이 반대하고 나섰다. 통사를 사신으로 삼는 것을 반대하는 것과 같은 논리로 당상관을 통사로 보내는 것에 반대하고 있는 것이다.

흥미로운 것은 이런 이야기가 나올 때마다 김유례의 이름이 등장한다는 점이다. 그만큼 큰 성공을 이룬 인물이라는 이야기다. 다만 아쉽게도 실록에는 김유례가 어떤 연유로 중국어를 익히게 됐는지에 관한 정보가 전혀 없다.

오랑캐 정보통

중국을 오가는 통사들은 주로 중국 황실이나 환관들과 친해져서 나름의 위세를 확보하는 경우가 많았다. 그런데 김유례는 특이하게도 그런 쪽보다는 조선의 국방과 관련된 정보에 관심이 많았고 군사지식도 상당했던 것으로 보인다.

1443년(세종 25) 12월 27일 사역원 주부 김유례는 조정의 특명을 받고 요동을 다녀온다. 일본 쪽 전문가였던 이예가 대마도에 가서 억류당한 조선 사람들을 데리고 왔는데 그중에 일찌감치 붙잡혀와 있던 중국 사람 1명을 중국 정부에 넘겨주기 위해서였다. 1446년에도 비슷한 일을 위해 요동을 방문한다. 1447년 10월 29일에도 김유례는 비슷한 임무를 받고 요동을 방문하는데 "오랑캐 야선也先이 군사 수만 명을 거느리고 장차 조선을 치려 한다."는 정보를 입수해 조정에 긴급 보고했다.

김유례는 문종 즉위년 5월 17일에 사은사의 일원이 되어 세자책봉을 알리는 중국 황제의 칙서를 갖고 돌아온다. 이 일로 통사로 같이 갔던 최윤과 함께 밭 10결을 하사받기도 했다. 또 그해 12월 13일 "김유례를 요동에 보내 적의 성식聲息, 동향을 탐지했다."는 기록이 나오는 것으로 보아 김유례가 오랑캐의 군사정보 등에 밝았음을 알 수 있다. 그리고 12월 18일 요동도사 왕대인으로부터 야선과 관련된 보다 구체적인 정보를 얻어내 조정에 전한다. 1447년 때의 정보와 크게 다르지 않지만 "적이 한양으로 돌입할 수 있으니 군마를 정비하고 방어에 조심하라."는 충고를 들었다.

수양대군과의 깊은 인연

1454년(단종 2) 1월 6일 요동에 갔던 김유례가 돌아와 요동도사 왕상의 말을 전한다.

"요동 사람들이 모두 말하기를, '수양대군은 대장大將의 풍모가 있었는데 이제 과연 난을 일으켜 반정反正했다.'고 찬사를 아끼지 않는다."

이런 공이 있었기 때문인지 김유례는 1455년(세조 1) 12월 27일 원종공신 2등에 녹훈된다. 그동안 요동을 중심으로 활동하던 김유례가 북경에 처음 들어간 것은 1456년 때로 주문사 신숙주를 수행한 것이다. 이 임무는 신숙주가 직접 나선 것만 보아도 중요한 일이었음을 알 수 있다. 2월 3일 주문사가 돌아왔을 때 세조는 "대사大事를 성취시켰다." 라며 밭 15결을 하사했다. 이때 그의 동료 통사는 이흥덕·고용지·김신 등이었다. 다음 해 김유례는 사역원 지사로 승진한다.

1458년 윤2월 1일에는 당대 최고의 실세 이조판서 한명회가 주문사 사신단에 김자안·박지·안지선 등과 함께 통사로 다녀와 밭 15결을 받았다. 1459년 3월 12일에는 통사가 아니라 주문사로 북경에 갔다가 황제 칙서를 받은 명나라 사신이 조선을 향해 출발했다는 정보를 통사 김유경에게 먼저 보고케 한다. 그리고 성공적 외교를 펼친 공을 인정받아 4월 21일 중추원 첨지사로 승진한다. 이 무렵 김유례는 거의 1년에 한두 번씩 중국을 방문한다. 워낙 요동과 오랑캐들에 대한 전문가여서 그런지 그는 북경을 갔다 올 때도 반드시 오랑캐 정보를 입수해 조정에 보고했다. 1460년 김유례는 중추원 부사가 된다.

1461년 9월 1일 중국에 보내는 3대 사신단의 하나인 사은사로 김유례를 임명하자 사헌부에서 반대의견을 올렸다.

"김유례는 본래 통사로서 중국에 왕래해 중국 사람이 모두 천하게 여기는데, 지금 사은사로 임명했으니 이는 잘못된 일입니다. 교체해야 합니다."

그러나 세조는 "김유례는 중국 일에 밝고 익숙하다."며 거부했다. 이렇게 해서 9월 6일 드디어 김유례는 사은사가 되어 명나라로 떠난다. 당시 북방정세가 불안정했기 때문에 김유례는 중앙에서 함께 가는 호송군 100명과 관찰사 소속의 군인 50명만으로는 오랑캐의 습격에 대비하기 어렵다며 증병을 요청하기도 한다.

1468년 4월 27일에는 세조가 훈구대신들을 사정전으로 불러 술자리를 베풀었다. 이 자리에 김유례도 참석했다. 한창 술자리가 무르익

어갈 무렵 세조는 신숙주를 불러 "김유례도 잘 마시느냐?"고 묻자 신숙주는 "잘 마십니다."라고 답한다. 그러자 세조는 "이 사람은 내가 중국에 갔을 때에 동행했다."며 각별한 관심을 표시했다. 김유례에 관한 기록은 예종 때로 끝난다.

통역관 양성의 일인자
• 김자정

역학譯學은 교린사대交隣事大하는 데 있어서 그 임무가 지중至重하다. 여진 통사는 내가 알지 못하나 왜 통사에 만약 서인달徐仁達이 없다면 누구에게 배우겠는가? 한어漢語는 김자정金自貞과 지달하池達河, 장유성張有誠, 황중黃中 이외에는 사람이 없다. 그러나 장유성과 황중은 글자를 알지 못한다. 만약 중국 측에서 장관將官이 나온다면 누가 능히 문자文字 간의 말을 알아듣겠는가? 이것이 내가 그들을 탁용擢用해 권려勸勵해서 그 업業에 정진精進하게 하려는 것이다.

— 1482년(성종 13) 4월 14일

세조 즉위에 공을 세움

1455년(세조 1) 12월 27일 세조는 계유정난에 참여해 공을 세운 사람들에게 녹훈을 했는데 김자정이 원종공신 2등으로 녹훈되었다. 불과 2년 전인 1453년(단종 1) 문과에 급제해 관리의 길에 들어선 그가 원종공신 2등에 책록되었다는 것은 뭔가 큰 공을 세우지 않고서는 불가능하다. 다만 정확히 어떤 일을 했는지는 알 길이 없다.

1459년 7월 13일에는 "승문원 박사 김자정을 강등시켜 행 부사정行副司正에 임명했다."는 기사가 나오는 것으로 보아 뭔가 잘못을 저질렀던가 아니면 세조의 눈 밖에 나는 행위를 한 것 같다. 사간원에서 이렇게 강등시키는 것이 관례에 어긋난다는 상소까지 올렸지만 세조는 듣지 않았다. 1461년 12월 5일 김자정의 직함은 일종의 암행어사 격인 전라도의 행대감찰行臺監察이다.

훗날 김자정은 『세조실록』 편찬팀의 실무진인 기주관으로 참여했다. 그때 그의 공식직함은 봉렬대부奉列大夫 행 예조정랑行禮曹正郎이었다. 아직 어린 탓도 있었겠지만 원종공신 2등에 책록된 것에 비하면 세조와의 인연은 그렇게 좋았던 것 같지 않다. 그리고 그때까지는 통사나 외교관으로 활약하는 모습을 전혀 볼 수 없었다. 다만 주변의 평은 좋았다고 할 수 있다. 그가 강등당했을 때 사간원이 나선 것도 그렇고 『세조실록』 편찬작업에 참여한 것도 그렇다.

한명회의 지원 속에 성장

1471년(성종 2)에도 김자정의 직함은 예조정랑이었다. 이런 점에서 1472년 9월 13일자의 기사는 눈에 뜬다. 성종이 그를 승진시키기로 하자 사헌부 장령 허적이 "예조정랑 김자정은 걸출한 재주가 있는 것도 아닌데 우대해 옮기도록 명하셨습니다. 이것은 잘못된 인사입니다."

라고 비판했다. 성종은 "내가 들으니 김자정은 예조정랑이 되어 능히 그 소임을 다했다고 하니, 진실로 마땅히 포상해야 할 것이다. 예조의 소임은 아무나 처리할 수 있는 것이 아니다."라며 굽히지 않았다. 그런데 이때의 성종은 세조의 왕비였던 정희대왕대비의 섭정을 받고 있던 시기임을 고려할 때 성종 눈에 들었다기보다는 대왕대비 눈에 든 것이라 할 수 있다.

그후 사헌부에서조차 김자정의 발탁을 반대했으나 오히려 김자정은 조정의 특사라 할 수 있는 선위사가 되어 먼 지방의 고위관리들을 국왕 대신 위로하는 임무까지 맡았다. 또 그해 11월에는 특수임무를 띠고 삼포와 대마도 왜인들의 동향을 비밀리에 점검했다. 그리고 12월 사헌부 장령으로 승진한다. 성종 또한 김자정을 각별하게 생각했다. 1473년 7월 30일자의 기사다.

주강晝講에 나아가서 강講하기를 마치니, 설경說經 변철산卞哲山이 아뢰기를, "전일에 장령 김자정을 인견引見했을 때 사관에게 입시하는 것을 허락하지 않았습니다. 사관의 직임은 기사를 맡아 보므로 임금의 거동을 반드시 적는데, 신 등은 그날 그 일에 참여해 듣지 못했으니 실로 잘못인 듯합니다." 하니 임금이 말하기를, "그날 도승지가 들어와 참여했으니 또한 사실을 기록했을 것이다. 그러므로 사관으로 하여금 같이 들어오지 못하게 했다. 너희들이 그것을 승지에게 물어서 기록하도록 하라."고 했다.

특별한 밀담을 나눌 일이 아니면 조선 왕조에서 국왕이 사관을 물리친 채 신하들을 만날 일은 거의 없었다. 이는 곧 김자정이 성종으로부터 특수한 임무를 부여받아 활동하고 있었다는 뜻이다. 그래서 직책도 특진을 거듭한다. 그 바람에 다른 신하들의 견제도 거셌다. 11월 11일에는 대사간 정괄 등이 직접 나서 김자정을 정면공격했다.

"김자정이 대신大臣의 천거로 승문원 참교가 되었습니다. 만약 한학漢學을 중히 여긴다면 김자정은 본래 한학을 익히지 아니한 자이며, 한학을 배운 연소하고 총민한 자도 많으니 반드시 김자정으로 임명할 필요는 없습니다. 가령 김자정이 한학을 익혔다고 하더라도 승문원의 직질職秩에는 4품이 있고 5품도 있는데, 어찌 반드시 3품직으로 뛰어넘어 제수해야 하겠습니까? 이렇게 김자정을 초천超遷, 특진한 것은 오직 대신이 권세를 쓴 까닭입니다. 정령政令이 여러 곳에서 나오는 것을 키울 수 없으니 청컨대 개정改政하소서."

이를 보면 김자정의 학문적 자질은 실제로 특출났던 것 같지 않다. 그가 뛰어났다면 2등 공신이었음에도 세조 때 14년 동안 한직에만 머무르지 않았을 것이기 때문이다. 오히려 정괄이 지적하듯이 '대신'의 힘이 작용했던 것 같다. 여기서 대신은 말할 것도 없이 한명회다. 정령이 국왕 한 곳이 아니라 여러 곳에서 나온다고 지적한 것도 바로 한명회를 염두에 둔 것이었다.

실제로 1476년 김자정이 선위사가 되어 일본으로 떠날 때 한명회는 성종에게 이렇게 부탁한다.

"이보다 먼저 왕명王命을 받아 대마도에 사신으로 간 사람은 모두 당상관으로 승진시켜 제수해 길을 떠나게 했으니, 원효연元孝然과 김호인金好仁이 이들입니다. 김계희金繼熙도 대마도에 사신으로 가는 일로 인해 당상관에 승진되었으나, 마침내 가는 것을 정지했는데도 오히려 그 관직을 그대로 가지고 있으니 지금 김자정을 당상관으로 승진시켜 제수하는 것이 어떻겠습니까? 하물며 함께 가는 객인客人이 당상관이고, 또한 도주島主가 사신 직위의 높고 낮음으로 조정의 후대와 박대를 점치니 관직을 승진시켜 제수하지 않을 수가 없습니다."

실제로 이렇게 해서 김자정은 임시로나마 당상관의 직위를 갖게 된다.

대마도 선위사로 외교 일선에 나서다

1474년(성종 5) 1월 19일 승문원 참교 김자정은 성종과의 윤대자리에서 통사 육성과 관련해 이렇게 건의하고 있다. 통사의 신분적 한계를 터주지 않고서는 인재를 쓸 수 없다는 지적이다. 이에 대해서 성종도 원칙적으로는 동의했다.

"나라에서 의관자제衣冠子弟, 관리의 자제를 뽑아서 한학 습독관漢學習讀官을 채우고, 또 체아직遞兒職을 설치해 권면勸勉했으나 부사과副司果, 종6품의 무관직를 넘지 못하기 때문에 마음을 기울여 학습하지 않습니다. 원컨대 역어譯語·자훈字訓에 능통한 자를 택해 동반東班, 문반의 고위직에도 임명해서 권장하소서."

사실 이는 통사들의 오랜 숙원이었다. 당시만 해도 그 자신이 통사가 아니었던 김자정으로서는 문제의 핵심을 정확하게 보고 있었던 것이다.

그해 9월 3일에는 통사 출신으로 당상관에 오른 장유성을 사신으로 보내는 문제로 경연에서 성종과 신하들 간에 논쟁이 붙는다. 성종은 굳이 장유성을 사신으로 보내려 하고 신하들은 중국 조정에서 함부로 사신을 선정한다 해서 문제 삼을 수 있다며 반대하는 것이다.

이런 논란의 와중에 장령 이숙문은 "주문사의 행차에는 문신으로는 김자정 같은 이가 있고 통사로는 김계박 같은 이가 있어 모두 중국말을 아는 사람인데, 하필이면 장유성을 보내려 하느냐."고 비판한다. 이미 이때가 되면 김자정의 중국어는 능통한 수준에 이르렀다고 봐야 한다.

9월 19일에는 승문원 판교 정효항의 임기가 끝나 후임자를 놓고 성종과 신숙주가 이야기를 나눈다. 이 자리에서 신숙주는 "무릇 대국을 섬기고 이웃을 사귀는 데는 사명辭命, 글쓰기이 가장 중합니다."며 "그 자리에 풍저창 수豐儲倉守 김인민은 고사故事에 익숙해 판교가 될 만하고, 그다음은 김자정과 이경동도 좋습니다."라며 김자정을 추천한다. 신숙주는 한명회의 '측근인사'이기도 했다.

그런데 김자정이 외교관으로서 활약하게 되는 것은 이듬해 11월 15일 정말로 우연한 계기 때문이었다.

"대마도 경차관敬差官 이덕숭이 발병으로 사직하니 의원을 보내 진료하게 하고 김자정으로 그 직을 대신하게 했다."

이렇게 해서 1476년 2월 12일 성종은 일본으로 떠나는 김자정에게 이같이 당부한다.

"일본국日本國의 병화兵禍를 자세히 물어 가지고 오도록 하라. 또 왜사倭使가 포소浦所, 3포의 숙소에 오랫동안 머물고 있으니 적당하지 못하다. 그것을 도주島主, 대마도 도주에게 타이르도록 하라. 나머지 일은 사목事目, 매뉴얼에 갖추어져 있다."

그리고 김자정은 7월 29일 돌아와 직접 보고 들은 일본의 사정을 성종에게 말과 글로 상세하게 보고한다. 이를 듣고 기뻐한 성종은 김자정을 정식 당상관으로 임명했다. 이렇게 해서 김자정은 8월 3일 통정대부 예조참의에 오른다. 1477년 10월 2일 김자정은 사간원 대사간으로, 1478년 4월 8일에는 이조참의로 자리를 옮긴다. 그러면서 이 무렵 김자정은 사역원 부제조일종의 부원장도 겸직하고 있었다. 그래서 중국어 강의를 맡고 있었는데 김자정에 대한 비판론이 제기되자 성종은 이렇게 반박한다.

"김자정은 역어에 능통해 의논하는 자의 말이 '문관으로서 역어를 배우는 자가 통사 출신인 황중이나 장유성에게 배우는 것을 수치로 여깁니다.'라고 하므로 서용하도록 명한 것이다."

한명회 사람이었던 만큼 김자정을 둘러싼 적대세력도 만만치 않았다. 그래서 사헌부 등의 탄핵을 받아 이조참의에서 내쫓기고 사역원에서도 쫓겨났다. 그러나 1479년 10월 중국에서 사신이 찾아오자 성종은 김자정과 장유성을 앞세워 사신들과 접촉한다. 그리고 1481년 5월 13일 김자정은 성종에게 이문을 강의한 공으로 1품계 특진을 했다.

통역관 양성의 제1인자

1482년(성종 13) 6월 13일 김자정은 가선대부·경상도 관찰사에 오른다. 그리고 정확히 1년 후인 1483년 6월 15일 형조참판이 되어 중앙으로 복귀한다. 그러나 여전히 그의 업무는 중국에서 사신이 왔을 때 이들을 어떻게 대할 것인가의 방책을 세우는 일이었다. 그해에는 특히 횡포가 심했던 중국 사신 정동이 서울을 방문하고 돌아가던 길에 위독해져서 사망하는 일이 발생했다. 10월 4일에는 병조참판으로 부서를 옮긴다. 그리고 1484년 5월 15일 충청도 관찰사가 되어 다시 외직으로 나간다.

다음 해 윤4월 11일 김자정은 중추부 동지사가 되어 다시 외교업무를 맡게 되는데 그해 10월 15일 마침내 그는 부사가 되어 정사인 호조참판 이세좌와 함께 중국에 새해 인사를 가는 정조사 부사로 북경을 향한다. 대명외교의 일선에 나서는 순간이었다. 이들은 다음 해 3월 2일 서울로 돌아왔다.

그리고 5월 20일 이번에는 전라도 관찰사가 된다. 그러나 이틀 후 김자정은 어머니에게 병이 있다는 이유로 임지로 떠나지 않고 관찰사를 사직했다. 그러자 성종은 5월 26일 김자정을 중추원 첨지사로 임명한다. 그리고 12월 27일에는 대사헌에 오른다. 말 그대로 관복이 터진 셈이었다. 1487년 5월 23일 그는 개성부 유수개성 시장로 부임한다.

2년 후 서울로 돌아온 김자정은 주로 통사 양성에 전념한다. 그는 경학과 중국어에 능통한 두 사람 중 하나였기 때문이다. 또 한 사람은 성종이 첫손으로 꼽았던 이창신이다. 그리고 1491년 10월 김자정은 이번에는 정조사의 정사가 되어 북경으로 향한다. 다음 해 3월 10일 서울로 돌아온 김자정은 성종에게 중국 내 사정과 여로에서 본 북방 오랑캐 동태에 관해 상세하게 보고한다.

조금 다른 이야기이기는 하지만 성종은 학식 못지않게 중국어에 유달리 관심이 많은 국왕이었다. 세종이 한때 중국어를 조금 배운 바 있고 성종도 김자정에게 이문과 중국어를 상당 기간 배웠다. 그래서인지 성종은 1492년 6월 어느 날 사역원 관리들을 선정전으로 불러 재미있는 지시를 한다.

임금이 선정전宣政殿에 나아가니 사역원 제조 윤필상尹弼商·임원준任元濬·이극증李克增·김자정이 입시했다. 임사홍任士洪 등 13명이 동서로 짝이 되어 중국말로 서로 문답하기를 마치니 임금이 임사홍과 이창신으로 하여금 서로 한참 동안 말하게 했다.

임금이 말하기를, "임사홍 등이 비록 중국음을 이해하기는 했으나 입이 익숙하지는 못하다." 하니 윤필상이 말하기를, "옛날 이변李邊이 40여 차례나 중국에 갔으므로 중국말에 익숙해질 수 있었습니다. 이 무리도 1년에 한 번씩 중국에 가도록 하는 것이 좋겠습니다." 했다. 윤필상 등이 나가니 빈청賓廳, 영의정·좌의정·우의정 등의 집무실에 술을 내려 주고 승지 등으로 하여금 대접하게 했다.

관리생활을 하면서 보기 드물게 별다른 물의를 일으키지 않았던 김자정도 호조참판으로 있던 1493년 곡물관리를 잘못했다는 이유로 처벌당하고 12월 11일 유배를 간다. 그리고 다음 해 5월 20일 풀려난다.

연산군 때에 다시 관직에 복귀한 김자정은 1495년(연산군 1) 말 하남군 정숭조를 수행해 정조사로 북경을 향한다. 이때 김자정의 직위는 중추부 동지사였다. 다음 해 3월 중국에서 돌아온 김자정은 8월에는 황해도 관찰사로 나간다. 어떤 일로 한때 곤경에 처하기도 했던 김자정은 그러나 1497년 10월 18일 의금부 동지사로 화려하게 복귀했다.

1500년 1월 17일 중추부 지사 김자정은 예조참의 이창신과 함께 편찬한 『일용한어번역초日用漢語飜譯草』를 연산군에게 올린다. 쉽게 말하면 일상생활에서 쓸 수 있는 중국어 회화책인 셈이다. 그리고 그해 10월 23일 한성부 판윤으로 제수되었다. 그후 김자정에 관한 기록은 거의 없다. 1502년에 그가 오래 앓았다는 게 전부다. 영화를 누리던 그는 연산군의 폭정을 보지 않고 세상을 떠난 것으로 보인다.

경회루에서 춤추다 문초를 받다
• 장유성

장유성이나 황중은 본디 역관으로서 중국 조정에 출입하면서 익힌 것이라고는 시정에서 물건을 판매하는 속어에 불과한 것입니다. 그런데 하루아침에 둘 다 2품으로 승진시켰으니 신 등은 모르긴 합니다만 무슨 덕이 있다고 높인 것입니까?

— 1480년(성종 11) 4월 29일 대사헌 정괄과 대사간 김작의 상소 중에서

역과를 통해 관직에 입문

실록에서 볼 수 있는 장유성張有誠에 관한 최초의 기록은 1457년(세조 3) 8월 12일 원종공신을 녹훈한 사람들의 목록이다. 여기서 장유성은 녹사錄事라는 직책에 있으면서 3등 공신으로 녹훈되어 있다. 녹사란 조선시대 때 의정부나 중추부 등에서 문서관리를 맡았던 중간급

서기라고 할 수 있다. 아마도 역관 시험에 합격한 후 혹은 누군가 실력자의 천거를 받아 임시직을 거쳐 처음 맡게 된 것이 녹사였을 가능성이 높다. 그리고 또 한 가지, 이 자리에 있으면서 원공종신 3등에 책록되었다는 사실은 그가 결정적인 공을 세웠거나 아니면 한명회 같은 1등 공신과 밀접한 인간관계가 있었다고 볼 수 있다. 기록들을 보면 아마도 후자였던 것으로 보인다.

1459년부터 장유성은 통사로 활약한다. 그해 11월 사은사 박원형과 부사 이승소를 수행해 북경을 다녀왔으며 1462년에는 중국 사람 2명을 요동으로 보내는 관압사말이나 포로를 중국에 인계하는 사신의 임무를 수행한다. 이때 그의 직책은 행 부사정行副司正이다. 1464년에는 명나라 사신이 찾아와 잔치를 여는데 여기서 그는 종친들의 통사로 일한다. 그해 8월 24일에도 관압사의 임무를 수행했다. 이를 통해 볼 때 장유성은 특정 분야에 대한 전문가라기보다는 중국말에 능통했던 것 같다. 그래서 북경도 가고 요동도 가고 명나라 사신들이 왔을 때는 통사로 활동한 것이다.

당상관에 오르다

세조 때 이만한 활동을 할 수 있었다는 것은 공신들의 지원이 있었기에 가능했다. 그리고 세조가 죽고 예종이 즉위하자 장유성에게는 엄청난 기회가 찾아온다. 당시 통사들이 흔히 그러했던 것처럼 중국 사신에게 민원을 넣어 진급하는 데 성공한 것이다. 그것도 통사로서는 꿈에도 오르기 어려운 당상관의 품계를 받았다. 조정 신하들이 그냥 둘 리 없다. 3월 11일 사헌부에서 올라온 상소를 보면 함께 당상관에 오른 장유성과 황중에 대한 비판이 신랄하다.

장유성과 황중은 통역관으로서 선비의 무리에 낄 수 없습니다. 중국 사신들이 우리나라의 관제와 작명의 높고 낮음을 어떻게 알겠습니까? 그런데도 일이 이렇게 된 것은 통사의 무식한 무리가 연줄로 그 사이에 혀를 놀려서 전하게 전달하게 한 듯합니다. 아마도 전례를 들어 그렇게 한 것 같은데 굳이 그렇다면 말이나 의복으로 상을 주면 되는 것이지 작록을 줘서는 안 됩니다. 게다가 당상관은 더욱이 안 됩니다. 취소해 주시기 바랍니다.

더불어 중국 사신이 돌아가고 나면 오히려 이 두 사람의 죄를 처벌해야 할 것이라고 아뢰었다. 그러나 당시 실력자의 도움으로 두 사람은 아무런 처벌도 받지 않았고 당상관 자리도 그대로 유지할 수 있었다.

물욕이 강해 비난 받음

장유성과 황중 두 사람은 여타의 통사들과 마찬가지로 북경이나 요동을 드나들 때마다 상당한 이익을 챙겼던 인물이었던 것 같다. 성종 즉위년 12월 4일자에는 대사헌 이극돈이 "황중은 북경에 갈 때마다 오로지 물건 매매만 일삼았다."고 비판하고 있다. 또 1474년(성종 5) 8월 26일자에는 대사간 정괄이 장유성을 관압사로 보내서는 안 된다는 상소를 올리면서 "장유성은 통사로 중국 조정에 드나들며 장사해 이익을 취했으므로 사람들이 모두 천하게 여겨 비록 당상관이라 하더라도 조정 관리로 대접할 수 없습니다."라고 무시한다.

신하들은 통사를 사신은 말할 것도 없고 요동으로 보내는 관압사로 삼아서도 안 된다고 주장한다. 이에 맞서 성종은 사신은 곤란할지 모르지만 관압사야 무방하지 않느냐는 입장이다. 특히 성종은 세종 때 통사를 관압사로 보낸 일이 많으니 더는 문제 삼지 말라고 오히려 신하들을 비판한다.

그러나 통사라는 사실보다는 장유성이 글을 잘 모르고 재물을 탐하는 게 문제였다.

"장유성은 글을 몰라서 시험 때마다 합격하지 못했다."

결국 장유성은 관압사로 가지 못했다.

운 좋게 오른 어전 통사

성종이 장유성을 총애했는지는 알 수 없다. 왜냐하면 성종 자신도 장유성이 글을 제대로 읽을 줄 모른다는 것은 알고 있었기 때문이다. 그럼에도 장유성은 1476년 1월 28일 황중과 함께 어전 통사로 임명된다. 국왕 전담 통역사 자리에 오른 것이다.

그러나 장유성과 황중에 대한 문신들의 부정적인 시각은 여전했다. 1478년 11월 5일자 기록이다.

황중과 장유성이 비록 중국말을 조금 알기는 하나 문신들이 모두 그들에게 배우기를 좋아하지 않습니다. 김자정은 이문과 중국어 모두에 정통하니 지금은 파직되었더라도 사역원에 나와 중국어를 가르치게 하는 것이 어떻겠습니까?

문신들은 황중과 장유성으로부터 중국말을 배우는 것을 '수치'로 여겼던 것이다. 일반적으로 통사가 올라갈 수 있는 최고위직은 종6품의 무반직이었다. 그러니 설사 두 사람이 당상관이 되었다 하더라도 문신들은 아무도 그것을 마음속으로 받아들이지 않았던 것이다.

그러나 성종은 1480년 4월 27일 장유성과 황중을 '어전 통사를 전담하고 있다'는 이유로 가선대부嘉善大夫로 삼았다. 가선대부란 2품에 해당하는 일종의 작위다. 사간원과 사헌부의 비판이 이어졌다. 물건으로 상을 주면 될 일이지 2품을 내리는 것은 너무하다는 것이다. 그 중 5월 3일 대사헌 정괄과 대사간 김작이 함께 올린 상소 일부는 흥미롭다.

역관으로서 2품에 승진한 자는 세종 때 김청 한 사람뿐이고 세조 때 이흥덕과 김유례 두 사람뿐이었습니다. 그러나 김청은 이문에 정통해 동료 가운데 따를 사람이 없었고 이흥덕과 김유례는 중국말을 잘하고 또 수양대군이 북경으로 가는 만리길을 시종한 공로가 있습니다. 장유성과 황중은 중국말이 썩 대수롭지 않은데다 공로가 없는데 어떻게 이렇게 할 수 있습니까?

다음날 경연이 끝나고 나서 사헌부 장령 구치곤이 아뢰는 말이다. 역시 예상대로 두 사람은 훈구대신과 연결되어 있었던 것이다.

"황중은 본래 여진 통사이고 중국어가 본업이 아닌데, 예종 때에 운 좋게 신숙주의 천거에 힘입어 장유성과 함께 당상관에 승진했으므로 그때의 의논이 그르다고 여겼습니다. 그런데 지금 지나치게 가선대부에 승진시켰으니, 청컨대 개정하소서."

그래서 임금이 좌우 신하들에게 묻자 경연의 총책임자인 영사領事 윤필상은 "장유성·황중이 비록 글을 알지 못하지만 지금 통역을 능히 할 수 있는 자는 오직 이 두 사람뿐입니다."라고 했다. 실제로 장유성과 황중은 권신들에게 밀착해 자신들의 재물과 권력을 탐했던 인물이었는지 사역원 소속 역관들조차 "역학을 제대로 발전시키려면 장가와 황가부터 내쫓아야 한다."고 말했다고 한다.

중국 사신 정동 – 장유성 – 한명회 커넥션

사실 이 무렵, 즉 1479년(성종 10)을 전후해 성종 입장에서는 폐비 윤씨문제 등으로 해서 명나라와의 외교, 특히 조선을 오가는 중국 사신과의 관계가 무엇보다 중요했다. 그랬기 때문에 중국 사신들의 요구를 외면한다는 게 쉽지 않았다. 특히 당시 정동鄭同이라는 사신은 조선 출신으로 어려서 중국에 잡혀갔다가 사신이 된 인물로 뇌물을 좋아하고 조선 조정에 수많은 부정적 영향을 미친 인물이다. 장유성은 한명회와 정동의 연결고리였던 것으로 보인다.

1483년 8월 3일 성종은 "통사 장유성과 황중이 당상관이 되면서 북경에 가지 않으니 중국말이 생소해질까 염려된다. 부사로 북경에 보내는 것이 어떻겠는가?"라고 신하들에게 묻는다. 실은 이보다 2년 앞서 1481년 6월에 정동이 성종에게 "장유성이 근래 북경에 가지 않으므로 중국어가 시원치 못합니다."라며 중국으로 보내줄 것을 청탁한 적이 있었다. 그래서 정사로는 곤란하고 부사로 보내려 했던 것이다. 그러나 신하들 반대로 성사되지는 않았다. 그런데 1483년 8월 28일 정동은 한술 더 떠 장유성을 정조사로 보내 달라고 청한다. 그 바람

경복궁에서 가장 아름다운 곳으로 손꼽히는 경회루의 모습

에 장유성은 정사는 아니고 부사가 되어 오랜만에 북경을 다녀올 수 있었다.

그런데 이때 조선에 왔던 정동이 중국으로 돌아가다가 도중에 세상을 떠났다. 그 때문인지 그후부터 장유성의 활약은 뜸해진다. 심지어 1487년에는 대사헌 성건이 상소를 올려 정전正殿에서 국왕이 여는 잔치에 장유성과 황중은 참여해서는 안 된다고 주장했다. 설사 지위가 2품이라 하더라도 "조정에서는 잡류로 인정해 재상이나 중추의 반열에 끼는 것을 허락하지 않았다."는 것이다. 그러나 몇몇 사람이 "그래도 지위가 2품이니 참석하게 하자."고 해서 겨우 참석할 수 있었다.

1481년 2월 12일자에는 그냥 웃어넘길 수만 없는 일화 한 가지가 전한다. 경회루에서 성종이 재상들과 대간을 대접한 다음 마음껏 마시라고 명하고 자리를 떴다. 그때 행 호군 장유성이 취해 일어나 춤을 추자 대관이 아전을 시켜 "무엇 때문에 일어나 춤을 추었는가? 임금의 지시라도 있었는가?"라고 묻자 장유성은 머리를 조아렸다. 이 때문에 장유성은 사헌부에 불려 가 문초를 받아야 했다. 신분상의 한계를 절감하지 않을 수 없었을 것이다.

세조 즉위에 공을 세우다

• 황중

사역원 소속 여진 통사

1455년(세조 1) 12월 원종공신 명단에 보면 황중黃中은 3등으로 기록되어 있다. 그러나 정확히 어떤 공을 세웠는지는 알 수 없고 훗날 자료를 참고하면 1등 공신들의 측근인사로 활약했을 가능성이 높다. 1458년 11월 20일자를 보면 황중은 사역원 소속 여진 통사로 일하고 있다. 그때 그는 역과 출신자가 여진학을 할 수 없도록 한 것은 잘못된 것이니 적어도 왜학에 준하는 대우를 해줄 것을 건의해 세조로부터 허락을 얻어냈다. 1466년 12월에 황중의 직위는 사역원 정이다.

이때가 되면 황중은 사역원 전담관리 중에는 최고 지위에 올랐던 것이다. 그리고 1468년에는 관압사 임무도 수행하고 있다. 아마도 평생 동지라 할 수 있는 장유성과의 우정이랄까 친분은 사역원에서 함께 근무하며 비슷한 처지를 서로 위로하는 가운데 싹튼 것 같다. 세조가 승하하자 황중은 세조의 부고를 중국에 전하는 사신단의 통사가 되어 예종 즉위년 12월 북경을 다녀온다.

장유성과 함께 성종의 총애를 받다

1469년(예종 1) 윤2월 29일 황중의 승진이 이루어진다. 이때 뒤에 보게 될 장유화張有華의 이름도 나란히 있다.

"통사 황중을 절충장군·행 부사직으로, 장유화를 봉정대부·사역원 판관으로 삼았다."

그리고 6월 18일에는 황중과 장유성의 배경세력이 누구이며 구체적으로 두 사람이 어떻게 해서 진급이 될 수 있었는지에 대한 정확한 이야기가 등장한다.

사헌부에서 아뢰기를, "통사 황중 등이 중국 사신의 말이라고 해 영접도감迎接都監 관원(여기에 자신과 장유성이 포함되어 있음)의 자급을 더해 주도록 청했는데, 실상을 알아본 결과 확인하기 어렵습니다. 그들을 국문하게 해주소서." 하니 임금이 한명회에게 묻기를, "이미 청에 따라 관직을 더해 주었으니 묻지 않는 것이 어떻겠는가?" 하므로 한명회가 답하기를, "족친과 통사가 중국 조정에 왕래하는 것이 끊이지 않는데, 만약 사신이 이를 듣게 되면 좋은 일이 아닙니다." 하니, 곧 사헌부에 묻지 말라고 명했다.

조금 있다가 사헌부 지평 이평이 본부의 의논을 가지고 아뢰었다.

"황중 등이 중국 사신에게 말을 전해서 재삼再三 구해 청한 것입니다. 중국 사신이 어찌 우리나라 조사朝士의 산관散官과 직차職次를 알고서 계청했겠습니까? 작상爵賞, 작위와 포상은 임금에게서 나오는 것인데, 지금 사신에 의해 이를 구했으니 사풍士風이 아름답지 못할 뿐만 아니라 중국 조정에서 이를 듣는다면 어떻게 생각하겠습니까? 청컨대 엄히 징계해서 후대를 경계하소서."

예종이 말했다.

"너희가 아뢴 바는 진실로 옳다. 그러나 내가 사신의 청에 따라 이미 관직을 제수했으니 지금 사신이 이미 돌아갔는데 '이를' 추론推論, 책임을 따짐하는 것은 옳지 않다."

즉 중국 사신의 요청이 있었고 한명회가 처벌을 막아준 것이다. 이때부터 황중과 장유성 두 사람은 공동운명체로 얽히게 된다. 며칠 후 대궐에 끌려 나와 대사헌 오백창의 국문을 받지만 황중 등은 자신들이 전혀 모르는 이야기라고 잡아뗐다.

1470년(성종 1) 3월 27일 황중은 예종의 부고를 명나라에 고하는 사신을 수행하고 와서 상을 받았고 2년 후에는 성종 즉위에 대한 명나라의 승인을 받고 돌아와 또 포상을 받았다. 그리고 1476년 1월 28일 장유성과 함께 어전 통사로 임명되는 영광을 누린다. 그리고 1480년 장유성과 함께 2품을 제수받자 조정 신하들이 일제히 들고 일어났다.

그런 가운데 5월 21일 경연을 마치고 나서 성종은 신하들과 정사를 이야기하다가 사헌부 집의 이덕숭이 "황중은 본래 여진어를 본업本業으로 하고 한어를 익히지 않았으니 2품으로 올리는 것은 매우 불가합니다. 청컨대 개정하소서."라고 청하자 이렇게 답한다. "황중이 비록 처음에는 여진말을 익혔으나 지금은 능히 중국말을 전달하니 탁용할 만하다."

(경교명승첩). 지금은 지명으로 더 유명한 '압구정'은 한명회의 호이다. 이 작품은 겸재가 한강을 유람하면서 잠실 쪽에서 바라보며 그린 것으로 언덕 위의 정자가 바로 한명회의 별장인 '압구정'이다. '압구정'은 한명회의 권세를 엿볼 수 있고, 다양한 의미를 담고 있는 흥미로운 단어다.

탄핵으로 추락한 권세

장유성과 황중의 경우 뭔가 자질에 문제가 있었다는 지적은 실록 곳곳에 나온다. 그런데 장유성은 공무상 큰 잘못을 저지르지는 않았는지 별로 문제가 되지는 않았지만 황중은 사정이 달랐다.

1484년(성종 15) 8월 8일 사헌부에서 황중의 비리를 고발한다.

"행 사직行司直 황중은 본디 가계家系가 미천한데, 다만 여진어를 통역하는 조그마한 재주로 성은을 특별히 입어 지위가 2품에 이르렀으므로 진실로 직무에 이바지하여 행실을 오직 삼가야 마땅합니다. 그런데 스스로 사역원 제조가 되더니 그 원院의 관노비를 억지로 빼앗고, 또 지방관아에서 뽑아 올린 관노비를 사사로이 부려 잔혹하게 침노했습니다. 이제 조사를 받게 되자 교묘하게 꾸미고 승복하지 않으며 언사가 도리에 어그러지고 거만하니 성상께서 재단裁斷하소서."

이에 조정 대신 이극균도 나서 이렇게 말한다.

"황중이 이제 사역원 제조가 되어 법을 어긴 일이 많고, 아래 관원을 침노해 만족할 줄 모르고 거둬들이며, 또 강이관講肄官, 역학 강사이 된 자는 거의 다 의관자제인데 황중이 거만하게 대우하므로 마음 아파하지 않는 사람이 없습니다. 황중은 이름이 제조이기는 하나 역학에 대해 무식해서 아는 것이 없으므로 가르치는 것은 없고 한갓 탐욕을 부릴 뿐이니, 청컨대 제조를 바꾸소서."

이렇게 해서 황중은 고신을 빼앗기고 사역원 제조에서 물러나게 된다. 그리고 다음 해 4월 고신을 돌려주라고 지시하는데 신하들의 강력한 반대로 그 지시는 취소되었고 두 달 후에야 고신을 돌려받게 된다. 그러나 그후 그가 맡은 직책은 없었다. 사실은 장유성과 마찬가지로 정동이 1483년 사망하고 한명회의 권세도 떨어지면서 그들이 설 자리는 줄어들고 있었다고 봐야 할 것이다.

북방 정보 수집의 일급 첩보원
• 김저

사역원 출신 통사로 출발

장유성이나 황중과 마찬가지로 김저金渚도 어떤 과정을 통해 통사의 길을 걷게 되었는지 분명치 않다. 그러나 일찍부터 통사로서 활동하고 있는 것으로 보아 역관을 뽑는 역과를 거쳐 통사의 길을 걸었다고 봐야 할 것이다. 사실 성종 때가 되면 비교적 사회 체제가 안정되어 갔기 때문에 기존 제도권을 통해 성장하는 것이 일반적이었다.

김저의 활동기록은 장유성이나 황중보다 10여 년 후인 1473년(성종4) 5월에 처음 나온다. 건주위建州衛, 여진족을 막기 위해 명나라에 설치한 군사기지의 여진족에게 잡혀 있다가 조선으로 도망쳐 온 중국인 이산을 요동으로 돌려보내는 압해관관압사보다는 낮은 직위로서다. 조정에서는 압해관으로 떠나는 김저에게 북방 정보들을 입수해 올 것을 비밀리에 지시한다.

그리고 1476년 초에는 정조사를 수행해 북경을 다녀왔고 10월에는 또다시 압해관의 임무를 수행한다. 기록에는 나와 있지 않지만 1477년 무렵에 김저는 중대한 잘못을 저질렀던 것 같다. 아마도 과도한 밀무역이나 통사 임무 소홀과 관련되었을 가능성이 높다. 왜냐하면 1478년 6월 19일 고신을 돌려받았기 때문이다. 유감스럽게도 무슨 일로 김저가 고신을 압수당했는지는 알 수 없다.

중국 사신 정동의 횡포

1480년(성종 11) 7월 17일 김저는 중국에 갔다가 사신 정동鄭同이 했다는 말을 문서로 적어 와서 조정에 아뢰었다. 이 글을 보면 당시 조선을 방문하던 중국 사신들의 횡포가 어느 수준에 이르렀는지를 단적으로 알 수 있다. 그에 앞서 약간의 배경설명이 필요하다. 성종 10년 명나라에서는 건주위를 위협하는 여진족을 처벌하겠다며 그해 윤10월 조선에 파병을 요청했다. 그래서 어유소를 대장으로 1만 명을 파병했는데 당초 파병에 부정적이었던 어유소는 압록강 얼음이 미처 얼지 않았다는 핑계로 강도 건너지 않고 부대는 평안도 일대에서 해체해버렸다. 그래서 12월에 다시 윤필상을 대장으로 2차 파병을 시행해 겨우 생색만 냈던 일이 있었다. 정동은 그때 일을 들먹이고 있는 것이다.

전에 태감太監 왕직汪直이 건주를 정벌할 때에 조선의 유서諭書, 견해를 밝힌 글를 얻어 드렸는데, 그 뒤에 조선에서 건주를 입공入攻한다는 주문奏文이 오랫동안 이르지 않으니 황제가 내게 이르기를, "이것은 반드시 야인野人, 오랑캐과 마음을 함께해 출병하려고 하지 않는 것이다." 하므로 "어찌 그럴 리가 있겠습니까? 반드시 강 위에 연고가 있는 것입니다. 비록 혹 입정入征하지 않더라도 반드시 사유를 갖추어 회주回奏, 전후 맥락에 대한 보고할 것입니다."라고 아뢰었는데, 그 뒤에 주문사奏聞使가 과연 이르렀습니다. 그러나 그때에 조정의 의논이 분분했는데, 내가 조선을 위해 주선한 힘을 전하께서 어찌 아시겠으며 재상이 어찌 알겠습니까? 하늘이 홀로 알 뿐입니다.

즉 자신이 명나라 황제에게 조선의 입장을 열심히 변호했다는 공치사를 늘어놓고 있다. 그러고 나서는 본론으로 들어간다.

그런데 일전 잔치에 내가 운 것은 다른 뜻이 아니라 전하께서 나에게 법도를 무너뜨린다고 했기 때문입니다. 만일 법도를 무너뜨린다고 한다면 근일 조선에서 아뢴 것이 어찌 모두 법에 맞겠습니까? 그렇다면 중국 조정의 법도가 또한 따라서 무너질 것입니다. 또 전에 잔치하던 날 나에게 장피獐皮 10령領과 석등잔 1개를 주었는데, 국왕으로서 주는 것이 이와 같으니(즉 보잘것없으니) 나야 그만이지만 두목이 보는 데에 어떠했겠습니까? 이것은 반드시 내가 난리를 피웠다고 해서 그런 것입니다. 내가 난리를 떨기는 했지만 예전에 중국 사신 장근·윤봉이 해마다 와서 송골매를 찾았는데, 그때 선왕先王이 어떻게 응했습니까? 다 들어주지 않았습니까? 그런데도 전하께서는 나를 향하는 것이 이와 같으니 이번에 저에게 부탁한 궁각弓角을 수매하는 일은 나도 마음을 다하고자 하지 않습니다.

물론 이에 대해 조정에서 논의한 결과 정동의 요구가 지나치다고 결론을 내렸고 성종도 그러면 무시하자고 지시한다. 그러나 당시 사신들의 부정적 행태 중 하나를 적나라하게 보여주는 사례다.

사실 이때 성종으로서는 중국 사신에게 꼼짝 못할 일이 있었다. 폐비윤씨 문제였다. 만일 명나라 조정이 승인하지 않는다면 폐비는 불가능했기 때문이다. 이때 다리 역할을 해준 것이 한명회와 정동이었다.

그해 12월 17일 성종은 성절사를 수행하고 돌아온 통사 김저를 직접 불러서 묻는다.

"그대가 정동을 보았는가?"

"신이 정동을 보았는데 정동이 신에게 말하기를, '윤씨를 폐한 까닭은 내가 독질毒疾, 중한 질병이 있기 때문이라고 주달했다.'라고 했습니다."

이것은 원래 성종과 한명회가 꾸며서 답하기로 했던 그대로다. 그러나 그 사이에 성종의 마음도 바뀐 것 같다. 좀 더 당당하기로 한 것이다. 그래서 이렇게 말한다.

"정동이 나를 위해 숨긴 것이다. 그러나 국모國母를 병들었다고 해 가볍게 폐할 수 있겠는가? 그 덕이 종묘와 사직을 받들지 못했기 때문인데 어떻게 황제를 속일 수 있겠는가? 다음에 주문사가 가면 사실대로 아뢰는 것이 옳다."

인사청탁 메커니즘

앞서도 우리는 중국 사신을 이용해 자신의 승진을 청탁하는 사례를 보았다. 그런데 특히 김저의 경우에는 그것이 구체적으로 어떻게 진행이 되고 또 그것에 대해 조선 국왕과 대신들은 어떻게 반응했는지가 너무나도 상세하게 나온다.

1483년(성종 14) 5월 11일 주문사의 통사로 북경에 갔다가 먼저 돌아온 김저는 곧 정동이 북경을 떠나 서울로 올 것이라며 정동의 편지를 올렸다. 여기에는 엄청난 양의 물건 청구와 함께 통사인 김저와 장유화를 당상관으로 승진시켜 자신들을 영접하도록 하라는 내용이 포함되어 있었다. 쉽게 말하면 김저는 자신의 인사청탁이 담긴 편지를 조정에 올린 것이다.

조정 대신들은 장유화가 오랫동안 통사로서 실력을 인정받아 왔고 벼슬을 한 지도 오래되었기 때문에 문제 될 것은 없지만 김저의 경우에는 아직 이르다고 보았다. 그러나 결국 성종은 6월 20일 "중국 사신이 우리의 법제를 어찌 알겠는가? 지금 만일 들어주지 않으면 그들은 반드시 또 청할 것이고 그래도 들어주지 않는다면 크게 노할 것이다. 그들이 노한 뒤에 들어준다면 생색도 나지 않을 것이니 차제에 장유화와 김저 모두를 당상관으로 올려 주면 중국 사신이 반드시 즐거워하지 않겠는가."라며 정동의 청을 들어준다.

대관들이 합사해 "장유화와 김저는 중국 사신과의 인연을 근거로 승진청탁을 했으니 추국해야 합니다."고 했으나 성종은 들어주지 않았다.

자리를 탐하다 좌천

1484년 8월 김저는 성절사의 통사로 차출되었다. 그러나 문제가 있었다. 이미 당상관이기 때문에 사신 통사로서 직위가 어울리지 않는

데다 또 어전 통사이기 때문에 사신을 따라가는 것은 아무래도 곤란
했다. 대사헌 이극균도 나서 "성절사 한치형이 감히 신하로서 어전 통
사를 거느리고 가겠다는 것은 옳지 않으니 한치형을 추국해야 합니
다."고 주장했다. 앞서 장유성이나 황중과 달리 어전 통사로서 김저의
실력에는 문제가 없었던 것 같다. 그와 관련된 지적들은 나오지 않았
기 때문이다.

　그러나 장유성·황중 콤비처럼 항상 짝을 이루었던 장유화·김저도
무리한 요구를 한다. 그것은 통사들이 일반적으로 갖고 있던 자리 욕
심이었다. 어차피 자신들이 사역원에서 강의를 책임지고 있으니 제조
의 임무를 맡도록 해달라는 것이었다. 사역원을 책임지던 도제조나
제조는 그동안 문신들이 맡았지 통사 출신이 맡은 적은 없었다. 그런
데 이들은 자신들도 당상관이라며 제조를 맡겠다고 나선 것이다. 신
하들 사이에서는 찬반논란이 거셌다. 성종도 처음에는 그게 무슨 큰
문제인가라며 두 사람을 제조로 삼겠다고까지 했다. 그러나 결국 신
하들의 반대로 두 사람은 강의만 맡고 제조에 이르지는 못한다.

　이들은 또 1486년 2월 역관들의 진퇴와 관련해 임금에게 직보했다
가 들통이 나 문제가 된다. 처음에는 성종도 문제 삼지 않다가 그 의
도가 사역원에 대한 주도권을 쥐기 위한 것이라는 게 드러나자 처벌
하라고 명한다. 이 일로 두 사람은 철퇴를 맞았기 때문인지 실록에서
그 이름이 사라진다.

신분의 족쇄를 풀지 못한 어전 통사
•장유화

초보 통역사의 시련

통사 장유화張有華라는 이름은 김저보다 조금 이른 1464년(세조 10)
부터 나온다. 그해에 장유화는 두 차례에 걸쳐 요동에 다녀온다. 한
번은 순전히 중국의 장마를 비롯한 정보를 얻기 위함이고 또 한 번은
오랑캐 포로가 되었던 중국 사람 20명을 요동에 데려다주기 위함이
었다. 그런데 다음 해 5월 22일 이조에서 장유화가 부친상을 당했는
데 명나라 사신이 오는 바람에 잠시 관직에 복귀했다가 복상服喪하지
않고 계속 통사직에 남아 있기를 원한 것은 풍속을 무너뜨린 것이라
며 처벌할 것을 청했다. 세조도 그렇게 하도록 이른다.

시련은 이것으로 끝나지 않았다. 그해 말에는 정조사의 통사로 중
국에 가다가 수행원 중 한 명이 사망했다. 그런데 통사 장유화와 민희
가 이를 보고하지 않았다는 죄목으로 장유화는 고신을 빼앗긴다.

장유화의 활동에 대한 기록이 다시 나오는 것은 2년 후인 1482년

(성종 13) 11월 18일이다. 이때도 장유화는 정조사 박훤을 수행해 중국을 다녀온다. 이런 공을 인정받은 때문인지 장유화는 1469년(예종 1) 윤2월 29일 봉정대부·사역원 판관이 된다. 그런데 그해 6월 23일 장유화는 또다시 시련을 겪는다. 동료 통사인 황중·김계박 등과 함께 국왕 앞에 끌려나와 대사헌 오백창의 국문을 받는다. 죄목은 사신을 모시는 영접도감 관원들의 승진청탁을 도와줬다는 것이었다. 그러나 그들은 전혀 모른다고 잡아뗐고 예종도 풀어 주라고 명한다.

1473년(성종 4) 8월 26일 도망쳐 온 중국 사람들을 요동으로 압송하는데 이때 장유화의 직책은 통사로서는 사역원에서 가장 높은 사역원 정正이다. 그리고 1475년 2월 2일에는 주문사를 수행하고 온 공을 인정받아 밭 10결을 하사받기도 했다. 이 무렵 장유화의 주요임무는 북경으로 가는 사신의 전담 통역관이었다.

정동과 얽힌 인연

장유화도 비슷한 시기에 활동했던 장유성이나 황중·김저 등과 마찬가지로 한명회의 지원을 받고 있었고 중국 사신 정동과 절친한 사이였다. 당연히 장유화의 승진에 대한 로비도 있었다. 1480년 7월 5일 사헌부 대사헌 정괄 등은 상소를 통해 이렇게 말한다.

신 등은 듣건대 사신이 통사 장유화를 당상관으로 승진시켜 제수하기를 청했다 하니, 이것은 반드시 장유화의 부탁에 부대껴서 그런 것입니다. 장유화는 이미 사신에게 여러 차례 부탁해 관작을 구해서 더는 진급할 직위가 없습니다. 그런데 또 사신에게 청해 당상관을 희망했습니다. 대저 작상爵賞은 임금이 어진 사람을 대접하는 도구이며 더욱이 당상관은 청탁으로 할 수 있는 것이 아닙니다. 장유화가 틈을 타서 청탁해 반드시 얻기를 기약해서 위로는 성명聖明을 범하고 아래로는 조정을 멸시했으니 그 무상함을 징계해 다스리지 않을 수 없습니다. 청컨대 국문해 엄히 다스려서 그 나머지를 징계하소서.

그러나 성종은 들어주지 않았다. 성종으로서도 어쩔 수 없었다는 게 더 정확한 표현인지 모른다. 다음날인 7월 6일 사헌부와 사간원 관리들은 장유화를 아예 사형시켜야 한다고 주장했다. 이에 성종은 "당상관의 관직을 어찌 가볍게 제수하랴? 게다가 이것은 반드시 장유화의 말로 인해 청한 것이 아니다. 어찌 억측해 갑자기 목을 벨 수가 있겠느냐?"며 반대한다. 그후에도 연일 비슷한 의견이 올라왔다. 그런데 7월 12일 인정전에서 사신들을 위한 잔치가 열린다. 이 자리에서 성종과 사신 간에 논란이 오간다.

"영접도감의 관리 등은 대인의 청으로 모두 이미 관직을 제수했소. 다만 장유화 등은 자급을 올리면 당상관이 되므로 더는 대인의 좌우에 모시면서 말을 전하는 책임을 맡을 수 없소이다."

"전하께서는 비록 정부의 대신이라도 높였다 낮췄다 할 수 있는데, 더구나 장유화가 비록 당상관이 되더라도 말을 전하는 데에 무엇이 해롭겠습니까?"

이 말은 원칙적으로 당상관이 되면 더는 중국을 오가는 사신의 통역으로는 일할 수 없다는 뜻이다. 그런데도 중국 사신은 그런 사정을 무시하고 이렇게 말을 한 것이다. 이에 성종은 다소 불쾌한 듯이 말

창덕궁 인정전의 모습. 인정전은 창덕궁의 정전으로, '인정(仁政)'은 '어진 정치'라는 뜻이다.

한다.

"통사가 당상관이 되면 통역의 역할을 맡지 못하는 것이 국법國法인데 대인으로 말미암아 법을 허물어뜨리는 것이 가하겠는가?"

그러나 어떤 일이 있었는지는 몰라도 중국 사신 대표의 청탁은 집요했다. 7월 21일 성종을 알현한 자리에서 그는 마치 협박하듯이 "저희가 통사의 벼슬을 제수하도록 청했는데 왜 허락하지 않으십니까?"라고 묻는다. 결국 성종은 내년에는 그러겠노라고 답한다.

한명회의 최측근

1480년(성종 11) 11월 9일 당대 최고의 실력자 상당부원군 한명회가 성종을 독대하고 나와서 승지와 사관에게 전한 말이 다시 문제가 되어 장유화는 설화舌禍를 당할 뻔한다. 요지는 이렇다. 정동이 돌아가는 길에 평양까지 수행하고 돌아온 장유화가 정동이 한명회에게 뭔가 말을 했고 그 말을 전하러 한명회가 성종을 찾았다는 것이다. 주로 폐비윤씨와 원자(훗날 연산군)의 세자 책봉 시기와 관련된 것이었다.

한명회로부터 이 말을 들은 도승지 김계창은 즉각 성종에게 달려가 장유화를 처벌해야 한다고 말했다.

"신 등은 지금 한명회를 통해 정동이 장유화에게 말했다는 내용을 알았는데, 모두 국가대사입니다. 지금 이미 4개월이나 지나 일찍 아뢰지 않고 한명회에게 개인적으로 말했으니 청컨대 처벌하여 주소서."

좌승지 채수와 좌부승지 성현은 이 일을 청탁문제와 결부시켜 국문해야 한다고 말한다.

"중국 사신이 여러 번 장유화의 관직을 올려 주라고 청했으나 조정에서 따르지 않았는데 아마 장유화가 입을 다물고 아뢰지 않은 바는 그 때문일 것입니다. 청컨대 그 실정實情을 묻도록 하소서."

그러나 성종은 "장유화에게는 실로 죄가 있다."면서도 처벌하라고 명하지 않는다. 여기서 보듯 장유화는 한명회의 최측근이었던 것이다.

그리고 다시 장유화는 통상적인 임무에 복귀해 도망쳐 온 중국 사람 25명을 요동으로 인계하는 등의 업무를 수행한다. 그리고 1481년에 조선에 온 사신은 왜 약속대로 장유화를 당상관으로 승진시키지 않았느냐며 속히 승진시킨 다음 북경 가는 사신으로 보낼 것을 주청했다.

그해 6월 26일에는 한명회와 장유화의 관계를 보여주는 결정적인 자료가 실록에 실려 있다. 실록을 기록한 사신史臣의 논평이다.

당초에 한명회가 북경에 갈 때 임금이 엄명하기를, "혹시라도 정동에게 먼저 통하지 말고 또 개인적인 선물을 바치지 말라.' 했는데 한명회가 통주에 이르러 통사 장유화를 시켜 먼저 정동에게 일렀고, 사사로이 진헌할 때 고급 활을 아울러 바치므로 부사 이승소가 말렸으나 한명회가 듣지 않았다. 그 사사로이 바치는 물건을 힘써 풍부하게 해 황제의 뜻을 기쁘게 하고 정동의 욕심을 채우고서 상을 많이 받고 돌아와 늘 남에게 자랑했다.

이런 가운데도 성종은 장유화의 당상관 제수를 2년째 미루고 있었다. 이 또한 드문 일이다. 그만큼 성종이 장유화를 못마땅하게 생각했다는 뜻일 수도 있다. 1483년 5월 11일 주문사 통사로 갔던 김저가 먼저 돌아와 정동의 편지를 전했다. 여기에는 자신과 장유화를 당상관으로 승진시킨 다음 압록강으로 와서 자신들을 영접토록 하라는 요청이 들어 있었다.

이렇게 해서 앞서 본 대로 신하들과 의논한 결과 장유화는 실무에서 오랜 경력이 있으니 무방하지만 김저는 곤란하다는 일차적 결론이 난다. 그러나 결국은 두 사람 모두 당상관에 오른다. 2년이 넘는 우회 로비의 결과였다. 중국 사신단 내에서도 이견이 있었던 듯 정동은 김저와 장유화가 벽제까지 달려와 감사의 뜻을 표하자 무척 기뻐하는데 그를 수행한 부사는 '약간 성난 기색을 띠고서' 이렇게 말했다고 한다.

"장유화와 김저는 그저 평범한 사람입니다. 전하께서는 모름지기 이런 사람을 가엾게 여겨 구휼해 주신 것입니다."

장유화는 김저보다는 좀 더 늦게까지 활동을 했던 것으로 보인다. 1489년 7월 26일 행 사직行司直이라는 직함을 가진 장유화는 자신의 신변과 관련된 건의를 한다. 사역원에 상근하는 당상관이 되었는데도 당연히 주어야 할 노비도 주지 않는다는 것이다. 그러면서 김자정과 임사홍의 이름을 거론하며 그 정도 대우는 해달라고 말한다. 이에 대해 사역원 제조인 영의정 윤필상은 부정적인 의견을 내놓는다. 김자정이나 임사홍은 한학에도 능하고 학생들을 잘 관리했지만 장유화는 중국어만 잘할 뿐 경학을 모른다는 것이다. 게다가 학생들도 장유화에게는 배우려 하지 않는다고 덧붙인다. 그러나 성종은 이렇게 지시한다.

"한어가 익숙하기로는 장유화만한 자가 없으니 어전 통사를 장유화가 아니고서 누가 하겠는가? 처음에 장유화를 시켜 가르친 것은 언어에 지나지 않을 뿐이니, 배우는 자가 장유화를 천하게 여겨서 수업하지 않으려는 것이 어찌 장유화의 죄이겠는가? 노비를 그의 품계에 따라서 주라."

그러나 역관 출신이라는 신분적 한계는 끝내 장유화에게 족쇄로 남았던 것 같다. 세월이 한참 흐른 1497년(연산군 3) 1월 4일 연산군은 통정대부인 장유화 등을 행사장의 말석에 앉도록 하라고 말한다. 이유는 간단했다. '이들은 모두 사류士類, 양반가 아니기 때문'이었다.

복과 화를 불러온 직언

• 이창신

라이벌 임사홍과의 악연

1465년(세조 11) 1월 27일 이창신李昌臣은 진사시에 합격해 세조를 알현했다. 그의 관운은 비교적 좋았다. 1477년(성종 8)에 이창신은 이조좌랑에 올랐다. 1477년 3월 4일 그는 금으로 불경을 베껴 쓰는 문제와 관련해 성종을 비판하는 의견을 올렸다.

경經을 쓰는 일은 비록 전하의 본의가 아니라 하더라도 부모를 섬기는 데 마땅히 여러 번 간해야 합니다. 간하는 자식이 있으면 어버이가 불의에 빠지지 않는 것인데, 뒷세상에서는 전하를 무어라 하겠습니까? 엎드려 바라건대 세 번 생각하소서.

이때 이창신은 성종에게 강한 인상을 남긴 것 같다. 이창신이 물러가자 성종은 좌우 신하들을 돌아보며 이렇게 말한다.

"이 사람이 이창신인가? 말하는 것이 진실로 마땅히 이 같아야 하니 이런 사람은 쉽게 얻지 못할 것이다."

이때부터 이창신은 검토관으로 경연에 참석해 성종의 측근 인사로 자리 잡게 된다. 당시 이창신이 성종과 나누는 이야기를 보면 고전에 대한 박식함이 묻어난다. 그러나 바로 그 같은 직선적인 성격 때문에 1478년 4월 성종의 비판을 받기도 한다. 4월 28일 조정에서는 홍문관과 예문관이 올린 임사홍에 대한 상소문제로 격론이 오가고 있었다. 성종은 왕실과 얽히고설킨 임사홍을 결사적으로 변호했고 이창신은 이때도 조목조목 비판했다. 그러나 성종의 입에서 나온 말은 이번에는 정반대였다.

"그대는 참으로 말이 많구나!"

임사홍은 과연 어떤 인물이었을까? 그는 효령대군孝寧大君의 아들 보성군寶城君 이용李容의 사위이며, 아들 임광재任光載는 예종의 딸 현숙공주顯肅公主에게, 임숭재任崇載는 성종의 딸 휘숙옹주徽淑翁主에게 장가들어 명실상부한 왕실 인사가 된다. 이런 인물이었으니 성종으로서도 편을 들지 않을 수 없었다. 그리고 5월 6일에는 임사홍의 부인, 즉 이용의 딸이 남편의 무고함을 호소하는 글을 올렸다. 그중에 이런 대목이 있다.

신녀의 남편이 나이 젊고 벼슬이 높아서 사람들의 꺼리는 바가 되어 오늘날의 일을 이루게 했으니, 죄를 받는 것이 이치에 당연하고 스스로 변명할 수 없습니다. 다만 예문관 관원 가운데 이창신은 바로 신녀의 남편과 동갑인 친척으로서 본래 친히 사귀었고, 신녀의 남편이 승지로 있을 때 이창신은 주서注書가 되어 승정원에서 상시로 같이 있었으며, 출직出直하면 이창신은 신녀의 남편 집에 이르러서 밤새도록 이야기하며 항상 서로 친하고 믿었습니다.

원래 이창신과 임사홍은 동갑으로 친척 관계였다는 게 나온다. 결국 이날 성종은 이창신을 의금부에 가두고 국문하라고 명한다. 대간들의 호소에 따라 이틀 후 석방되기는 했다.

통역정책의 아이디어맨

통역문제와 관련된 이창신의 기사가 처음 등장하는 것은 1480년(성종 11) 10월 19일이다. 성종은 사역원에서 중국어 교재로 활용하고 있던 『노걸대』『박통사』가 당시 중국어에 적합한가를 중국 사신에게 알아보라고 이창신에게 지시했다. 이에 이창신은 다음과 같이 보고한다.

지난번에 명령을 받고 한어漢語를 사신 대경戴敬에게 질정하는데, 대경이 『노걸대』와 『박통사』를 보고 말하기를, "이것은 원나라 때의 말이므로 지금의 중국말과는 매우 달라서 이해하지 못할 데가 많다."고 한즉 지금의 말로 두어 구절을 고치니 모두 해독할 수 있었습니다. 청컨대 한어에 능한 자로 하여금 모두 고치게 하소서. 그리고 전에 영중추領中樞 이변과 고령부원군 신숙주가 중국말로 책 1권을 지어 『훈세평화訓世評話』라고 했는데, 그 원본이 승문원에 있습니다.

그러자 성종은 "『훈세평화』를 속히 간행하고, 또 한어에 능한 자를 선발해 『노걸대』와 『박통사』를 개정하라."고 명한다.

이미 이창신은 어느 정도 중국어를 할 줄 알았던 것이다. 그리고 현장통역보다는 통역정책과 관련된 아이디어를 많이 냈고 또 많이 채택되었다. 1481년 4월 7일에는 사신을 접견한 다음 작성하는 일지를 우리말 소리가 아니라 한문 뜻대로 기록할 것을 건의해 채택되었다. 1482년 7월 25일 성종은 승정원에 홍문관 관리 중 이문에 능한 자를 뽑아 올리라고 명한다. 그때 뽑힌 인물 중에 홍문관 교리 이창신의 이름이 보인다.

"직제학 이명숭, 전한 성건, 응교 김종직, 교리 김흔·이창신, 부교리 권경우·민사건을 뽑아 아뢰었다."

한동안 활약이 뜸하던 이창신에 관한 기록은 1486년 1월 11일자에 나온다. 문신을 상대로 율시를 짓게 해 상을 내렸는데 홍문관 응교 이창신이 으뜸을 차지했다.

이창신이 중국에 들어간 기록은 1486년 12월 28일자가 처음이다. 질정관으로 북경을 다녀온 것이다. 일반 통사와는 다른 성격의 임무다. 그런데 여기서 성종의 질문이 재미있다.

성절사 질정관 이창신이 와서 아뢰었다.

"신이 북경에 갈 때 『소문충공집蘇文忠公集, 소식의 문집』을 사 오라고 명하셨는데, 북경에서 얻지 못하고 돌아오다가 요동에 이르러 우연히 소규邵奎를 만나 『소문충공집』을 구한다는 말을 했더니 소규가 곧 장서각藏書閣에 데려가 보이고는 이에 책을 주었습니다. 신이 책값을 주려고 하자 소규가 물리치면서 말하기를, '어찌 책값을 받겠는가? 주는 까닭은 다른 날을 잊지 않는 자료로 삼을 뿐이다.'라고 하며 그런 연유로 시와 아울러 서序를 지어 주었습니다."

성종이 전교했다.

"좋은 책을 얻어 왔으니 잘했다. 다만 그대가 소규와 서로 접할 때에 말로 주고받았는가, 아니면 문자로 창화唱和, 시를 주고받음했는가?"

이창신이 아뢰었다.

"술을 마시는 즈음에 절구사운絶句四韻으로 서로 창화했을 뿐입니다."

그리고는 소규의 시를 올렸다.

그리고 다음 해 2월에 이창신은 젊은 문신들을 선발해 요동의 소규에게 보내 운학에 관해 질정할 것을 건의한다. 그래서 조정에서는 18명을 뽑아 요동으로 보내기로 한다.

1488년 3월 17일 이창신은 성종으로부터 큰 상을 받는다. 조선을 찾은 중국 사신을 잘 모셨기 때문이다. 성종은 "근일近日에 중국 사신을 접견할 적에 언어와 문자에서 이창신이 아니면 누가 할 수 있었겠는가?"라며 대만족을 표시하고 있다.

뇌물 스캔들로 관직에서 쫓겨나

1489년(성종 20) 한 해는 이창신에게 시련의 해였다. 어찌 보면 자업자득일 수도 있었다. 홍문관 직제학까지 올랐던 이창신은 부인이 친척의 재산분배에 개입해 '재산을 가로챘다'는 고소를 당했다. 이 일로 결국 이창신도 형벌을 받고 직위에서 쫓겨났다. 동료 평도 그렇게 좋은 편은 아니었다. 그런데도 실력이 워낙 뛰어났기 때문인지 11월 14일 이례적으로 사간원 지평 이승녕이 이창신을 복직시켜야 한다고 경연에서 주장한다.

우리나라는 지성으로 사대事大하느라 승문원으로 하여금 나이 젊은 문신을 가려 질정관을 삼아 한어를 배우게 했으니 방법이 지극하다 하겠습니다. 그러나 질정관이 된 사람들이 『노걸대』『박통사』『직해소학』 등의 글을 습독하지 않으니 무엇을 가지고 질정해 가겠습니까? 청컨대 미리 그런 글들을 정밀하고 익숙하게 습독한 다음에야 북경에 가도록 하소서. 세종 때에는 이변·김황·손사성·송처관 같은 사람들이 혹자는 이문을 다루기도 하고 혹자는 한어를 다루기도 해 사대에 관한 일을 전임專任했는데, 지금은 하나도 그런 일을 전임하는 사람이 없습니다. 지금은 이 직을 맡은 사람들이 더러는 적임자가 아니기도 하니 더욱 부당합니다.

신이 듣건대 임사홍이 『사성통고四聲通攷』를 매우 익숙하게 습독했고 한어에도 더욱 능하다는데, 이에 앞서 이미 사역원에 출사出仕하게 했으니 승문원의 일도 겸해 보기를 청합니다. 이창신도 한어에 정밀합니다. 비록 지금 죄를 입고 외방外方에 있기는 합니다만 이전에도 승문원 관원은 비록 파직한 사람이라 하더라도 중한 사죄私罪를 범한 사람이 아니면 모두 그대로 출사하도록 했습니다. 지금 이창신이 범한 죄도 역시 중한 사죄는 아니니 또한 승문원에 출사하도록 하는 것이 어떠하겠습니까?

실은 성종 자신이 하고 싶었던 말을 이승녕이 대신해 준 것인지 모른다.

"과연 아뢴 말과 같은데, 임사홍의 한어는 내가 어떤지를 알지 못한다. 장유성張有誠은 비록 말에는 능하지만 글자를 해득하지 못하는데, 이창신은 글자도 해득하고 또한 한어에도 능하므로 중국 사신들이 이를 아름답게 여기며 감탄했다. 이창신은 아내의 죄 때문에 파면된 것이고 자신이 저지른 것은 아닌데 어찌 끝까지 폐하고 서용敍用, 복직하지 않겠는가?"

그래서 성종은 그날부로 이창신과 임사홍을 승문원에 복직시켰다. 그러나 여러 신하들은 이창신을 '소인'이라며 복직을 취소해야 한다는 상소를 거듭해서 올렸다. 사실 그의 완전 복직은 쉽지 않았다. 다음 해인 1490년 내내 이창신을 둘러싼 논쟁이 계속되었고 1491년까지도 논란이 끊이지 않자 성종은 6월 28일 이렇게 말한다.

"이창신은 파면당한 지 이미 오래되었으니 지금의 서용은 빠른 것이 아니다. 또 이 사람은 끝내 버릴 수가 없다."

이때 새로 맡은 직은 한직에 가까운 돈녕부 정이었다. 이런 논란 속에서도 이창신은 중국 사신 접대를 잘했는지 1492년 6월 1일 성종으로부터 치하를 받는다.

"그대가 요즈음 매우 분주하게 수고가 많았다. 중국 사신은 성품이 조급해 접대하기가 어려운데, 그대는 그 사이에서 말을 전하는 데 실수가 없었으니 그것이 가상하여 기쁘기 그지없다. 주찬酒饌, 술상을 내리니 그대는 그 뜻을 알라."

그리고 6월 7일에는 사역원 관리들을 선정전에 모이게 한 후 중국어 회화 경연을 벌인다.

"임금이 선정전에 나아가니 사역원 제조 윤필상·임원준·이극증·김자정이 입시했다. 임사홍 등 13명이 동서로 짝이 되어 중국말로 서로 문답하기를 마치니 임금이 임사홍과 이창신으로 하여금 서로 한참 동안 말하게 했다.

임금이 말하기를, '임사홍 등이 비록 중국음을 이해하기는 하나 입이 익숙하지는 못하다.' 하니 윤필상이 말하기를, '옛날 이변李邊이 40여 차례나 중국에 갔으므로 중국말에 익숙해질 수 있었습니다. 이 무리도 1년에 한 번씩 중국에 가도록 하는 것이 좋겠습니다.' 했다. 윤필상 등이 나가니 빈청에 술을 내려 주고 승지 등으로 하여금 대접하게 했다."

한어와 이문 모두에 능함

1495년(연산군 1) 12월 5일 이창신은 병을 이유로 사직을 청했다. 그러나 "창신은 이문과 한어에 모두 능숙하니 경솔히 버릴 수 없습니다."라는 신하들의 요청으로 연산군은 사직서를 수리하지 않는다. 그리고 1497년 8월 29일 이창신은 공조참의가 되고 1498년 2월 19일에는 형조참의가 되며 3월 18일에는 다시 예조참의가 된다. 당시 영의정 윤필상은 그의 후원자이기도 했다. 그해 12월 10일에는 이창신의 전공분야인 중국어 교육을 강화할 것을 연산군에게 건의했다.

우리나라는 예악·문물이 중국과 짝할 만하므로 고황제高皇帝 때 아국인이 조회를 들어갔을 적에 예의 있는 나라 사람으로 대우하고 칼을 찬 자로 하여금 금하지 못하게 하면서 말하기를, "너희 나라 사람은 다만 언어만 다를 뿐이다." 했습니다. 세종 때는 한학을 매우 중히 여겨 아무리 내관 등이라 할지라도 조금만 한어를 해득하는 자에게는 모두 후한 상을 내렸사오며, 성종께서도 내관 박인손에게 『직해소학』을 배우라고 명했사오니 청컨대 한어를 해득하는 자를 동몽훈도童蒙訓導, 중국어 강사로 삼아 가르치도록 하시옵소서.

1499년 12월 4일에는 뒤늦게 이창신의 건의를 받아들였기 때문인지 연산군은 이창신에게 한어에 능통한 자를 뽑아 명나라 사신을 접대하는 의식을 선정전에서 익히라고 명한다. 그런데 이 기사 뒤에는 사신史臣의 재미있는 논평이 붙어 있다.

이창신은 위인이 경망스럽고 편협하며 또 악한 아내를 얻어 가도家道가 크게 무너졌다. 대간이 일찍이 간사스럽고 탐욕스럽다고 해 배척했으나 한어와 이문에 능통하므로 버림을 당하지 않았다. 그런데 다른 사람의 작은 선행이라도 보면 문득 추앙하고 칭찬했다.

그리고 다음 해 1월 17일 중추부 지사 김자정과 함께 편찬한 『일용한어번역초』를 연산군에게 올렸다. 역학교육에도 크게 이바지한 것이다. 1501년(연산군 7) 8월 14일 이창신은 중추부 동지사가 된다. 그리고 그해 10월 11일 신년 하례를 위한 사신 정조사가 되어 북경을 향해 출발한다. 그는 다음 해 3월 서울로 돌아오는데 그때 사 온 책도 『옥음운해玉音韻海』 『절운지남切韻指南』 등 중국어와 관련된 운학서들이다. 5월 24일 그는 한성부 우윤으로 임명된다. 신하들의 빗발치는 반대가 이어졌지만 연산군은 이번에는 밀다고 7월 1일 이창신을 호조참판으로 임명한다. 1503년 5월 8일 사역원 제조 윤필상과 이세좌가 사역원 발전방향을 제시하고 연산군은 이를 수용한다.

"우리나라에서 중국을 성의 있게 섬기는데, 한어를 아는 자는 이창신 한 사람뿐입니다. 이 소임은 경한 것이 아니니 배워 익히게 하지 않을 수 없습니다. 지금 명나라의 두 사신이 사관使館, 태평관에 와서 두어 달 머무니 최세진·송평·송창 같은 사람을 선택해 배워 익히게 한다면 반드시 모두 정통할 것입니다."

그러나 이창신도 연산군 때의 참화를 피해 갈 수 없었다. 1504년 윤4월 17일 연산군은 어머니 윤씨를 폐비시킨 일과 관련된 모든 사람의 이름을 적어오라고 승정원에 지시했다. 왜냐하면 폐비를 명하는 정희대왕대비의 글을 한문으로 번역한 사람이 채수·이창신·정성근이었기 때문이다. 그래서 고신을 빼앗기고 섬으로 유배를 떠나게 된다. 그리고 결국 그해 유배지에서 숨을 거둔다.

반정으로 희생된 연산군의 최측근
• 임사홍

어려서부터 뛰어났던 문재

임사홍任士洪, 1445~1506은 임원준의 아들이다. 먼저 임원준任元濬, 1423~1500의 이력을 간략히 살펴보는 것이 중요하다. 임사홍이 중국어 쪽에 관심을 두게 된 이유를 찾을 수도 있기 때문이다. 임원준은 1456년(세조 2) 문과에 급제해 집현전 부교리가 되었고, 같은 해 예문관 직제학으로서 중국 명나라 영종의 즉위를 축하하는 표전문表箋文을 찬진했다. 1457년 중시에 합격해 사헌부 장령·봉상시 판사 등을 거쳐 이조참의에 오르고 호조·예조·병조·형조참판을 지냈다. 1466년 발영시拔英試·등준시登俊試에 급제해 예조판서·의정부의 좌·우참찬을 지냈다.

여기서 중요한 것은 임원준이 명나라에 보내는 외교문서인 표전문을 썼다는 사실이다. 임사홍이 어려서부터 아버지의 영향으로 이문이나 중국어에 관심을 두었을 가능성이 높다는 것을 보여준다. 실제로 관직에 진출한 지 3~4년밖에 되지 않았던 임사홍은 1469년(예종 1) 1월 1일 명나라 사신의 접대를 맡게 될 특별팀 일원으로 선발된다. 이때 그의 직책은 봉상시 첨정이었다. 이런 낮은 직위에도 여기에 뽑혔다는 것은 임사홍의 실력이 일찍부터 알려졌다는 뜻이다.

성종 초만 해도 임사홍은 학식이 뛰어나 성종의 총애를 받았다. 그래서 이창신과 함께 일찍부터 경연관에서 진강을 맡았다. 진급도 순조로워 1472년(성종 3) 6월 29일 임사홍은 사헌부 집의가 된다. 이때 그는 한명회의 측근인 오백창 탄핵을 주도하면서 기개를 과시하기도 했다. 그런데 그해 말 사헌부 대사헌 권감이 당대 최고 권력자인 한명회를 벌하라는 상소를 올렸다가 역풍을 맞아 사헌부 관리 전원이 좌천되는 일이 벌어졌다. 임사홍도 이때 좌천당한다.

이 때문에 한동안 한직인 성균관 사예로 쫓겨가 있었지만 성종이 늘 그를 불러 학문을 논의하기를 즐겼고 1년 여가 지난 1474년(성종 5) 5년 1월 5일 임사홍은 통정대부·예문관 부제학으로 화려하게 복직한다. 그리고 1495년에는 승지가 되어 성종의 최측근으로 활약하게 된다.

그리고 1477년 10월 2일 예조참의로 보직이 바뀐다. 예조는 외교업무과 관련이 큰 곳이다. 그러나 임사홍은 사람됨이 거만하고 교활했기 때문에 대표적인 트러블메이커이기도 했다. 재승박덕의 전형이라고나 할까. 결국 임사홍은 1478년 4월 28일 현석규를 탄핵하려다가 오히려 반대로 탄핵을 당해 고신을 빼앗기는 수모를 당한다. 그리고 유배길에 나서야 했다. 그후 임사홍의 이름은 조정에서 거의 잊혀 간다. 이런 와중에 1482년 12월 17일자에 눈길을 끄는 대목이 나온다.

임금이 선정전에 나아갔다. 사역원 제조 윤필상·이극배·임원준과 행 사직 장유성·황중이 입시했는데, 통사에게 한漢·왜倭·여진女眞의 글을 강하게 했다. 장유성이 아뢰기를, "지금 한어를 잘하는 이는 임사홍보다 나은 이가 없습니다."라고 했는데 임금이 답하지 않았다.

장유성은 아마도 그 자리에 임사홍의 아버지 임원준까지 있는 자리여서 아부 삼아 했던 말 같은데 성종으로부터 무시당했다. 성종이 10여 년 동안 총애했던 임사홍에 대해 그후 얼마나 큰 배신감과 부정적인 생각을 하고 있었는가는 1485년(성종 16) 6월 14일자의 기사에서 드러난다. 손순효가 임사홍에게 고신을 돌려줄 것을 청했다가 파직당해 버린 것이다. 그러고 나서 다음 해 3월 6일 성종은 임사홍에게 직첩을 돌려주라고 이조에 명한다. 드디어 임사홍이 다시 관직에 진출할 길이 열린 것이다.

성종과 맺은 사돈 관계

그날부터 대간의 비판상소가 이어졌다. 고신을 돌려주기로 한 결정을 철회해야 한다는 것이다. 그중에는 라이벌 이창신도 끼어 있었다. 이창신은 3월 17일 경연에서 진강이 끝난 후 "임사홍 등의 일은 차마 말할 수 없습니다. 김언신金彦辛이 임사홍 몰래 시키는 것을 듣고서 전하를 가리켜 신종神宗이라 하고 현석규玄碩圭를 가리켜 노기盧杞·왕안석王安石이라 했으므로 그 죄가 매우 무거우니 목을 보전한 것도 다행인데, 이제 직첩을 돌려준 것은 매우 옳지 않습니다."라고 말했으나 성종은 "내가 헤아려서 했다. 대간臺諫은 이미 내 말을 들었다."며 이창신의 말을 물리친다.

그리고 1488년 11월 15일 성종은 임사홍을 한직인 절충장군 부호군으로 임명했다. 임사홍으로서는 10년간의 불우한 세월을 끝내고 마침내 관직에 돌아온 것이다.

1490년 8월 13일 임사홍은 사신 중에서는 낮은 등급인 관압사가 되어 명나라와의 외교 일선에 처음으로 나선다. 불우한 세월을 보내면서도 중국어 공부는 등한시하지 않았던 것 같다. 그리고 이 무렵에는 성종이 딸 휘숙옹주를 임사홍의 아들과 결혼시키려 했기 때문에 또다시 신하들의 반발이 이어졌다. 그러나 이 결혼은 마침내 성사되었다. 임사홍은 성종과 사돈 관계가 되었다.

1492년 2월에는 관압사에 이어 도사선위사북경이 아니라 요동에 있는 도사에게 파견했던 품계 낮은 사신로 임사홍을 임명했다. 그러나 결국 임사홍은 성종 때에는 이렇다 할 관직을 맡지 못하고 세월만 보냈다. 다만 사역원에서 학생 가르치는 일은 간헐적으로 했다.

반정세력에게 희생되다

1496년(연산군 2) 7월 25일 연산군은 임사홍의 품계를 1품계 올리라고 명한다. 이에 대해 신하들 비판이 이어지자 연산군은 8월 9일 "임사홍을 쓰려는 것이 아니라 공신의 적장嫡長이므로 한 자급을 올린 것일 뿐이다."라고 답한다. 그러나 연산군은 다음 해에도 임사홍의 품계를 두 단계나 올리는 바람에 1년 내내 신하들의 상소가 올라온다. 그러나 이미 임사홍은 연산군의 마음속 깊숙한 곳에 자리하고 있었던 것 같다.

워낙 신하들 반대가 거세 연산군은 임사홍을 요직에는 임명하지 못하다가 말년에 가까운 1503년 1월 21일에서야 임명하라고 지시한다. 그리고 1504년이 되면 연산군에게 가장 가까운 측근이 되어 아부를 일삼는다. 임사홍은 5월 6일에 자헌대부·풍성군, 사흘 후인 5월 9일에는 병조판서가 된다. 7월 1일에는 예문관 제학을 겸하고 8월 16일에는 숭정대부·병조판서가 된다.

1505년 9월 14일자 실록에는 "왕이 임사홍을 주석柱石으로 믿어서 모든 국가의 중요한 일을 사홍에게 통틀어 맡겼다."고 적고 있다. 중국 사신을 모시는 문제는 임사홍이 전담했다. 그런데 뜻밖에 1506년 4월 17일 연산군은 임사홍이 중국 사신을 모시는 데 온 힘을 다하지 않고 실례를 범했다는 이유로 국문하라고 명한다. 그리고 다시 권신으로 복귀했으나 9월 2일 중종반정이 일어나 반정세력의 첫번째 타깃으로 죽음을 맞는다.

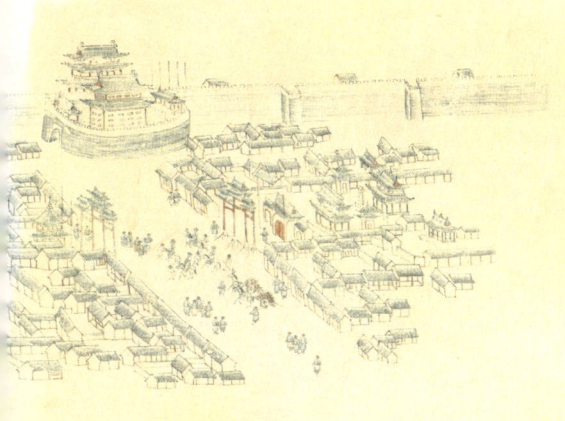

4장

온갖 수모와 모함을 견뎌야 했던
역관의 숙명

유배로 끝난 비운의 삶

• 최해

곤장 60대를 맞다

1497년(연산군 3) 9월 14일 최해崔瀣는 사간원 정언으로 임명받았다. 그해 12월 유자광이 관직을 제수받자 유자광은 간신이라며 유자광에게 내린 관직을 거두어 달라고 건의하는 등 사간원 관리로서 맹활약상을 보여준다. 다음 해 2월에는 밀무역을 하다가 발각된 관리들을 탄핵해야 한다는 상소를 올리고 있다. 이처럼 최해는 역관 출신이 아니라 문과 출신의 정통 관리였다.

그리고 2년 후인 1500년 1월 17일 중추부 지사 김자정과 예조참의 이창신은 자신들이 펴낸 중국어 교재 『일용한어번역초』를 바치면서 최해가 한어에 정통하니 사역원 교훈教訓으로 겸직하게 할 것을 건의한다. 그래서 최해는 사역원에서 학생들을 가르치게 된다. 그리고 2월에는 사헌부 지평으로 승진한다. 이어 3월 27일 정사를 게을리하고 경연에도 제대로 나오지 않는 연산군을 비판하기도 했다.

1504년 5월 9일 최해는 사간원 사간으로 승진한다. 사실 이때는 연산군이 폭군으로서의 면모도 적나라하게 드러나던 시기였기 때문에 제대로 사간 직무를 수행한다는 것이 쉽지 않았을 것이다. 실제로 그해 6월 최해는 모종의 사건에 연루되어 장 60대와 유배라는 형벌을 받는다. 함께 연루된 인사들은 장 100대였으나 최해는 '이문을 안다'는 이유로 40대가 감해졌다. 그러나 유배형은 취소됐고 장형도 요즘 식으로 하면 보석으로 풀려나 이틀 후엔 다시 사간으로 활동한다. 용서를 받은 것이다. 그러나 어느새 최해는 기개가 사라지고 연산군의 의중을 미리 파악해 정적들을 제거하는 데 열심인 모습을 보여준다.

연산군의 어전 통사

아부의 길로 들어선 때문인지 최해는 1505년(연산군 11)과 1506년 중국 사신들이 왔을 때 어전 통사로 활약했다. 그래서 1506년 3월에는 전어傳語, 통역의 공이 있다고 해서 특진과 함께 후한 상이 내려졌다. 그해 3월 18일자 실록에는 다행스럽게도 최해에 관한 개인적인 평이 실려 있다. 내용이 별로 좋지 않은 점은 유감이다.

최해는 성질이 간사하고 경박하다. 여러 차례 대궐 안으로 불려들어가 무당놀이를 명하면 춤추고 야비한 음성으로 노래해 왕의 뜻을 기쁘게 하는 데 힘썼으며 총애를 믿고 교만 방자히 굴어 노대신들을 능멸했다. 신승복愼承福의 서녀를 첩으로 삼았는데, 승복이 승선承善의 아우인 까닭에 더욱 교만하고 멋대로 했다.

신승선愼承善, 1436~1502은 연산군의 장인으로 당대 최고의 권력을 누렸던 인물이다. 그때는 이미 이 세상 사람은 아니었다. 그러나 연산 군은 처가 식구들을 극진하게 대했기 때문에 임금 장인의 서녀를 첩으로 삼았다는 것은 당시로서는 대단한 권세라고 할 수 있었다. 참고로 신승선은 세종의 넷째아들 임영대군의 딸 중모현주와 혼인해 왕실의 일원이 되었다. 실록에 따르면 사람됨이 심약했으며 왕실과의 중첩된 인척 관계로 역대 임금들의 총애와 예우를 입어 영의정까지 올랐으나 대신이 지녀야 할 능력이 없었다. 게다가 병을 핑계로 자리를 자주 비움으로써 세상 사람들로부터 죽반승粥飯僧이라 불리며 비웃음을 샀다. 성종 말년 이조판서로 있을 때는 뇌물을 받고 벼슬을 내린다 해 수리袖裏, 안소매판서라는 비아냥을 받기도 했다.

효령대군의 별장으로 알려져 있는 망원정

실제로 같은 해 3월 29일자 기사에는 연산군이 망원정에서 최해 등을 불러 술판을 벌이는 장면이 나온다. 그러나 유감스럽게도 이때 는 이미 국왕으로서 연산군의 명이 다해 가고 있던 때였다. 중종반정 이 일어났다. 그해 9월 최해는 연산군에 아부하고 신승복의 딸을 첩 으로 삼았다는 이유로 먼 곳으로 유배를 당했다. 이 때문에 그는 중 앙 정치무대에서 모습을 감췄다.

하지만 중종은 최해의 재주를 아꼈다. 그의 작첩을 모두 빼앗아야 한다는 신하들의 상소가 잇따랐지만 결국은 따르지 않았다. 최해가 세상을 떠나고 세월이 한참이나 흐른 1538년(중종 33) 10월 15일 중종 은 문신들이 한어 공부를 제대로 하지 않는 현실을 비판하면서 최해 를 회고한다.

"지난번 이창신과 최해는 모두 명사名士였지만 통역에 능했는데도 이를 부끄럽게 여기지 않았다."

즉 당시 문신들은 통역하는 것을 천한 일로 여기고 있었던 것이다.

중인 출신 최고의 통역이론가

• 최세진

역관의 아들로 출생

실록은 최세진의 출생과 어린 시절에 대해 "미천한 가문에서 태어났으며 어려서부터 학문에 힘썼고 더욱이 한어에 정통했다."고 말하고 있다. 이것으로만 본다면 최세진의 아버지 최정발이 역관이었을 가능성이 크다. 중인 출신이라는 성분도 그렇고 공부할 수 있는 경제력이 되었다는 것도 그렇고 특히 한어에 정통했다면 그것은 십중팔구 역관의 아들임이 분명하다. 그리고 최세진은 자신의 저서 『사성통문』 서문에 "집안에서 전해 내려오는 학문을 공부하기 시작하다."라고 밝힌 바 있다.

1492년(성종 23) 9월 2일자 실록에는 '강이관 최세진'이라는 언급이 나온다. 강이관이란 사역원에서 한어를 익히는 관리를 말한다. 아마도 그에 앞서 최세진은 역과에 급제해 통사의 길을 걷기 시작했고 이 때는 사역원에서 근무하고 있었다고 보아야 한다.

중인이라는 신분적 한계에도 최세진은 경학과 한어 모두에 뛰어나 일찌감치 문신들의 인정을 받았다. 10년 후인 1503년(연산군 9) 5월 8일 사역원의 최고 책임자인 윤필상과 이세좌는 현재 한어에 능통한 사람은 이창신뿐이니 새로운 인재들을 선정해 한어를 배우도록 해야 한다고 건의한다.

"지금 명나라의 두 사신이 사관에 와서 두어 달 머무니 최세진·송평·송창 같은 사람을 선택해 배워 익히게 한다면 반드시 모두 정통할 것입니다."

여기서 말하는 대로 중국 학자나 사신에게 찾아가 의문 나는 것을 묻고 정확한 발음을 익히는 일을 질정質正, 물어서 바로잡음이라고 했다. 그리고 같은 해 8월 최세진은 중인으로서는 파격적으로 문과에 급제했다. 아마도 그때의 과거가 정규 시험이 아니라 세자 책봉을 기념하는 특별 과거였기 때문일 것이다. 반면 최세진과 함께 언급됐던 송평이나 송창은 별다른 능력을 보이지 못해 통사로서 아무런 이름도 남기지 못했다. 특히 송평의 경우 1541년(중종 36) 1월 27일 내자시정이라는 직위에 오르지만 사헌부로부터 "송평은 재능이 없는데다 한 관청의 책임을 맡기에는 그릇이 되지 않는다."는 탄핵을 받고 결국은 그 자리에서 밀려난다.

1504년 8월 4일 자에는 아주 흥미로운 기사가 실려 있다. 연산군은 교검 최세진을 비롯한 여러 사람에게 '우후상호雨後賞湖, 비 그친 뒤에 호수를 감상하다'라는 글제를 주면서 율시를 지으라고 명한다. 아직 낮은 직급에 있었을 최세진에게 이런 명을 내렸다는 것은 그의 시작詩作 능력이 이미 뛰어났음을 보여준다.

과거 합격을 뒤늦게 인정받다

1506년(연산군 12) 1월 14일 연산군은 당시 잦았던 익명서의 주인공으로 최세진을 지목하면서 혹시 과거에 급제는 했으나 합격자 명단에서 제외된 것에 대해 불만을 품고 익명서를 던진 것은 아닌가 의심하고 있었다. 다행히 승지 권균이 익명서 파동이 있은 후에 합격자 명단에서 제외된 것이니 그런 일은 없을 것이라고 답하는 바람에 아무 일 없이 지나갈 수 있었다. 자칫했으면 최세진은 이때 목숨을 잃었을지도 모른다.

그래서 그해 3월 13일 연산군은 "최세진의 홍패紅牌를 되돌려 주라."는 전교를 내린다. 홍패란 일종의 과거 합격증이다. 원래는 계해년 과거에 합격했는데 이세좌가 그의 출신 문제를 거론함으로써 합격이 취소되었다. 그러나 그때 중국 사신이 와서 어전 통사로서 많은 수고를 함으로써 홍패를 받을 수 있었다.

1507년(중종 2) 2월 15일 연산군의 하야와 중종의 즉위를 명나라에 고하기 위해 북경에 다녀온 사신들이 보고했다. 이때 최세진도 질정관 자격으로 북경을 다녀왔다. 1509년 1월 2일에는 대간이 "최세진은 출신이 미천하므로 강례원에서 학생들을 가르쳐서는 안 된다."고 상소를 올렸다. 그러나 중종은 처음에 이를 거부했다. 실력이 있으면 문제가 될 게 없다는 입장이었다. 그러나 이틀 후 결국 최세진은 강례원 교수의 자리에서 물러난다. 당시 대간의 상소 중 일부다.

최세진이 상중에 첩을 얻었다는 일에 대해 그 추안推案, 진술서을 고찰한즉 그 이웃들이 모두 상전喪前의 일로써 형을 받은 것이라고 진술했습니다. 그러나 그 집안이 장사를 업으로 했고 신분 또

한 낮으며 일찍이 부경赴京, 북경 방문할 때 남의 재물을 많이 가지고 가다가 법관에게 탄핵을 당한 바도 있으니 사표師表, 교수로서 적합하지 않음에 의심할 바 없습니다.

그러나 최세진의 실력은 당대 누구도 따라갈 수 없었다. 정확히 언제인지는 모르지만 결국 그는 승문원 사표로 일하게 되었다. 1515년 11월 14일에는 영의정 유순까지 나서 최세진을 이을 만한 후계자를 키우는 일이 시급하다고 역설한다. 유순은 "지금 문신 중에 이문 및 한음을 잘 아는 자는 다만 최세진 한 사람뿐."이라며 이 사람이 아니면 명나라와 주고받는 글이나 응답에 문제가 있으니 3년 정도 기한을 정해 "문신 중에서 나이 젊고 침착해 성질과 도량이 합당한 자 대여섯 명을 뽑아 가르치자."고 건의한다.

실력은 출중했으나 평판은 나빴다

1517년(중종 12) 12월 6일 최세진은 고급술이나 의류 등을 담당하는 내섬시의 책임자인 정(정3품직)으로 내정된다. 그러나 대간은 "최세진은 본래 물망이 없어 장관에 적합하지 않으니 개정하소서."라는 부정적 의견을 낸다. 당시 문신들은 그의 출신이 미천하다고 업신여겼다. 그러나 다음날 실록 기록을 보면 최세진 자신에게도 적잖은 문제가 있음을 알게 된다. 당시 이런 논란이 있을 때 사관은 이렇게 평가하고 있기 때문이다.

최세진은 성품이 본시 탐욕스러우나 한어에 능통해 가업家業, 역관을 잃지 않았다. 요행히 과거에 올라 벼슬길이 열렸다. 강례원 교수를 겸직했는데 무릇 통사나 습독관을 선발할 때는 그 권세를 이용해 아무는 능하고 아무는 능하지 못하다 하므로 사역원 제조는 최세진의 말을 어기지 못했다. 이렇게 해서 그 직을 높이기도 하고 낮추기도 해서 경사京師, 북경에 가게 했으므로 무뢰배들이 앞다투어 그의 집에 몰려들어 만나 보기를 청했다. 또 중국을 왕래하는 자들은 자신이 얻어 온 진귀한 물품을 모두 그의 집에 실어 보냈는데 그는 태연히 받고 부끄러워하지도 않았다. 이로 말미암아 날로 가세가 풍부해졌으나 공론은 그를 비루하게 여겼다.

그럼에도 최세진은 내섬시 정을 거쳐 다음 해 4월 예빈시 부정에 임명된다. 이때도 신하들 탄핵이 이어졌지만 중종은 "최세진의 인물 됨은 자세히 알지 못하겠으나 사대事大의 일이 지극히 중요하니 그 직을 파할 수 없다."고 자신의 뜻을 관철했다. 그리고 그해 7월 주청사와 성절사가 떠날 때 최세진은 질정관으로 북경에 간다. 1520년 3월과 4월에는 여러 차례에 걸쳐 그의 자질문제가 거론됐지만 중종은 사대의 불가피성 때문에 교체 건의를 받아들이지 않았다.

통사 양성의 중요성

다음 해 1월에도 최세진은 주청사를 수행해 질정관으로 북경을 다녀온다. 그런데 2월 6일 사헌부에서는 최세진을 처벌해야 한다는 상소를 올린다. 중국 조정에서 처녀를 뽑아 가려고 한다는 말을 좌의정 남곤에게 선래 통사를 통해 서신으로 전하는 바람에 시중에서 혼사를 서두르는 등 일대 혼란이 야기됐기 때문이다. 최세진은 남곤의 지원을 받고 있었고 남곤에 대한 평판은 그리 좋지 않았다. 1년 내내 최세진을 탄핵하라는 요구가 있었지만 여름에 중국 사신이 왔을 때는 전명순과 함께 어전 통사로 활약한다.

1524년(중종 19) 최세진의 직책은 군량미를 비롯한 각종 군수품 관리와 출납을 맡아 보는 군자감정이다. 그의 후원자 남곤은 당시 영의정이었다. 중종 22년에는 겸사복장이라는 직위를 맡았다. 이는 일종의 경호실장과 비슷한 직책이면서 무관직이었다. 통사들은 문관보다는 대호군·상호군 등과 같은 무관직을 맡는 일이 많았다. 여러 가지 이유가 있겠지만 무엇보다도 문신들의 반대가 심했기 때문이다.

역대로 보면 통사의 양성과 중요성을 잘 이해하고 있었던 국왕은 세종·성종·중종일 것이다. 특히 중종의 경우에는 연산군 때를 거치며 인재들이 절멸하다시피 했기 때문에 통사 양성에 엄청난 고충을 겪어야 했다.

1528년 1월 20일 중종과 영의정 정광필, 좌의정 심정, 우의정 이행 등이 머리를 맞대고 통사 양성문제를 놓고 시름에 가까운 고민을 나누고 있다. 승문원에 한어와 이문을 잘하는 사람은 최세진 한 명뿐이고 윤개와 심달원이 한어에 장래성은 있지만 아직 실력이 모자랐다. 특히 이문의 경우에는 이을 만한 사람이 없어 걱정이라고 말한다. 이에 대해 중종은 윤개와 심달원은 곧 출발하는 성절사를 따라가 중국어 음을 익히도록 지시하면서 최세진이 사고나 병이라도 나면 곤란하니 후임자로 윤개를 키우라고 명했다. 아마도 윤개는 문제가 있었던 인물인 것 같다. 그래서 좋은 자리는 주지 말고 군직(무관)에 붙여 승문원에서 근무하도록 하라고 덧붙인다. 최세진도 사정은 크게 다르지 않았다. 고위직이기는 하지만 중종 27년에 최세진이 맡고 있던 오위 장도 군직이다.

어전 통사로 번역이론서를 펴냄

1532년(중종 27) 오위장 최세진은 1508년 명나라 무종의 황태후가 지은 『여훈女訓』을 한글로 번역해 중종에게 올렸다. 중종은 교서관으로 하여금 『여훈언해』를 널리 간행하도록 명했다.

1536년 중국 사신들이 서울에 오자 조정에서는 최세진을 어전의 문신 통사로 임명한다. 그리고 그의 후임자로 거론된 바 있는 윤개는 예비 통사, 그리고 뒤에 언급될 이화종은 일반 통사로 임명돼 명나라 사신들의 통역을 지원했다. 그런데 이때 최세진은 이미 연로해 거동이 불편했던 것 같다.

1536년 12월 12일 사역원 제조를 맡고 있던 좌의정 김안로가 아뢴 말을 보면 다음과 같다.

"최세진은 병이 들어서 예의를 차리지 못합니다. 허리 아래를 쓰지 못하고 귀도 어두워서 어전에서 통역 임무를 할 수 없으므로 윤개를 어전 통사로 삼아야 하는데, 윤개는 그렇게 될 줄 알기 때문에 요즈음 연습을 하고 있습니다. 그러나 본디 역어에 능통하지 못해 일상적인 말일지라도 알지 못하고, 알더라도 입으로 잘 말하지 못하며, 글에 관한 말이라면 더욱이 알지 못합니다."

의주에 있는 이응성을 서둘러 어전 통사로 명하고 그 자리에는 김산해를 보내는 방안을 건의해 허락을 얻어낸다. 사실상 통역현장에서는 물러난 것이다.

대신 최세진은 이때부터 각종 음운사전 및 번역이론서를 펴냄으로써 우리나라 음운학과 번역이론에 우뚝 선 업적을 남기게 된다.

우선 최세진은 1537년 12월 15일 『운회옥편韻會玉篇』과 『소학편몽小學便蒙』을 중종에게 가지고 들어와서 이렇게 말한다.

우리나라에는 『운회』가 있으나 『옥편』이 없기 때문에 상고해 보기가 어려우므로 신이 글자의 유類를 모아 『운회옥편』을 만들어 바칩니다. 만약 간행하도록 하신다면 글자를 상고하는 데 보탬이 있을 것입니다. 그리고 우리나라는 『소학』으로 자제들을 가르치는데 내편內篇은 모두가 본받을 만한 성현의 일이지만 외편外篇은 아이들이 배우는 데 긴요하지 않은 듯하고, 또한 두루 읽을 수 없기 때문에 신이 그중에서 본받을 만한 일을 유類대로 뽑아 4권으로 나누어 만들어서 바칩니다.

본편本篇에서 더하거나 덜어 버린 것이 없습니다. 간단하고 복잡하지 않으며 편리하고 쉬우니 만약 간행하도록 명하신다면 아이들이 배우는 데 보탬이 될 것입니다.

중종은 기뻐하며 가자加資, 승진하라고 명했다. 게다가 술과 함께 당시로서는 국왕이 내리는 최고의 선물인 안장 갖춘 말까지 선물로 받았다. 물론 이는 학문을 아는 중종이었기에 가능한 일이었다. 그리고 2년 후인 1539년 5월 17일에는 상호군에서 부호군으로 승진한 최세진이 『대유대주의大儒大奏議』(전2권)와 『황극경세서설皇極經世書說』(전12권)을 올렸다. 이미 최세진은 자신이 직접 언해한 『효경』 『소학』 『훈몽자회訓蒙字會』 『사성통해四聲通解』 등을 올린 바 있다. 이때 그는 승문원을

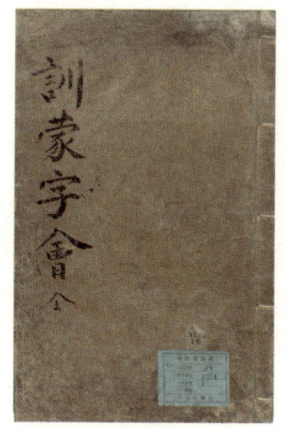
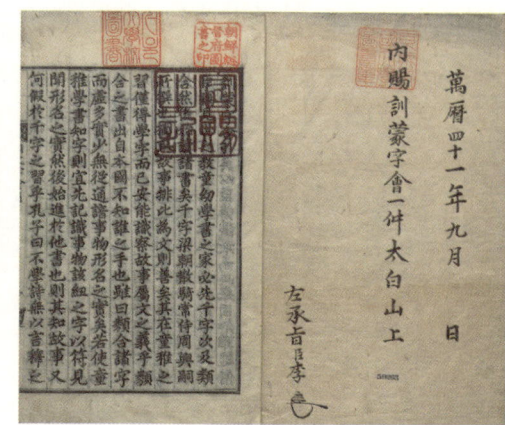

최세진이 펴낸 한자 학습서인 『훈몽자회』의 표지와 본문 내용

책임지는 제조이기도 했다. 그래서 또다시 가자를 명하자 이번에는 대간에서 반대상소가 올라왔다. 그 바람에 그의 가자는 취소됐다.

같은 해 8월 7일 이문 시험에서 최세진이 수석을 차지해 다시 특진했다. 그래서 2년 후인 10월 13일에는 문신들도 쉽게 오르기 어려운 중추부 동지사에 올랐다. 그리고 이때에도 중국 남경의 궁궐지도인 〈경성도지京城圖志〉와 명나라 진막의 아내 정씨가 『효경』을 모방해서 지은 『여효경女孝經』 각 1책을 구해 올린다. 또 요동에 관한 상세한 지도 한 축을 함께 올렸다.

중인으로 가업을 이어 통사 업무에 뛰어든 최세진은 1542년 2월 10일 숨을 거두었다. 그에 관한 졸기의 일부다.

최세진은 미천한 가문에서 태어났는데 어려서부터 학문에 힘썼으며 더욱이 한어에 정통했다. 이미 등제登第해서는 모든 사대에 관한 이문을 모두 그가 맡아 보았고, 추천받아 발탁되어 벼슬이 2품에 이르렀다. 저서인 『언해효경諺解孝經』 『훈몽자회』 『이문집람吏文輯覽』이 세상에 널리 퍼졌다.

탁월한 화술로 반정 승인을 얻어내다
• 이화종

반정세력의 외교적 숙제 해결

'폭군' 연산군을 내몰고 반정을 통해 이복동생 중종이 들어섰으나 명나라는 새 정권을 승인하지 않았다. 아마도 시간을 갖고 지켜보려 했을 것이다. 그리고 3년이 지난 1508년(중종 3) 1월 5일 주문사가 마침내 새로운 왕을 승인한다는 내용을 담은 '습봉문서襲封文書'를 받아 왔다. 이때 주문사의 통사가 이화종李和宗이다. 반정세력으로서는 가장 큰 외교적 숙제를 해결하는 순간이었다. 이화종은 명나라 황제로부터 왕비에게 내리는 서양포西洋布 10필을 받아와 전하기도 했다. 말 그대로 서양에서 온 옷감이었다. 서양포에 대해서는 이수광이 『지봉유설』에서 "매우 가볍고 가늘어 매미 날개와 같다."고 한 것으로 보아 아주 고급 옷감이었던 것 같다.

그후 이렇다 할 활약을 보이지 않던 이화종은 1518년(중종 13) 4월 23일 주청사로 북경을 다녀와 동료 통사 돈백형과 함께 노비와 전지를 하사받는다. 통사로서 실력과 활동을 꾸준히 인정받고 있었던 것이다. 2년 후 3월 18일 경연에서 중종은 중국어와 이문을 주제로 신하들과 토론을 벌인다. 연산군 때의 암흑기를 지난 후 중종은 성종 못지않게 대명외교를 중요하게 생각했기 때문에 이문 학습과 통사 양성에도 각별한 관심을 쏟은 국왕이다. 그런데 뜻대로 인재가 배출되지 않은 것 같다. 연산군 때의 공백도 컸다.

중종은 중국에 사신을 보내는 문제로 이야기하다가 승문원을 맡고 있는 이화종과 최세진을 동시에 북경에 보내게 되면 일의 공백이 생기므로 곤란하다고 말한다. 그만큼 이화종은 중요한 위치에 있었다는 뜻이다. 그리고 김정은 그 자리에서 이렇게 말한다. 당시 통역관 양성의 문제점을 보여 주는 지적이다.

"근래에 이문과 한어를 이습肄習시키는 일에 대해서는 국가에서 권면하는 방도가 전일과 다름없는데도 이습하는 관원과 통사들이 태만해 스스로 힘쓰지 않아서 끝내 효과를 보지 못하니 우려하지 않을 수 없습니다."

이날 논의의 끝에 이화종이 주청사의 일원으로 중국에 가게 된다. 그리고 12월 26일 주청사보다 먼저 서울로 돌아온 이화종은 명나라 조정 내부의 상황을 상세하게 중종에게 보고한다.

그런데 아마 이때 중국에서 보고 들은 일 때문에 이화종과 최세진은 큰 봉변을 당하게 된다. 1521년 1월 초 이화종은 투옥된다. 앞서 보았듯이 명나라 조정이 조선의 처녀들을 구한다는 이야기를 듣고 조정에는 보고하지 않은 채 시중에 흘려 사방에서 처녀들을 일찍 결혼시키려고 대혼란이 일어났기 때문이다. 특히 이때의 처녀들은 후궁을 뽑으려는 게 아니라 청춘남녀를 선발해 음란한 짓을 하게 해놓고 황제가 감상하기 위한 용도라는 이야기까지 덧붙여져 혼란은 더욱 심했다. 좌의정 남곤이 나서 이화종을 변호해주기도 했다. 그러나 사헌부 등에서는 이화종이 유언비어를 퍼트렸으니 중죄로 다스려야 한다고 주장했다.

그러나 4월이 되면 이화종은 옥에서 풀려나 다시 중국에서 온 사신을 접대하는 외교현장으로 복귀한다. 그리고 이때 중국 사신을 잘 접대하고 처녀들을 명나라에 보내는 문제를 해결한 공으로 7월 12일 이화종은 동료 통사 안훈·이세규와 함께 품계가 1품계 올랐다.

모두에게 실력을 인정받다

1523년(중종 18) 8월 12일 중국에 사신을 보내는 문제를 논의하다가 영의정 등이 이화종은 통사보다는 그보다 낮은 압마관으로 보내는 게 어떻겠냐는 의견을 낸다. 이에 대한 중종의 답변을 보면 이화종에 대한 중종의 신임을 짐작할 수 있다.

"중국에서 이번 일의 자초지종을 묻는다면 과연 그것을 알고 답할 사람이 몇이나 되겠는가? 이화종을 보내도록 하라."

같은 해 9월 25일에도 경연 영사 권균은 이화종을 극찬한다.

"사대하는 일은 온 나라가 중하게 여기는 것인데, 역어譯語하는 자가 없으면 어떻게 뜻을 통할 수 있겠습니까? 중국어를 잘 아는 자로는 다만 이화종 한 사람이 있을 뿐이고 다시는 잇는 사람이 없어서 명색이 통사라는 자가 그 말만 외우지 그 소리를 알지 못합니다."

이화종은 통사이기는 했지만 이문에도 능했던 것으로 보인다. 1528년 4월 9일 우승지 윤인경이 북방을 지키는 문제와 관련된 글을 병조와 비변사에 함께 올리면서 이렇게 말한다.

"건주위에서 온 문서를 이화종으로 하여금 번역하도록 했고, 여기서 회답하는 말도 번역하지 않으면 그들이 알아보지 못할 것이기 때문에 이문으로 번역하도록 했습니다."

이화종이 이문을 우리말로 번역했고 다시 회답을 이문으로 번역했다는 뜻이다. 그리고 같은 해 이화종은 도망쳐 온 중국 사람을 요동으로 보내는 압해관 임무 등을 수행한다. 총애에 비해서는 다소 보잘것없는 업무까지 하고 있는 것이다.

4년 후인 1532년에도 이화종에 관한 기록이 2건 나오는데 모두 요동과 관련된 일이다. 이는 1536년까지도 계속된다. 그해 4월 1일에는 중종과 독대한 자리에서 요동의 정세를 상세하게 보고한다. 그 자리에서 중종은 "이는 모두 요동의 일이다. 북경 일에 대해서는 들은 바가 없는가?"라고 하자 이화종은 "없다."고 말한다. 그만큼 이 시기 이화종의 임무는 주로 요동지방과 관련되어 있었던 것이다.

국경분쟁과 여진족 문제 처리

1536년(중종 31) 12월의 실록을 보면 이화종은 이미 어전 통사, 즉 임금 전담 통역사가 되어 있다. 또 12월 10일자 기록에는 '이화종이 당상, 이응성이 당하'라는 중종의 언급이 나온다. 즉 이화종은 어전 통사이자 당상관 지위에 오른 것이다. 그런데 흔히 통사들이 이처럼 높은 지위에 오르게 되면 그 과정에서 대간이나 신하들이 "역관을 너무 높여서는 안 된다."며 심하게 반발하는 게 관례인데 그런 기록이 없는 것으로 보아 이화종의 실력이 아주 뛰어났거나 대인 관계가 원만했다고 볼 수 있다.

그런데 어전 통사가 되면 북경이나 요동을 드나드는 일보다는 서울로 찾아오는 각종 사신을 접대하는 게 주업무다. 1539년까지의 기록은 대부분 그런 것들이다. 1540년 4월 10일에는 이화종이 젊어서 주로 했던 업무 중의 하나, 예를 들어 위화도와 같은 접경 지역에서 조선 농민들이 농사짓지 못하게 하는 일을 누가 이어받을 것인가를 논의하다가 후배 통사 이응성이 물려받는다.

"통사 이화종이 전에도 이런 일 때문에 자주 그곳에 갔는데 중국 사람이 해치려 하므로 가까스로 죽음을 면하고 돌아왔습니다. 이번에는 이응성이 당상관이 되었고 또 중국어에 정통해 이 일을 감당할 수 있으니, 응성을 들여보내는 것이 어떻겠습니까?"

중종은 그렇게 하는 게 좋겠다고 답한다. 1535년을 전후한 기록에 "화종은 늙었다."는 표현이 등장하는 것으로 보아 이미 이때 그의 나이 일흔이 가까웠던 것 같다. 1540년 12월 18일 이례적으로 신하들은 이화종이 위화도 등의 문제로 공이 많았다며 '첨지'로 임명할 것을 건의한다. 그후에도 이화종은 요동을 수시로 오가며 국경분쟁과 여진족 문제를 처리하는 데 공을 세웠다. 1542년 10월 22일에는 신하들이 북방의 정세를 논의하다가 이렇게 말한다.

"현재 요동에 가 있는 이화종은 일을 아는 역관이어서 달자들_{오랑캐의 한 부족}의 변란 소식과 사태의 완급에 대해 틀림없이 갖추 알아서 돌아올 것입니다."

이화종에 대한 조정 대신들의 믿음이 어느 정도였는지를 잘 보여주는 언급이다.

명나라 사신의 청탁에 의한 승진 논란

1545년(인종 1) 5월 10일 명나라 사신이 이화종을 승진시켜 달라고 청탁을 해서 그를 가선대부로 제수하려 하자 신하들이 반론을 제기했다. 무반 종2품 하계에 해당하는 가선대부嘉善大夫라는 품계가 얼마나 높은지는 그에 해당하는 실무직위를 보면 알 수 있다. 즉 군君·위尉·동지사同知事·참판參判·좌우윤左右尹·대사헌大司憲·제학提學·부총관副摠管·훈련대장訓鍊大將·수어사守禦使·통제사統制使 등이 여기에 해당하는 벼슬이다. 정확히 일치하지는 않지만 오늘날의 차관급에 해당한다.

"중국 사신의 청에 따라 이화종에게 가선대부를 특별히 제수하라는 명이 계셨으나, 중한 작명爵命을 어찌 중국 사신의 사사로운 청에 따라 가자할 수 있겠습니까. 이런 꼬투리가 한번 열리면 역관의 무리가 힘써 그들의 뜻을 기쁘게 하려고 무슨 짓이든 다해 제 사사로운 욕심을 성취할 것이니 뒤 폐단이 그지없을 것입니다. 뒤에 오는 중국 사신이 이 말을 들으면 또한 반드시 청하는 것이 있을 것인데, 어찌 죄다 따를 수 있겠습니까. 빨리 성명成命을 거두소서."

그러나 이에 대한 인종의 답변은 단호하다.

"이화종의 일은 중국 사신의 청을 식언食言할 수 없는데다 더구나 나이가 든 만큼 오래 벼슬한 사람인데, 이제 이 자품資品을 올려 주는 것이 어찌 놀랍고 괴이하기에 감히 이런 말을 할 수 있는가."

그후 약 한 달 동안 30건이 넘는 대간의 비판이 이어졌지만 인종은 이화종의 가선대부 제수를 끝내 철회하지 않았다. 그러나 그후 이화종에 대한 기록이 실록에서 사라진 것으로 보아 인종 재위 중에 사망한 것으로 보인다.

온갖 수모를 견디고 당상관에 오르다
• 이응성

일찌감치 오른 어전 통사

이응성에 관한 기록이 처음 나오는 것은 1534년(중종 29) 1월 21일이다. 이때 조정에서 압록강 하구 위화도·금동도 등에서 중국인이 농사짓지 못하도록 하는 문제를 주제로 논의하고 있다. 이에 따르면 중국과 우리가 서로 그 지역에서 농사짓지 않도록 합의를 했는데 '저들이 이 같은 법령을 듣지 않고 우리 지역에 침입해 노략질도 하고 고기도 잡으니' 이를 금해야 한다는 것이다. 그래서 조정에서는 사은사를 수행해 북경에 가 있는 이응성에게 일러 오는 길에 요동에 들러 이 문제를 해결하라고 명한다. 아마도 이 일은 마무리가 잘된 것 같다. 그에 관한 이야기가 더 나오지 않기 때문이다.

2년 후인 1536년 12월 10일 중종은 승정원에 다음과 같은 지시를 내린다.

"이번에 원접사遠接使가 통사 이화종과 이응성을 데리고 가는데, 이화종은 당상관이고 이응성은 당하관이다. 그런데 중국 쪽의 부사가 성질이 급하다 하니 우리나라가 사신을 대우하는 것이 저들과 같지 않다 해 성내는 폐단이 있을까 염려된다. 이응성을 임시로 당상을 삼았다가 명나라 사신이 돌아간 뒤에 곧 본직本職으로 돌리는 문제를 삼공三公·영의정·좌의정·우의정이 의논하도록 하라."

원접사란 먼 곳까지 가서 접대를 하던 사신이라는 뜻으로 조선시대 때 중국의 사신을 맞아들이던 임시 관직이다. 일반적으로 2품관 중에서 덕망 있는 사람을 선발해 의주까지 사신을 마중 가서 잔치를 베풀고 영접케 했다. 사신이 돌아갈 때는 반송사伴送使라 해서 다시 의주까지 수행해서 환송했다.

여기서 중종의 이야기는 중국 쪽에서 오는 정사의 통역은 이화종이 맡고 부사는 이응성이 맡는데 그 부사가 성질이 고약했던지 이응성의 관직이 낮다고 시비를 걸 것을 우려해 이렇게 대책 마련을 지시하고 있는 것이다. 그러나 삼공의 논의 결과 그냥 당하의 직위를 유지하기로 한다. 이응성으로서는 실망스러웠을 것이다. 조선시대 때는 이런 식으로 해서 임시로 진급이 되었다가 계속 그 직위를 유지하는 일들이 종종 있었기 때문이다. 결국 이응성은 당하관으로 의주로 떠난다.

그러나 이틀 후 이응성에게는 뜻밖의 좋은 일이 생긴다. 앞서 본 대로 당시 사역원 제조였던 좌의정 김안로가 현재 어전 통사를 맡고 있는 최세진이 병들어 허리 아래를 쓰지 못하고 귀도 어두워 통사의 임무를 수행하기 곤란한 지경이라고 보고했다. 또 당대의 실력자였던 김안로는 최세진의 후임으로 예정된 윤개가 "요즈음 연습을 열심히 하고 있지만 원래 역어에 능통하지 못해 일상적인 말도 알지 못하고, 알더라도 잘 구사하지 못하며, 글에 관한 말이라면 더욱 알지 못한다."
며 "부사 통사 이응성이 지금 의주로 출발했는데, 통사 김산해를 빨
리 보내 그 직임을 대신하게 하고 이응성을 올라오게 해 윤개와 함께
어전 통사로 삼아야 합니다."라고 했다. 이렇게 해서 이응성은 전혀 뜻
하지 않게 어전 통사에 올랐다.

어전 통역의 고초

아주 드물게 당시 어전 통역이 구체적으로 어떻게 이뤄졌고 어떤 어
려움이 있었는가를 보여준 사례가 1536년 12월 30일자 실록에 실려
있다. 이응성이 어전 통사가 된 지 불과 20일도 안 된 시점이었다. 이
날 중종은 성종 때 중국 사신들이 와서 성종과 대화를 나눈 기록들
을 검토한 후 승정원에 다음과 같은 지시를 내린다.

"성종께서는 사신과 함께 있을 때 『시경詩經』의 말을 묻는 대로 답
했고 사신도 그것을 좋아했다. 그렇지만 성종께서 어찌 답할 말을 혼
자서 다 생각해 내실 수 있었겠는가. 그때의 어전 통사 이창신이 글
을 잘 알아서 듣는 대로 곧 답할 말을 생각해 성종께서 미처 생각하
지 못하시더라도 무슨 말로 답하시라고 아뢰었으므로 그 문답을 지
금 읽어 보니 참고할 바가 많다. 이번에 윤개와 이응성이 어전 통사가
되었는데, 이응성이 말을 잘하는지 모르겠으나 글에 대해서는 익숙하
지 못하다. 도승지 박홍린과 윤개가 내 곁에 가까이 있다가 내가 미처
생각하지 못하더라도 답할 말을 생각해 곧 우리말로 아뢰면 중국 사
신은 무슨 말인지 모를 것이다.

사신이 물었는데 내가 답할 말을 생각하지 못하고, 아랫사람도 위

에서 묻기를 기다려서 아뢴다면 지체하는 사이에 매우 어색해질 것이다. 도승지와 윤개는 미리 이 뜻을 알아서 내가 묻기를 기다리지 말고 답할 말을 아뢰도록 하라."

말은 이응성이 잘하더라도 학문에는 익숙하지 않으니 문신인 윤개와 도승지가 옆에서 도우라는 말이다. 그러나 이게 말처럼 쉬운 게 아니다. 도대체 어떤 상황에서 어떤 질문을 던질지 안다는 것은 기본적으로 불가능하기 때문이다. 다만 적절한 시점에 그에 어울리는 시구를 인용하는 문제에 대해 도승지는 이렇게 보고한다.

여악女樂을 물리쳤거나 술잔을 권하면서 위로하거나 이별을 하려 할 때에는 시구를 써야 할 것입니다. 그래서 신이 윤개와 의논해 그때그때 쓸 만한 시구들을 뽑아 아뢰겠습니다. 글에 관한 말은 한어漢語로 전달하기 매우 어려우므로 한 자라도 잘못 전달하면 그가 알아듣지 못할 것이니, 어전 통사가 알아서 하지 않으면 안 되므로 의논해 미리 뽑으려 합니다. 신은 이 분부를 받잡고 밤낮으로 생각하고 예전 기록들을 두루 살펴 답할 말을 예상해 쓸 만한 것들을 모두 뽑았습니다. 그러나 난처한 물음을 듣고 미처 답하지 못할 것을 생각하니 참으로 황공합니다.

약소국 임금이 강대국과 외교를 하면서 느껴야 했던 어려움이 고스란히 전해진다.

당대의 모사꾼 김안로와의 관계

앞에서도 이응성을 어전 통사로 강력하게 추천한 인물이 김안로였다는 것을 살펴본 바 있다. 그의 추천이 있어 이응성은 윤개와 함께 어전 통사가 될 수 있었다. 여기서 우리는 김안로와 윤개에 관해 간략하게 살펴볼 필요가 있다.

김안로金安老, 1481~1537는 1506년(중종 1) 문과에 장원으로 급제해 성균관 전적에 임명되었다. 1511년 사가독서 후 직제학 부제학 대사간 등을 역임했고, 1519년 대사헌에 올랐다. 그해에 아들 김희가 인종의 누이인 효혜공주와 결혼해 연성위에 봉해지자 이조판서로 영전했다. 이후 권세를 독차지해 정사를 어지럽혔다는 비판을 받았고, 결국 영의정 남곤과 대사헌 이항 등의 탄핵으로 경기도 풍덕에 유배당했다.

그러나 1527년 풀려나 1534년 우의정, 다음 해 좌의정에 올랐다. 귀양에서 돌아와서는 수단과 방법을 가리지 않고 정적 축출을 일삼고 공포정치를 행한 끝에 1537년 문정왕후의 폐위를 도모했다. 그러다가 중종의 밀명을 받은 윤안임과 대사헌 양연에게 체포되어 유배되었다가 사약을 마시고 세상을 떠났다.

한편 김안로보다는 열세 살 어린 윤개尹漑, 1494~1566는 1516년(중종 11) 문과에 급제해 홍문관 저작을 지냈으며, 1519년 이조좌랑이 되어 사림士林을 등용하기 위해 많은 노력을 했다. 그해에 기묘사화가 일어나자 외직으로 좌천되었으나 중국어에 능통해 명나라와의 외교활동에 종사했다. 1534년에는 명나라로부터 역청瀝青·백철白鐵의 제조법을 배워 왔고, 명나라의 조복朝服을 얻어 와 의복제도를 개정하게 했다. 1538년 충청도 관찰사·전라도 관찰사를 거쳐 1544년 한성부 좌윤을 역임했다. 인종이 즉위하자 예조판서가 되었고 명종 즉위 후 윤원

형이 을사사화를 일으키자 이에 가담해 보익공신 2등에 책록되었다. 1550년 이조판서를 거쳐 1551년부터 8년간 우의정을 역임했고, 이어 좌의정에 올랐으나 탄핵을 받고 면직되어 사역원 제조로 일했다. 1537년(중종 32) 1월 17일 중종은 김안로 등을 불러 국정과 관련된 의견을 나눈다. 이때 김안로는 어전 통사문제와 관련해 이렇게 건의한다.

어전 통사 윤개는 이미 죄를 지었으니 그를 대신할 사람을 미리 정하지 않을 수 없으나 마땅한 사람이 없습니다. 최세진은 귀가 어두워서 또한 직임을 감당할 수 없습니다만 날씨가 따뜻해지면 귓병이 조금 나아질 것이라 하니 주양우·이응성을 뒤에서 돕게 하면 될 것입니다. 다만 주양우는 일을 경험하지 못했으므로 해낼 수 있을지 알 수 없으나 주양우가 올라온 뒤에 최세진·이응성 등과 함께 사역원에 상근하면서 연습하게 하는 것이 어떻겠습니까?

공동 어전 통사였던 윤개를 몰아내고 그 자리에 이응성을 밀어 넣은 것이다. 이에 대해 중종은 그대로 하라고 말한다. 이 무렵 김안로는 아들이 국왕의 사위가 됨으로써 막강한 권력을 행사하고 있었다. 실록에 따르면 윤개도 김안로의 모함에 희생당해 벌을 받아야 했다.

30대 초반에 당상관이 되다

김안로는 1537년 사약을 받고 세상을 떠났다. 만일 이응성이 김안로의 측근이었다면 화를 면키 어려웠을 것이다. 그러나 김안로가 이응성을 밀고 윤개를 배척한 것은 윤개와의 적대적 관계가 더 크게 작용한 때문이었다. 그래서 이응성은 김안로가 죽은 후에도 건재했다. 윤개도 복권되어 다시 '투톱' 어전 통사를 맡는다. 다음 해인 1538년 10월 5일 중종은 승정원에 글을 내려 문신들도 중국어 통역을 잡술雜術이라 해 멀리하지 말고 가까이할 것을 권했다. 그중에 이런 대목이 나온다.

요즈음 이문과 한어에 대한 일을 보니 매우 긴요한 것인데도 전혀 힘쓰지 않고 있다. 이문은 쉽기 때문에 혹 능숙한 사람이 있으나 한어는 잡술이라 해 문신들이 이를 부끄럽게 여겨 배우려고 하지 않는다. 문신에게 한어를 가르치는 것은 중국 사신을 접대할 때 답하기 어려운 문자를 해석하게 하려는 것이다. 지금은 통사 이응성만 있을 뿐이다. 옛날에는 이창신과 최해가 모두 문사였지만 통역에 능했는데도 이를 부끄럽게 여기지 않았다.

이응성에 대한 중종의 애정도 각별했다. 1539년 4월 18일 중종은 중국 사신들이 돌아가자 어전 통사 윤개와 이응성에게 말 1필씩을 하사했고 예비 통사 격인 전명순과 주양우에게 새끼말 1필씩을 상으로 내렸다. 그러면서 이응성에게는 지난해 받은 정3품에 맞는 직책을 주라고 명한다. 즉 1538년 무렵 이응성은 당상관 통사가 되어 있었던 것이다. 그리고 이에 관한 대간들의 비판상소가 전혀 없는 것으로 보아 이응성은 실력이나 인품 면에서도 상당한 인정을 받고 있었다고 볼 수 있다.

다행스럽게도 이 무렵 이응성의 나이를 알 수 있는 단서가 나온다.

중종은 당상관이 된 이응성에게 그에 걸맞은 직책을 마련해 줄 것을 제안한다. 당시 중국 측 압력으로 통사들이 정3품 이상에 오르는 경우가 종종 있었지만 거기에 해당하는 직책이나 자리를 마련해 주지는 않았다. 즉 이름뿐인 한직을 준 것이다. 그러나 중종은 실권이 있는 자리를 주려고 했다. 이것만으로도 파격이다. 신하들도 이응성의 실력에 관해서는 전혀 시비를 붙이지 않는다. 4월 21일자의 기록이다.

중국 사신과 교제할 때는 역관의 힘을 빌려서 하는데, 이응성은 중국말에 능통하고 자질 또한 총명해 동류 중에 가장 뛰어나니 그를 장려해 나머지 사람들을 격려하는 일은 상의 재량에 달렸습니다.

다만 김극성이라는 신하는 "이응성에게 특별한 은전을 베풀어 후배들을 격려하는 것은 타당할 듯합니다. 다만 관직은 함부로 줄 수는 없습니다. 이응성은 이제 겨우 30세를 넘겼는데 잡기雜技로써 높은 지위에 오르게 되면 중국 사신이 보고서 우리나라는 관작을 천하게 남용한다고 여길지도 모르니, 또한 수치입니다. 뒷날 공로를 쌓을 때까지 기다렸다가 승급시켜도 늦지 않을 것입니다."라고 했다.

즉 이때 이응성의 나이는 30대 초반이었던 것이다. 양반 출신도 아닌 이응성이 30대 초반에 당상관이 되었다는 것은 그가 그만큼 뛰어난 통사였다는 것을 반증해 주고도 남는다.

이응성은 1540년 2월 9일 주청사 권벌을 수행해 북경을 다녀왔다. 이때의 공으로 이응성은 1품계 승진과 밭 10결을 상으로 받았다. 이 승진으로 이응성은 정3품 하계에서 상계로 뛰어올라 마침내 꿈에도 그리던 당상관이 된다.

　여기서 주청사란 하정사나 천추사 같은 정기적인 사신 이외에 정치 외교적으로 명나라에 청할 일이나 알려야 할 사항이 있을 때 임시로 파견한 사신단이다. 주청의 주요 내용은 주로 중국 측 항의에 대한 해명, 국내의 중대사건에 대한 보고, 고명誥命이나 인신印信의 수령 등이다. 그 밖에 연호 사용, 내정간섭에 대한 항의, 일본정세 등의 보고, 청병·원병·파병 등의 군사문제에 대해서도 주청사가 파견되었다. 구성원은 정사·부사·서장관혹은 종사관이라고도 함·통사·의원·사자관寫字官·화원 등을 중심으로 노비까지 합쳐 40여 명 내외였고 이들이 중국 수도에 머물 수 있는 기간은 대략 40~60일 정도였다. 일종의 비자 기간인 셈이다. 대개 서울에서 북경까지 2,049리의 육로를 택했고 기간은 왕복 30일 정도가 걸렸다고 한다.

　4월에는 의주 일대에 중국 사람들이 들어와서 농사짓는 문제와 관련해 요동에 항의하기 위해 조정에서는 이응성을 파견하기로 한다. 이미 금동도와 위화도 문제를 성공적으로 처리한 경험이 있었기 때문이다.

장100대, 추탈, 유배

　1540년 한 해는 이응성의 삶에 있어 호사다마라는 말이 딱 적용된다. 30대 중반에 신분의 한계를 극복하고 당상관에 올랐지만 결국은 나락으로 떨어질 위기를 맞게 된 것이다. 이 사건은 보기에 따라서는 사소할 수도 있지만 신분에 어울리지 않게 당상관까지 오른 이응성에 대한 문신들의 거부감이 그만큼 컸기 때문으로 볼 수 있다.

그해 9월 26일 잘나가던 이응성은 사헌부의 탄핵을 받는다. 요지는 이렇다. 이응성이 주청사로 갔다 와서 보고한 내용 중 일부가 사실이 아닌 것으로 드러났다. 그래서 사은사로 갔던 김인손이 확인한 결과 이응성이 자기 공을 부풀리기 위해 명나라에서 하지도 않은 말을 한 것처럼 꾸몄다는 것이다.

그러나 중종은 이응성을 소극적으로나마 변호해 준다.

"사신을 접견할 적에 내가 직접 보니 서로 가까이 있었는데도 전하는 말이 많이 틀렸을 뿐만 아니라, 사신이 길게 말했는데 통사는 짧게 말하기도 했고 사신이 짧게 말했는데 통사는 길게 말하기도 했다. 중간에서 양쪽의 말을 전달할 때 잘못 듣는 경우가 어찌 없겠는가."

다시 말해 의도적으로 그런 것이 아니라 통사로서 한계가 있었기 때문에 그전에도 그 문제로 처벌하지 않았다는 것이다.

"분명 잘못 들어서일 것이다."

그러나 9월 28일 영의정 윤은보까지 비판하고 나선다.

"이응성이 아무리 이름난 역관이라 하더라도 중국 사람의 언어를 환히 알기는 어려울 것이니 서로 문답할 때에 잘못이 있을 수 있습니다. 다만 중국 사신이 했다는 말의 앞뒤가 전혀 다른 것을 보면, 아마도 거짓말을 덧붙여 자기의 공을 내세우려 한 듯하니 끝까지 추고해 엄히 다스려야 합니다."

연일 사헌부 등의 상소가 이어지자 결국 이응성은 장 100대와 고신 추탈追奪, 관직을 맡을 수 있는 자격을 빼앗김을 당하고 유배를 떠난다.

그러나 1년도 지나지 않은 1541년 5월 8일 중종은 이응성을 복권시키라고 명한다. 다소간의 반대가 있긴 했지만 이응성은 다시 통사의 업무에 복귀한다. 그가 현업활동에 복귀한 첫 기록은 1544년 3월

20일 압해관으로 중국사람 2명을 데리고 요동에 간 것이다. 그리고 인종 때에도 이응성은 계속해서 어전 통사로 활약한다. 그의 나이 마흔을 갓 넘겼을 것이다.

1545년(인종 1) 5월 17일 명나라 사신과 부사가 와서 인종에게 통사 최세영과 홍겸이 부지런하고 열심히 일한다며 직급을 올려달라고 청하는데 그 자리에서 통역을 맡은 게 바로 이응성이다. 이때의 공적으로 이응성은 6월 5일 다시 당상관으로 복귀한다. 흥미롭게도 당시 사신이 왔을 때 윤개는 예조판서로서 사신을 잘 모셨다고 해 이응성이 당상관으로 복귀하던 날 인종으로부터 잘 길들인 말 1필을 하사받았다.

이응성은 윤개와 함께 명종에게도 총애를 받았다. 그러나 아쉽게도 1546년(명종 1)에 사신 통역을 맡는 등 맹활약을 보이다가 갑자기 기록이 끊긴다. 이런 경우는 사망한 것으로 봐야 할 것이다.

탄핵의 표적이 된 풍운의 역관

• 김산해

통사들을 처벌하라!

1523년(중종 18) 5월 19일 조정에서는 심각한 회의가 열리고 있었다. 명나라 조정이 보낸 문서에 '조선이 명나라를 대하는 예법이 전만 못하다'는 경고가 포함되어 있었기 때문이다. 게다가 이례적으로 '통사들을 처벌하라'는 구체적인 지침까지 들어 있었다. 북경에서 도대체 무슨 일이 있었기에 이런 경고문서가 날아든 것일까?

간단히 말하면 사신 일행이 모두 48명임에도 16명만 공식행사에 얼굴을 내밀었다는 것이다. 그러면서 중국 쪽에서는 통사 김산해金山 海가 잘 단속하지 못해 전원 참석하지 못한 것이라며 김산해를 처벌하라고 밝혔다.

당시 김산해와 함께 갔던 통사는 권근련이었다. 그런데도 김산해만 처벌하라고 한 것은 아마도 김산해가 권근련보다 서열이 높았기 때문일 것이다. 5월 22일 사헌부는 이미 장형을 받고 보석처리 된 김산해와 권근련에 대해 추가로 귀양 보낼 것을 건의했다. 그러나 중종은 김산해가 사신 일행을 단속해야 할 책임은 없으니 귀양을 보내지 말라고 명했다. 사실 굳이 책임을 따지자면 사신과 감찰한테 있는 것이지 통역 책임을 맡은 김산해에게 물어서는 안 된다는 것이다. 정확한 지적이다.

그러나 다시 중국을 다녀온 김산해에 대한 사간원의 탄핵이 같은 해 10월 25일 올라왔다. 중국을 오가며 은밀하게 무역을 하면서 자신이 데리고 있는 인부가 말을 듣지 않는다는 이유로 명나라 예부에 고해 엄한 처벌을 받게 했고, 결국 그 인부가 목매어 죽었다는 것이다. 이 일로 김산해는 의금부에 투옥되었고 밀무역했던 물건들도 모두 관가에 압수당했다.

수사관 역할을 맡다

김산해에 대한 기록이 다시 등장하는 것은 1535년(중종 30) 7월 1일이다. 이때는 국경 지역 세 곳의 섬에서 농사짓는 문제를 놓고 갈등이 심할 때였다. 이때 이들 섬에서의 농사를 금지하는 문제를 명나라 조정에 고하려 하자 요동의 중국 사람들은 "굳이 그런 일까지 자신들의 상부인 명나라 조정에 고할 필요가 있느냐"며 불쾌감을 표시했다. 요동 관리들로부터 이 불쾌감을 전해 듣고서 조선 조정에 전달한 인물이 바로 김산해다. 대단히 중요한 정보였다. 결국 요동에서 조치하는 것을 보고 맞대응하기로 결론을 내린다.

1537년 3월 11일 중국에서 사신이 오자 중종은 태평정에 거둥했다. 통역은 전명순이 맡았다. 명나라의 정사는 "여기 이통사(이응성)는 매우 성실해 말을 전할 적에 보면 근신하고 조심하느라 땀이 물 흐르듯 하니 근신하고 순후한 사람이라 하겠습니다. 이화종과 김산해도 근신한 사람이니 이런 뜻을 모두 국왕께 말씀해 주시오."라고 말한다. 중종은 당연한 일이라고 답한다. 사실상 인사청탁이었으나 중종은 모른 척 넘어간다. 간혹 이런 일도 있었다.

그런데 함께 왔던 나머지 사신들은 정사보다 질이 낮았던 것 같다. 다음날인 3월 12일 승지 강현은 김산해의 보고라면서 의견을 물어왔다.

"천사가 데리고 온 유생 전순錢循이라는 사람이 백사白絲 40근과 비단 20필을 가지고 와 인삼과 표범 가죽을 무역하고자 하면서 하는 말이 '만일 천사가 이런 일을 알게 되면 반드시 죄를 물을 것이니 원접사에게도 알리지 말고 밀매를 허락해 달라.'고 했답니다. 어떻게 해야 되겠습니까?"

3월 13일에도 두목들이 비단 등을 이화종에게 주면서 우리나라 토산품과 바꿔 달라고 했다. 승정원에서는 두목들의 이런 행위가 모두 천사의 지시에 따른 것이라고 보고한다.

사신들이 돌아간 이후인 4월 23일 중종은 신하들과 조정에서 이런 저런 이야기를 나누다가 김산해와 관련해 들은 이야기를 털어놓는다. 이번에 사신을 따라왔던 두목들이 태평관에 있는 소소한 물건들을 모조리 훔쳐갔다는 것이다. 그래서 일부 두목들이 이를 천사에게 고하려고 했는데 통사 김산해가 적극 말렸다는 게 문제가 된다. 중종은 "산해가 자기 멋대로 말려서 두목들이 교만하고 건방지게 굴었으니 부득이 이 자의 죄를 다스리라."고 명한다.

설상가상으로 당대의 실력자이자 사역원 제조 김안로는 같은 날 천사가 올 때 희천군수 정윤성이 두목에게 구타당했으나 김산해가 말리는 바람에 다른 두목이 그것을 천사에게 전하지 못했다며 김산해에게 추가로 벌할 것을 아뢴다.

징계상태에 있던 김산해는 1544년 9월 12일 황해도 은율로 떠내려 온 중국 사람을 심문하기 위해 현지로 떠난다. 당시 김산해의 임무는 이들을 데리고 의주로 가서 압해 통사에게 넘겨주는데 이런 경우 통사는 수사관의 역할까지 맡는다. 당시 압해 통사는 김응종이었다.

개선의 여지없는 행실문제

1545년(인종 1) 4월 29일 천사의 영접을 담당하는 관반이 이렇게 보고하고 있다.

"통사 김산해는 상사上使의 방안 출입이 너무 잦아 자취가 황당하고 또 따져 묻지 않아서는 안 될 일이 있으니 빨리 의금부에 명을 내리고 중국 사신이 돌아간 뒤에 처벌하소서."

이 때문에 김산해는 또 의금부에 갇히는 신세가 된다. 그럼에도 그의 행실에 개선의 여지는 없었던 것 같다. 1547년(명종 2) 2월에도 김산해는 사간원의 탄핵을 받는다. 사간원은 김산해가 인종 때부터 국법을 두려워하지 않고 기고만장하다고 비판한 다음 북경과 요동에 가서 저지른 외교상의 잘못을 들어 처벌할 것을 건의했다. 김산해는 법을 위반해 북경에서 사무역을 하다가 발각되었으며 요동 관리의 집에 가서 말썽을 부리고 무례한 일을 저질렀다는 것이다. 그래서 그 관리는 관압사로 요동에 간 정응두에게 김산해를 처벌하라고 요청했다. 이때 중벌을 당하였기 때문인지 10년 가까이 김산해에 관한 기록은 없다.

처벌 이후에 김산해는 의주로 쫓겨났던 것 같다. 1558년(명종 13) 10월 30일자 실록에 보면 김산해의 직함은 의주의 역학훈도로 나온다. 즉 의주에 있던 역학 강습소의 강사로 일하고 있었던 것이다. 그러면서 몽골족에 붙들려간 조선 사람에 대한 정보를 획득해 그들을 구출하는 일에 종사하고 있다. 이것이 김산해에 관한 마지막 기록이다.

대명외교의 업무를 수행하다
•홍순언

아름다운 일화의 주인공

실록에 나오는 홍순언洪純彦에 관한 최초의 기록은 1562년(명종 17)
3월 29일자다. 이에 따르면 홍순언은 1561년 왕실에서 사용할 물품
을 구해 오기 위해 압해관으로 요동에 다녀왔다. 이때 홍순언의 직함
은 역관이다. 그리고 훗날 기록을 보면 홍순언도 최세진이나 그 무렵
대부분의 역관과 마찬가지로 가업을 이어받았다.

그리고 10년 동안 홍순언에 관한 기록은 나오지 않는다. 그렇다고
그가 통사로서 일하지 않은 것은 아니다. 오히려 일상적인 업무를 수
행하며 단계별로 승진을 거듭했던 것 같다. 그런데 1572년(선조 5) 9월
11일 명나라에서 사신이 오게 되자 영의정과 좌의정을 비롯한 승문
원들의 고위 관리들이 모두 모여 종계변무의 문제를 논의한다.

우선 종계가 구체적으로 어떻게 잘못 기록되어 있는지를 대략 말로
설명하고 이어 문서로써 이를 정리하자고 의견을 모았다. 그래서 예조

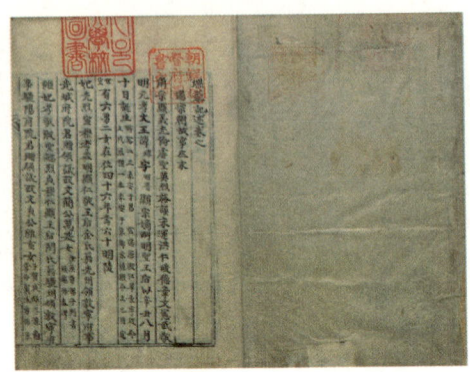

이긍익이 찬술한 『연려실기술』. 뛰어난 조선시대 야사집으로 손꼽힌다.

판서 박영준이 문장의 기초를 담당했고 이어 이를 통사 홍순언 등에게 중국어로 번역하게 했다. 이를 통해 우리는 이 무렵 홍순언이 통사가 되었고 나아가 통사 중에서도 가장 실력이 뛰어났다는 것을 알 수 있다.

이긍익의 『연려실기술』이나 이익의 『성호사설』 등에 전하는 홍순언에 관한 일화는 아마도 이 무렵의 일인 것 같다. 적어도 통사는 되어야 요동을 넘어 북경을 오갈 수 있기 때문이다. 다음은 『성호사설』에 실린 관련 내용이다.

순언은 이에 앞서 명나라 서울에 갔을 때 양한적養漢的, 요즘 식으로 하자면 포주에게 후한 뇌물을 주고 아름다운 창녀를 얻었다. 양한적이란 창녀를 길러 값을 받는 칭호다. 물어본즉 창녀는 본시 양갓집 여자로서 부모가 죽자 집안이 가난해 장례 모실 길이 없어 몸을 팔기로 하고 이 지경에 이르렀는데, 기실은 처녀로서 남자를 섬기지 않은 몸이라는 것이었다. 순언은 이를 듣고 측은히 여겨

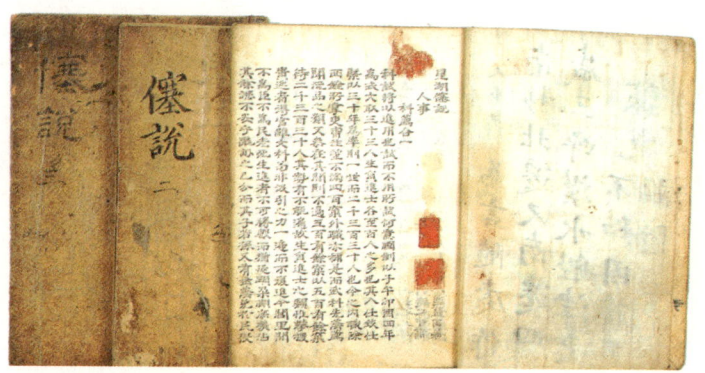
조선 사회에 근본적인 개혁안을 제시하고자 했던 성호 이익의 대표적인 저술 『성호사설』

마침내 돈을 내어 깨끗이 도와주고 관계를 맺지 않았다.

그 뒤에 그녀는 예부상서 석성石星의 총희寵姬가 되었는데, 변무辨誣하러 갔을 때 순언은 그녀 덕분에 큰 도움을 입었다. 임진왜란 때 명나라에서 군사를 내어 우리나라를 다시 일으킨 것은 석성의 힘이 컸는데 역시 그녀의 도움 덕분이었다고 한다.

사실과 픽션이 어느 정도 섞여 있을 것으로 보이지만 황당한 이야기는 결코 아니다. 그리고 『연려실기술』을 보면 홍순언은 그때 자신이 갖고 있던 공금을 전부 여인에게 주었기 때문에 돌아와서 여러 해 동안 감옥에 갇히는 신세가 되었다.

한편 선조는 여러 차례에 걸쳐 종계변무를 시도했지만 번번이 실패로 끝나자 이 문제가 빨리 해결되지 않는 이유는 통사에게 있다고 보고 이를 해결하지 못하는 통사는 사형에 처한다고 말했다. 모두가 사신 통사로 가기를 꺼리는 바람에 감옥에 있던 홍순언이 자청을 했고, 이렇게 해서 북경에 들어간 홍순언은 거기서 석성의 도움을 받아 종계변무 문제를 말끔히 해결했다고 한다.

정확한 사실 여부를 떠나 보기 드물게 역관 홍순언에 대한 이런 미화에 가까운 이야기들이 전해졌다는 것 자체가 당시 사람들이 그를 얼마나 훌륭하게 생각했는가를 보여주는 증거다.

율곡의 통사로 명나라 사신을 접대

1582년(선조 15) 여름에 조선을 찾은 중국 사신을 의주에 가서 맞은 원접사는 율곡 이이였고 이때 홍순언이 통사로 활약했다. 처음 이이를 본 명나라 사신 황홍헌은 홍순언에게 은밀하게 물었다.

"그대의 빈사이이를 보니 산림의 기상을 지니고 있다. 국왕이 산야山野의 사람으로 우리를 대우하게 한 것 아닌가?"

율곡의 모습이 조정 신하라기보다는 재야인사처럼 보였던 것 같다. 그래서 불쾌감을 표한 것이다.

이에 대해 홍순언은 침착하게 이렇게 답한다.

"원접사는 삼장三場, 요즘 식으로 하면 3과에 장원한 사람으로 오랫동안 시종侍從으로 있다가 중년에 병으로 수년간 산림에 물러가 휴양했기 때문에 산림의 기상을 지니게 된 것이다. 그러나 지금은 국왕께서 크게 믿으시는 신하로서 산야 사람이 아니다."

그러자 황홍헌은 "그렇다면 그가 바로 천도책天道策을 지은 사람인가?"라고 물어 그렇다고 하니 두 사신이 모두 고개를 끄덕였다. 율곡 이이의 명성이 명나라 조정에까지 자자했던 것이다.

두 사신은 이이와 함께 이덕형의 명성도 알고 있었는지 한강에서 유람하며 "조선에 이덕형이라는 사람이 있다는 말을 들었는데 한번

만나 보고 싶다."고 했으나 이덕형이 감히 그럴 수 없다고 사양했다. 그래서 부사 왕경민은 이덕형에게 시를 지어 주었는데 그 내용에 이 덕형과 깊이 사귀고 싶다는 말이 있었다고 한다.

광국공신 2등에 책록되다

1590년(선조 23) 8월 1일 선조는 종계변무에 공을 세운 윤근수·황정 욱·유홍을 광국공신光國功臣 1등으로 책록했고 홍성민·이후백·윤두 수·한응인·윤섬, 윤형·홍순언 등 7명을 2등으로, 기대승·김주·이양 원·황임·윤탁연·정철·이산해·유성룡·최황 등 9명을 3등으로 책록

했다. 공적은 "사신으로 가서 종계변무의 허락을 받아냈거나 의논을 드리고 주문奏文을 지은 공이 뛰어났다."는 것이다.

그런데 이렇게 기록해서는 역관 홍순언이 광국공신 2등을 차지한 의미가 전혀 드러나지 않는다. 먼저 1등 공신을 보자. 윤근수는 좌·우의정을 두루 지낸 인물이고 황정욱은 예조판서, 유홍은 우의정을 지낸 사람이다. 이어 2등에 책록된 홍성민은 이조판서, 이후백도 이조판서, 윤근수는 영의정, 한응인은 좌의정, 윤섬은 교리, 윤형은 공조판서이고, 유일하게 홍순언만 중인신분으로 역관이다. 이것을 보면 사실 그는 1등 공신 중의 1등 공신이었지만 신분적 한계 때문에 2등에 책록되었다는 것을 누구나 알 수 있다. 이렇게 해서 홍순언은 '당릉군'이라는 작호를 받게 된다.

3등도 쟁쟁해서 기대승은 대사간, 이양원은 우의정, 황임은 호조판서, 윤탁연은 순찰사, 정철은 좌의정, 이산해는 영의정, 유성룡은 영의정, 최황은 좌·우의정을 다 지냈다.

그러나 유감스럽게도 실록에는 정확히 홍순언이 명나라와의 교섭 과정에서 어떤 공을 세웠는지 나오지 않는다. 다만 1584년 11월 1일 주청사 황정욱과 서장관 한응인이 돌아와서 명나라 황제가 문제가 된 '회전'의 부분을 보여주며 바로잡았다는 것을 입증시켜 주었다고 보고했다. 이때의 상통사가 바로 홍순언이다.

결국 이런 제반 사항들을 종합해 볼 때 앞서 본 일화에 준하는 미담은 있었을 가능성이 높고 동시에 홍순언의 사람됨과 능력 또한 출중했던 것으로 보아야 한다. 이런 것들이 종합적으로 조선 왕실이 200년 가까이 고민해 온 문제를 마침내 깨끗하게 해결할 수 있었던 것이다.

북인의 영수였던 이산해의 초상. 이산해는 종
계변무의 공으로 광국공신에 책록되었다.

임진왜란 때의 활약상

그러나 홍순언에게도 남다른 고민과 시련이 있었다. 조선은 중기가
되면 더욱 엄격한 신분제 사회로 경직된다. 광국공신 2등에 오른 그는
궁궐수비대라 할 수 있는 우림위 장에 오른다. 그런데 그가 공신에 오
른 지 6개월밖에 안 된 1591년 2월 10일 사간원에서 "홍순언은 출신
이 한미하다."며 금군경호부대의 장수에 적합지 않으니 한직으로 내쫓을
것을 상소했다. 이에 대해 선조는 "홍순언은 공신으로 가선대부인 사
람이니 못할 것이 없다."고 물리친다. 그런데 두 달 후인 4월 12일 사
간원은 또 "우림위 장 홍순언은 서얼 출신으로 남에게 천시당한다."며
체직을 건의했다. 이번에도 선조는 "홍순언은 공신인데, 우림위 장은
서얼이라도 합당치 않을 것이 없으니 체직할 필요 없다."고 반박했다.

그런데 바로 다음날 선조는 사간원의 건의를 받아들인다.

이런 가운데 1592년 임진왜란이 발발했다. 이때 홍순언은 명나라에 파견돼 지원병을 요청하는 비밀업무를 맡았다. 1592년 10월 4일자 기록에 보면 조정에서는 홍순언이 어떤 소식을 갖고 올지 애타게 기다리는 장면이 나온다. 다음 해 1월 19일 명나라 조정 관리가 주본秦本, 외교문서을 가지고 지나가자 홍순언은 선조에게 "명나라 조정 관리들은 이것을 보면 말에서 내렸습니다."라고 말한다. 이에 선조는 즉시 말에서 내렸다.

그런데 이와 관련해 사간원에서는 이틀 후 홍순언이 임금에게 무례를 범했다며 파직과 함께 처벌하라고 주청했다. 그 바람에 홍순언은 옥에 갇히는 신세가 된다.

그러나 두 달 후인 3월 7일 명나라 제독 이여송이 홍순언을 불러 군사작전과 관련해 조선 조정이 오해하고 있는 부분을 이야기하면서 믿어 달라고 말한다. 이에 대해 홍순언은 조선의 입장에서 그런 오해가 나올 수 있는 대목을 설명하면서 원만하게 풀리도록 조정해 나갔다. 조선 조정에서는 신하들의 견제를 받는 그였지만 오히려 명나라 장수나 관리들은 그를 신임했다. 그렇다고 홍순언이 명나라 쪽 편을 드는 것도 아니었다.

3월 24일 선조는 평양에 와서 대동관에 머물고 있던 이여송 제독을 접견한다. 이때 두 사람의 통역을 맡은 것도 홍순언이다. 이 자리는 한마디로 선조가 이여송의 옷자락을 붙들고 살려 달라고 해야 하는 장면이다. 다행히 두 사람은 이야기를 순조롭게 풀고 나서 주연을 펼친다. 이때 이여송이 통역하던 홍순언에게 이런 말을 던진다.

"당신은 우리 아버지 때부터 중국에 드나들었으면서 천조의 일을 알지 못하겠소? 무관은 남에게 제재를 받아 마음대로 할 수가 없으므로 여러 차례 경략에게 군사를 재촉해 진격하라고 청했는데, 경략이 '강화한다면 조선은 걱정이 없을 것이다.'라고 했소. 지금 국왕과 여러 신하가 눈물을 흘리며 청하는 것을 보니 마음이 매우 감동되오."

한마디로 자신은 무관이기 때문에 문관의 통제를 받고 있으며 문신 경략이 일본과 강화를 맺으려 하니 자신도 어쩔 수 없다. 다만 조선 국왕과 신하들의 마음을 전해 들으니 가슴 아프다는 내용이다. 즉 홍순언은 대대로 통역을 업으로 삼는 집안인 데다 자신은 서얼 출신이었던 것이다. 그리고 홍순언은 명나라 지원군과 조선 조정 사이에서 양국의 문화적 차이에 따른 각종 오해를 불식시키는 데 혼신의 노력을 다 쏟아부어야 했다. 그래서 중국 쪽 제독이나 관리들은 홍순언에게 이야기할 때 늘 "명나라 쪽 사정을 잘 알지 않소?"라며 서두를 꺼냈고, 조선 국왕이나 관리들은 "홍순언에 따르면······"으로 말을 시작했다.

전쟁이 끝나고 1603년 8월 17일 공신도감에서는 군사를 청하거나 군량을 청해 허락을 얻어내는 데 공을 세운 사람들을 선정하면서 통사들도 포함시키라는 선조의 명에 따라 한윤보韓潤甫·이해룡李海龍·임춘발林春發·홍순언·표헌表憲 다섯 사람을 공신으로 선정한다.

홍순언의 생애를 정리하면서 인상적이었던 것은 그처럼 높이 올라가면서도 이렇다 할 독직瀆職이나 뇌물과 연관된 적이 한 번도 없었다는 것이다. 이러한 점은 두고두고 사람들의 뇌리에 남아 먼 훗날인 1726년(영조 2) 1월 주청사로 명나라에 가게 된 부사 김유경은 이런 말을 남긴다. 아마도 당시 영조를 비방하는 내용이 중국 역사에 실릴지 모른다는 불안감 때문에 뇌물로 은화를 바쳐야 한다는 의논이 있었던 것으로 보인다.

"은화를 비록 가지고 가지 않을 수 없으나 우리를 무고하는 말을 싣지 말아 달라고 청하면서 경솔히 은화를 사용한다면 뇌물을 바치는 길이 한번 열려 나라가 장차 견디지 못할 것입니다. 옛날 종계변무 때 역관 홍순언이라는 자가 있어 말하기를, '일이 이미 공명정대하니 마땅히 공명정대하게 도모할 것이지, 뇌물을 써서 구차한 꼴을 보여서는 안 된다.'고 했으니, 이번 사행使行에도 진실로 이를 취해 법으로 삼아야 합니다. 하물며 나라의 재용財用이 다한 때에 급작스럽게 뇌물을 뿌려서 무궁한 폐단을 연단 말입니까?"

그게 홍순언이었던 것이다.

국난 위기에서 빛을 발한 어전 통사
• 임춘발

정통 역관의 길

임춘발林春發은 선조 원년, 즉 1568년 역과에 급제했다. 이것으로 볼 때 집안 배경도 역관 출신일 가능성이 크다. 당시 역관 대부분이 그러했던 것처럼 1592년(선조 25) 임진왜란이 터지기 전까지는 이렇다 할 활약상을 보일 기회는 없었다. 홍순언은 지극히 예외적이었다고 할 수 있다. 임춘발에 관한 실록의 첫 기록은 1592년 12월 6일자에 나온다. 이때 임춘발은 공조판서 한응인의 통역을 맡아 명나라의 조속한 참전을 촉구하는 일을 도왔다.

그리고 다음 해인 1593년 실록에는 임춘발에 관한 기록이 3건 보인다. 이를 보면 모두 통사 임춘발이 형조판서 이덕형이나 좌의정 윤두수와 명나라 제독 이여송과의 통역을 돕고 있다. 1급 통사였다는 말이다. 그리고 1594년 6월에는 사은사로 명나라를 방문한 김수를 수행해 북경에 다녀온다. 그의 실력이 아주 뛰어난 때문인지 1596년에는 선조의 통역을 돕는 어전 통사로 활약하고 있다. 그리고 명나라 내부와 군부 속사정에 밝아 명나라의 모호한 요청이 있을 때면 선조는 늘 임춘발더러 정확한 의도를 알아내도록 지시하고는 했다.

공신록에 오름

전쟁이 끝난 후인 1599년(선조 32) 윤4월 11일 명나라 사신 낭중 가유약이 선조를 찾아왔다. 조선의 전후 복구문제를 협의하기 위해서였다. 그렇다고 명나라가 딱히 무엇을 지원해 줄 것은 없었다. 가유약은 지난 전란 동안 자신들이 수만 냥의 은화를 전쟁에 쏟아 부었음을 강조하면서 자력으로 복구에 힘써 달라고 당부한다.

그래서였을까? 가유약이 선조와 이야기를 나누다가 남산을 가리키며 "도성의 산이 저렇게 민둥민둥합니까?"라고 하자 임춘발이 나서 "난리를 겪기 전에는 수목이 울창했는데 병화를 겪은 뒤로 모두 왜적이 베어버렸고 또 천병天兵, 명나라 병사이 베어내 저렇게 되었습니다."라고 은근히 쏘아 붙였다.

1603년 8월 17일 조정에서는 임진왜란 과정에서 공이 있었던 신하들의 포상을 논의한다. 이때 명나라에 군사를 청하거나 군량을 청해 허락을 얻어낸 사신들에 대한 녹공이 이루어졌는데 선조는 특히 군사를 청할 때 함께 갔던 통사들도 공신록에 이름을 기록하라고 명했다. 이때 올라간 이름은 한윤보·이해룡·임춘발·홍순언·표헌 등 5명이었다.

청백리 심희수의 초상. 심희수는 임진왜란 때 의주로 왕을 호종, 중국 사신을 만나 능통한 중국어로 명장 이여송을 맞았다.

대명외교에 공이 커 수훈

1609년(광해군 1) 임춘발은 선조의 부고를 명나라에 알리고 광해군의 즉위를 전하는 업무를 성공적으로 마치고 돌아와 당상 통사에 오른다. 그해 1월 5일 광해군은 그 공을 인정해 직급도 1품계 특진시켰다. 그런데 같은 해 6월 24일자 실록은 아주 흥미로운 사실을 전하고 있다. 우의정 심희수가 자신은 이미 너무 빨리 진급했는데도 광해군이 자신을 좋게 보고 특진을 명한 것에 감사하는 동시에 역관 표현과 임춘발을 비판하는 글을 올렸다.

"소문을 듣건대 역관 표헌과 임춘발이 지금 임금께 상언하고 스스로 공이 있는데도 녹훈되지 않았다고 진달하면서 신 등의 이름까지 들먹여 다 같이 억울하다는 증거로 삼았다니 어찌 심히 부끄러운 일이 아니겠습니까. 그들은 역관이라는 미천한 신분으로 실제 호소할 만한 억울한 일이 있으면 스스로 호소하면 될 일을 무엇이 불가하기에 감히 이처럼 되지 않는 말을 한단 말입니까."

이 말이 사실이라면 임춘발도 이렇다 할 부정사건에는 연루되지 않았지만 외교상의 성과를 바탕으로 자신의 진급을 추구했던 선배 통사들의 길을 걷고 있었던 것이다. 그 바람에 한동안 사헌부·사간원 등에서는 표헌과 임춘발을 파직시켜야 한다는 상소를 연이어 올렸으나 광해군은 두 사람의 공을 생각해 윤허하지 않았다. 오히려 그해 12월 19일에는 집권 초창기 조선을 방문했던 명나라 사신들을 잘 접대했다는 이유로 어전 통사 황신을 1품계 특진시켰고 임춘발에게도 말 1필을 상으로 내렸다. 다음 해에도 광해군은 대명외교에 공이 컸다는 이유로 그에게 상을 내렸다.

실록에서는 임춘발에 관한 기록이 이것으로 마지막이다. 아마도 이 무렵 그가 사망했거나 아니면 중앙관직에서 물러났기 때문일 것이다. 역관들의 기록을 담고 있는 『역과방목』에는 그가 '한학교회 숭록'을 지냈다는 기록이 나온다. 숭록이란 곧 종1품 숭록대부로 중인이었던 임춘발은 통역 하나로 종1품 통사까지 오를 수 있었던 것이다. 전시라는 특수상황이 그에게 이런 기회를 가져다주었음은 물론이다.

대를 이은 통사로 종1품에 오르다

• 표헌, 표정로

명나라 군대의 첩보 역할

실록에서 표헌表憲의 등장은 극적이다. 『역과방목』에 따르면 그는 1570년 역과에 급제한 것으로 되어 있다. 그러나 표헌에 관한 실록의 첫 기록은 임진왜란이 터진 1592년(선조 25) 6월 11일자에 나온다. 명나라 군대가 조선을 지원하기 위해 의주에 도착해서 명나라 장군이 표헌을 불러 향후 전투를 원활히 수행할 수 있도록 의주에서 평양 사이에 100리마다 파발을 설치하라고 지시하는 장면이다. 그는 이미 명나라의 지원을 얻어내는 외교 최일선에서 활약하기 시작한 것이다. 이때부터 명나라 군대 수뇌부와 조선 조정의 의사소통을 담당하는데 표헌은 홍순언·임춘발·한윤보 등과 함께 적극 기여하게 된다.

주로 이때 표헌 등이 담당했던 일은 비밀리에 명나라의 작전계획을 알아내 조정에 보고하고 다시 조정의 요구를 은밀하게 친조선 장수에게 전달하는 것이었다. 경우에 따라서는 명나라 장수에게 각종 뇌물을 전달하는 일도 떠맡아야 했다.

1593년 3월 27일 선조는 중국에서 화약제조법의 일종인 염초 굽는 법을 명나라에서 비밀리에 익혀 온 표헌에게 가자加資를 명했다. 특진이었다. 그만큼 표헌은 명나라 쪽 사람들에게도 깊은 신뢰를 얻고 있었다고 볼 수 있다.

비리사건에 연루돼 유배

전쟁이 한창 진행 중이던 1595년 5월 11일 사헌부는 전 정랑正郎 이춘영李春英, 역관 표헌, 전 직장直長 조의도趙誼道 등을 탄핵하는 글을 선조에게 올렸다. 죄목은 명나라 관리들에게 사사로이 편지를 보내 압록강 사이에 있는 몇몇 섬들의 지배권을 확보하려 했다는 것이다. 결국 한 달여의 조사 끝에 혐의내용이 사실로 드러나는 바람에 이들 3명은 고신을 압수당하고 장 90대와 2년 반의 유배형에 처해졌다.

1597년 4월 21일 표헌은 사역원 지사로 화려하게 관직에 복귀했다. 그리고 다시 대명외교의 최전선에 나서 조선을 찾는 명나라 사신들을 접대하고 명나라 장수와 조선 관리들의 통역에 종사한다. 이 과정에서 표헌은 일본 측과 은밀하게 조선에 불리한 협상을 벌이려는 명나라 군대 수뇌부의 동향을 탐지해 조정에 보고하는 공을 세우기도 했다. 전쟁이 끝나고 1603년 8월 11일 표헌은 앞서 본 대로 임춘발 등과 함께 공신록에 이름이 올랐다. 아마도 이 무렵 표헌은 당상관에 오른 것으로 보인다. 그후 실록에서는 그를 '당상 통사'로 호칭하고 있기 때문이다.

1609년(광해군 1) 표헌은 전혀 엉뚱한 일로 곤경에 처하게 된다. 조선 사신은 사례 차원에서 명나라에 은 3,000냥과 인삼 200근을 들고 갔는데 명나라에서는 은 1만 냥을 요구한 것이다. 이와 관련해 조정 관리들은 역관들이 자신들의 임무를 다했으면 이런 일이 없었을 것이라며 당시 통사로 따라갔던 표헌·정득 등을 처벌해야 한다고 주장했다. 그러나 광해군은 "표헌 등을 어찌 잡아다 추문하겠는가. 이 말이 서울에 와 있는 명나라 사신들의 귀에 들어가게 되면 그들의 화만 돋을 뿐 해만 있고 도움이 없을 것이니 다시는 번거롭게 하지 말라."며 윤허하지 않았다. 이미 명나라는 표헌 등을 지켜주는 든든한 배경이었던 셈이다.

그리고 그해 6월 24일에는 우의정 심희수의 상언으로 표헌도 임춘발과 함께 또 한 번 곤경에 처할 뻔했다. 그러나 이때도 광해군은 문제 삼을 수 없다며 그냥 넘어갔다.

표헌은 임춘발과 달리 1617년에도 관련 기록이 나온다. 폐비문제와 관련해 광해군의 결단을 촉구하고 있다. 역관 출신이 이런 문제에 관여할 수 있었다는 것은 그때 그의 관직이 숭록대부인 중추부 지사에 올랐기보다는 폐비문제가 명나라와의 외교적 쟁점이 될 수도 있기 때문이었을 것이다.

통역 실수로 추국

표헌의 아들 표정로表廷老가 통사로서 활약하는 기록도 1592년 12월에 처음 나온다. 표정로도 실력이 뛰어났던 것 같다. 이여송을 따라온 동생 이여백의 통역을 맡고 있기 때문이다. 그리고 5년 후인 1597년에는 제독 이여송의 제2통사로 활약한다. 그러나 다음 해 9월 4일 표정로는 통역하는 과정에서 조선 측의 중요한 기밀을 명나라 측에 흘렸다는 혐의로 추국당하게 된다. 구체적으로 어떤 처벌을 받았는지는 나오지 않지만 그후 8년 동안 그의 이름이 전혀 나오지 않는 것으로 보아 중요한 통역현장에서는 배제된 것으로 볼 수 있다.

그런데 1606년(선조 39) 6월 '품질 높은 역관 표정로'라는 대목이 딱 한 번 등장한다. 아마도 아버지의 배려로 승진을 계속할 수 있었던 것이 아닌가 생각된다. 그의 시대는 광해군 때에 본격적으로 열리기 시작한다.

광해군의 어전 통사

1610년(광해군 2) 7월 조선을 찾은 명나라 사신들은 노골적으로 뇌물 1,000냥을 조정에 요구했다. 사신의 숙소에서 이 요구를 듣고 조정에 전한 인물이 설관舌官, 역관 표정로다. 그리고 8월 1일 그들이 명나라로 돌아가면서 자신들을 접대한 원접사와 접반사의 특진을 조선 조정에 요청했고 그에 따라 표정로도 1품계 올랐다. 그리고 1612년 1월 11일 세자 책봉을 허락받아 온 사신의 전담 통사를 맡았던 표정로는 진예남과 함께 가의대부에 오른다. 가의대부는 종2품의 직위다. 그리고 6월에는 다시 명나라에 성공적으로 다녀와 특진한다. 정2품에 오른 것이다.

그리고 1620년 마침내 표정로는 통사로서는 최고의 명예인 어전 통사로 임명된다. 이언화와 함께였다. 이때 그는 아버지와 같은 숭록대부, 즉 종1품의 지위에 올랐다.

그러나 광해군이 쫓겨나고 반정으로 인조가 들어섰다. 표정로는 여전히 통사로 활약하지만 인조 3년 사은사로 갔던 이덕형 일행이 4월 중순께 병이 났다며 부사·서장관·통사 등만 데리고 먼저 귀국했다가 탄핵당한다. 사간원 등에서는 이들을 극형에 처해야 한다고 주장했다. 다행히 인조가 그럴 필요까지는 없다고 해서 표정로 등은 유배를 떠나게 됐다. 그런데 5월 11일 다시 사간원이 표정로를 효수해야 한다고 주청했다. 그중 일부를 소개하면 이렇다.

표정로는 품계도 높고 사리를 아는 역관으로서 일행의 조종이 그의 지시에 달려 있었습니다. 그런데 감히 동류 30여 명을 인솔해 공공연히 내버려두고 왔으니 이는 실로 200년 이래 없었던 일입니다. 그가 재물을 탐해 기탄없이 방자하게 처신한 정상은 매우 해괴하니 그냥 법률에만 따라서는 안 됩니다. 청컨대 그를 효시梟示, 목을 베어 매달아 뭇사람에게 보임해 일벌백계하도록 명하소서.

그러나 인조는 짜증을 내며 효시는 너무하니 그냥 유배상태로 둘 것을 다시 한 번 강조한다. 목숨은 건졌다. 하지만 표정로에 대한 기사는 이로써 실록에 더 나오지 않는다.

혁혁한 공을 세우고도 투옥되다
• 남호정

명나라 참전을 촉구

역관 남호정南好正에 관한 기록은 1592년(선조 25) 12월 17일 이조판서 이산보를 수행해서 명나라 군의 참전현황을 점검하러 가는 장면에서 처음 나온다. 원래의 예정과 달리 지원군의 참전이 지지부진했기 때문이다.

이날 이산보가 선조에게 올린 보고서를 보면 명나라 군이 거드름을 피우며 조선 지원에 그리 적극적이지 않았음을 알 수 있다. 이산보는 압록강을 건너 사신들이 머무는 탕참으로 명나라 장군 전세정이 선봉대 1,000여 명을 이끌고 왔다는 이야기를 들었다. 그래서 밖으로 나가 눈으로 확인해 보니 300명밖에 되지 않았다. 또 이산보는 남호정을 시켜 심양을 거쳐 의주로 향하고 있던 대오 중의 한 중국 사람에게 "포수가 5,000명이라던데 길에서 본 것은 겨우 1,000여 명뿐이니 왜 그런가?"를 묻도록 한다.

무엇인가 잘못되어 가고 있었던 것이다. 또 12일에 심양으로 가던 도중에 만난 중국 장수는 이산보 일행에게 이미 제독 이여송이 심양을 출발해 조선으로 향했다는데 번거롭게 청병을 하러 심양까지 갈 필요가 있느냐며 그냥 조선으로 돌아가라고 말한다.

그러나 14일 심양에 들어갔을 때 이여송은 여전히 출발하지 않고 있었다. 그래서 이산보 일행은 이여송의 거처를 방문해서 그를 만났다. 이때 이여송은 다소 엉뚱한 소리를 늘어놓는다.

"16일에 군사를 이끌고 먼저 가기로 했다. 다만 내가 거느릴 병마가 10만인데 현재 모인 것은 4만이다. 다 모이기를 기다리자면 기회를 잃을까 염려되는데, 4만으로 왜적을 평정하기에 충분하겠는가? 그대 나라의 병마는 얼마인가?"

이에 이산보는 남호정을 통해 "우리나라의 병마는 순안順安 및 근처에 있는 것이 대개 2만이다."라고 답했다. 그리고 남호정은 이산보가 시키지 않은 군사적 사항들에 대해서까지 질문하고 있다. 남호정은 군사문제에 해박한 역관이었던 것이다.

다음 해 4월 초 명나라 군은 내분에 휩싸여 있었다. 평양 탈환으로 기세를 올리더니 서울 서북부의 벽제관에서 대패한 이후 싸울 의욕을 잃고 있었다. 제독 이여송은 군대를 철수하려 하고 있었고 이들을 지휘하던 송경략은 자신에게 돌아올 책임이 두려워 이여송에게 전투를 독려하고 있었다. 더불어 송경략은 심유경에게 책사 5명을 데리고 가서 왜군의 항복을 조건으로 휴전을 명한다. 이런 제반 사정을 비밀리에 캐내 조선 조정에 보고한 인물이 역관 남호정과 홍순언이다.

명나라 사신 전담 통사

1595년(선조 28)이 되면 역관 남호정의 업무는 명나라에서 오는 사신들을 접대하는 조선 관리들의 통역에 집중된다. 그해 5월 1일 명나라 사신은 남호정을 불러 『동국병감』『동국지지』 등 조선의 책을 보고 싶다고 말했다. 접대도감에서 이 같은 사실을 조정에 보고하자 조정은 긴장한다. 아마도 당시 『동국병감』은 일종의 특급비밀이어서 명나라에 흘러가서는 안 되는 책으로 분류되어 있었던 것 같다. 그래서 접대도감에서는 『동국지지』가 으레 명나라 사신이 오면 주는 것이니 무방하지만 『동국병감』은 어떻게 해야 할지 모르겠다고 보고한다. 이에 대해 선조는 "그들 스스로 『동국병감』을 구해 가는 것은 할 수 없으나 그 안에 불온한 내용이 있으니 우리가 주어서는 안 된다."고 답했다.

『동국병감』이란 조선 문종 때 편찬된 이민족과의 전쟁사로서 중국의 사서인 『사기』나 우리의 『삼국사기』 등을 토대로 해서 중국과 북방족의 침략과 그에 대한 대응 등을 전략적 관점에서 정리한 책이다. 아마도 이때 선조나 신하들이 '불온'을 걱정한 것은 우리의 처지에서 중국도 하나의 가상 적국으로 상정하고 서술되었기 때문일 것이다.

이 문제는 이틀 후인 5월 3일에도 계속 논란이 되었다. 역관 남호정이 명나라 사신으로부터 계속 압력을 받은 것이다. 그러자 조정 관리들도 "크게 문제 될 것이 없으니 경우에 따라서는 제공해도 무방할 것이다."라고 의견을 모았다. 또 다음날에는 명나라 장군들이 남호정에게 조선 임금의 초상화를 그려서 갖고 가겠다고 생떼를 쓰자 남호정은 간곡하게 설득해서 무마시켰다.

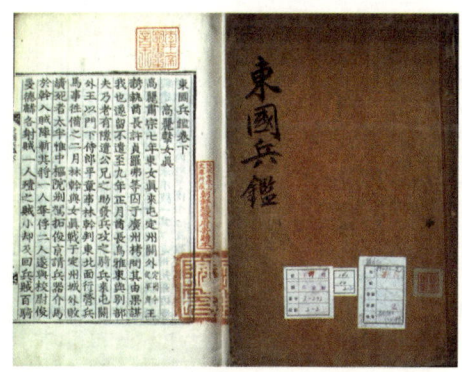

『동국병감』은 조선 문종의 명으로 편찬되고 선조 때 간행된 조선의 전쟁·전란사이다.

사형에 처한 것으로 추정

명나라는 참전 1년도 되지 않아 일본과의 휴전을 시도했다. 조선 조정으로서는 이를 차단하는 것이 급선무였으며 그 최일선에서 활약한 이들이 바로 통사들인데 그중 대표적 인물이 남호정이다.

특히 남호정은 일본과 협상하러 간 명나라 사신을 수행했다. 그래서 남호정은 일본 측 입장에 대한 정보도 입수하는 즉시 조선 조정에 보고해 대책수립을 도왔다.

그런데 1596년 4월 남호정은 순조롭지 못한 일 처리로 명나라 정사와 부사 사이의 불화를 일으켜 국가에 크나큰 손실을 끼쳤다는 이유로 투옥되었다. 이때 명나라 정사가 어딘가로 도망치는 사건이 발생했는데 도망친 이유를 정확하게 보고하지 않았다는 것이 죄목이었다. 수많은 공을 세웠음에도 투옥되어 신문을 받아야 했다.

6월 3일 영의정 유성룡이 나서 남호정을 변호했다. 그의 잘못은 조선의 국익과 상관되는 일이 아니므로 중죄를 가해서는 안 된다는 것이었다. 그러나 당시 명나라와 조선의 관계를 생각할 때 그것을 가볍게 다스릴 수는 없었다. 실록에 남호정이 어떻게 되었다는 이야기는 나오지 않지만 그후 그의 이름이 사라진 것으로 보아 사형에 처해지거나 적어도 관직을 빼앗기고 복권되지 않았던 것으로 보인다.

5장

세 치 혀를 가진 조선 통사들의
파란만장한 인생사

중국에 억류되고 부인까지 빼앗기다
• 곽해룡

역관의 비참한 사생활

1393년(태조 2) 2월 3일자 기사에서 통사 곽해룡郭海龍은 주문사 한상질을 수행해 중국을 다녀온 것으로 보아 고려 말부터 역관으로 활약했던 인물로 볼 수 있다. 역성혁명을 일으킨 조선 태조로서 초기에 가장 중요한 것은 명나라 승인을 받아내는 것이었다. 그 일을 마치고 온 곽해룡에 대해 "임금이 크게 기뻐해 말을 내려주었다."는 것은 어쩌면 너무나 당연한 일이다.

그러나 이 무렵 대명 관계는 그리 매끄럽지 못했다. 특히 1397년 12월 28일 황제에게 올리는 문서에 문제가 생겨 황제가 진노했다는 글을 받고 태조 이성계는 당황했다. 1년에 세 차례 하던 조공—하정賀正·성절聖節·천추千秋—을 3년에 한 번만 하라고 한 것은 사실상 조선을 내치겠다는 뜻과 다르지 않았다. 그래서 문제가 된 계본啓本, 황제에게 올리는 글을 쓴 예조전서 조서를 북경으로 압송하게 되는데 곽해룡이 그 수행 업무를 맡았다. 물론 곽해룡은 싹싹 비는 반성문도 함께 들고 북경으로 들어갔다.

조서는 명나라 조정이 억류했다. 그리고 1398년 5월 14일 조서의 종 최록이 중국 예부시랑 장병張炳의 글과 조서 및 곽해룡이 중국 정부로부터 받은 문초장을 들고 조선으로 돌아왔다.

장병의 글에 보면 고려에서 조선으로의 왕조 교체도 별로 마땅찮게 생각하던 차에 중국이 가장 민감하게 생각하는 요동지방에 자꾸 문제를 일으켜서 황제가 진노한 것으로 나온다. 그리고 태조에 대한 불만과 함께 외교문서 또한 서툴러 문제가 더욱 커졌음을 알 수 있다.

"왕과 같은 사람이 잇달아 서로 이르게 된다면 왕이 비록 왕위에 있더라도 또한 무슨 이익이 있겠습니까? 지금 왕을 시종하는 무리는 모두 경박하고 경험이 없는 서생으로서 도리로써 왕을 돕지는 아니하고, 모두 중국 성현들의 경전을 표절해 원작자의 본의를 무시하고 자기의 소용되는 부분만 따서 마음대로 해석해 뒤집어 희롱하고 모욕하는 문사文詞를 만들어 천지에 죄를 얻었으니 또한 어찌 속죄할 수가 있겠습니까? 지금 조서가 털어놓은 것도 오히려 집필에 함께 모의해 참여한 사람 3명이 있으므로 특별히 왕에게 뜻을 전달하니 왕은 그것을 살펴서 보내야 할 것입니다."

이렇게 해서 이틀 후인 5월 16일 백관과 기로耆老, 원로들이 모여 중국 조정에서 지목한 윤규·공부·윤수 등 3명을 북경으로 보내는 문제를 논의한다. 자칫하면 곽해룡은 중국 정부에 의해 죽을 수도 있는 상황이었다. 게다가 태조 이성계는 어찌할 바를 몰라 결정짓지 못했다.

일부에서는 반대가 제기됐지만 결국 세 사람을 중국 조정으로 보내기로 한다. 이성계의 마음은 무척이나 착잡했을 것이다. 이들 세 사람을 불러 타이르는 태조의 이 말 속에 그런 감회가 고스란히 담겨 있다. 약소국의 비애다.

"마음을 정직하게 가지면 하늘이 반드시 그대들을 도울 것이다."

세 사람은 두 번 절하고 북경을 향해 떠났다. 예부시랑 장병에게 서신을 회답했는데, 그 서신에는 곽해룡의 중국어 실력과 관련해 흥미로운 기록이 나온다.

"곽해룡은 글자를 전혀 알지 못하고 중국말만 대강 익혔다."

건국 초 조선의 현황이 그랬다. 그후 태종이나 세종이 절실하게 통사와 사역원의 중요성을 강조하게 된 것도 태조 때의 이 같은 시행착오가 적지 않은 영향을 주었을 것이다.

곽해룡은 어떻게 되었을까? 기록으로 보면 중국에서 감옥생활을 했거나 오지로 유배당했던 것 같다.

1402년(태종 2) 6월 25일에는 태종이 경호원 목인해가 아내가 없다 해서 곽해룡의 아내에게 장가를 들도록 명하자 남편이 돌아오기를 고대하던 아내는 어쩔 수 없이 결혼했다가 얼마 후 사망했다. 한편 문서착오로 구류된 정총·김약항·조서·곽해룡·노인도 등 5명을 구출하기 위한 조정의 노력은 계속됐다. 이런 노력이 있어 태종 때는 대명관계가 많이 좋아졌고 마침내 1404년 3월 27일 중국에서 돌아온 사은사 이빈·민무휼과 하정사 김정경 등은 좋은 소식을 들고 왔다. 놓아 보내는 남자 5명의 명단을 갖고 왔는데 거기에 곽해룡 이름도 포함되어 있었다.

태종은 그간의 고생을 참작해 4월 9일 곽해룡을 군기감 판사로 임명하고 다음날 위로의 선물까지 주었다. 그러나 곽해룡이 명나라나 명나라 사람에 대해 좋은 감정을 가질 리 없었다는 것은 쉽게 추측

해 볼 수 있다. 게다가 부인까지 남에게 빼앗겼다가 죽지 않았는가? 그해 6월 15일 중국 사신 양진보가 왔다가 태종이 잔치를 베푸는 자리에서 노골적으로 곽해룡을 비난한다.

"그대가 임금에게 말할 때는 꿇어앉아 말하면서 내게 말할 때는 서서 말하니 이게 대체 무슨 예인가?"

그 바람에 곽해룡은 잔치 자리에서 쫓겨나야 했다. 실은 그 전에 사신이 금강산에 놀러 가려고 했다가 통사 곽해룡이 저지하는 바람에 못 가서 앙심을 품고 있었다. 잔치가 파한 후 태종이 곽해룡을 불러 한 말은 자못 인상적이다.

"저 사람이 노했다고 해 가까이하지 않아서는 안 된다. 말을 잘해 화해하라."

실제로 곽해룡은 6월 22일 중국 사신단을 따라 다시 중국 북경으로 향한다. 또 1407년 9월 25일에는 신년하례 차 명나라로 가는 세자 양녕대군을 따라 중국으로 가는데 당시 통역관 12명 중에서는 함께 중국에 억류돼 있다 풀려난 오진과 함께 가장 높은 통사를 맡았다. 뒤에 살펴보게 될 김시우도 이 사신단에 포함되어 있는데 이때만 해도 가장 낮은 직위인 타각부打角夫를 맡고 있었다. 곽해룡은 1426년 (세종 8) 3월 1일 세자보다 먼저 귀국해 세자가 무사하게 중국을 순회하고 귀국한다고 아뢰었다. 태종은 기뻐하며 안장 갖춘 말을 하사했고 왕비도 비단 1필을 선물로 내렸다. 실록에 전하는 곽해룡에 관한 이야기는 여기서 끝난다.

표류, 구금, 객사 • 이자영
탁월한 외교 밀사 • 김시우

중국에서 순직한 통사

실록에 나오는 이자영李子瑛, ?~1412에 관한 첫 번째 기사는 1396년 (태조 5) 7월 11일자에 나온다.

"이자영이 일본에서 왔다. 당초에 자영이 통사로서 예빈소경禮賓少卿 배후裵厚와 함께 섬라곡국暹羅斛國에 회례사回禮使로 갔다. 사신 임득장林得章 등과 더불어 돌아오다가 전라도 나주의 바다 한가운데에 이르러 왜구에게 붙잡혀 다 죽고 자영만 사로잡혀 일본으로 갔다가 이제 돌아오게 된 것이다."

이게 무슨 말인가? 해답의 실마리는 '섬라곡국 회례사'에 담겨 있다. 1393년 2월 16일자에 섬라곡국과 관련해 이런 기록이 있다.

"섬라곡국에서 그 신하 내乃, 섬라곡국의 관직 이름 장사도張思道 등 20명을 보내어 소목蘇木 1,000근과 속향束香 1,000근, 토인土人 2명을 바치니 임금이 두 사람으로 하여금 대궐 문을 지키게 했다."

섬라곡국은 오늘날의 태국이다. 회례사라고 하면 정기적으로 그 나라와 사신을 주고받았다는 이야기다. 아마도 국제화된 고려의 영향으로 보인다. 왜냐하면 태조 때 이후에는 섬라곡국과의 외교 관계 이야기가 실록에서 완전히 사라지기 때문이다.

따라서 이자영은 통사로서 섬라곡국에 파견되었다가 섬라곡국의 사신 임득장 등과 함께 귀국하던 중 나주 앞바다에서 표류당해 나머지는 다 죽고 이자영만 왜구에게 붙잡혀 일본으로 끌려갔다가 조선 조정의 항의 덕택에 무사히 귀국한 것이다. 결국 어느 정도인지는 모르지만 이자영은 태국어를 할 줄 알았던 조선 사람이다. 아주 드문 경우라 할 수 있다.

그후 이자영은 주로 태종 때 많은 활약을 하는데 그 활동무대는 북경과 요동이다. 1404년(태종 4)에 그의 직함은 사역원 부사다. 그리고 1408년 12월에는 사역원 지사로 요동에 다녀온다. 1410년에는 요동을 방문하고 돌아와 북방의 군사정세에 관해 상세하게 보고한다. 당시 통사의 주요 업무 중 하나가 북경을 방문하고 돌아오는 길에 보게 되는 북방의 정세 보고였기 때문이다. 그래서 통사는 비교적 낮은 직위에도 외국 순방에서 돌아오면 국왕에게 직보할 기회를 가졌고 이를 통해 출세 기회도 생겨났던 것이다. 이자영의 보고를 받은 태종은 즉각 "과연 자영의 말과 같다면 마땅히 무비武備를 정비해야겠다."고 말한다.

그리고 1412년 1월 28일에는 사역원 판사가 되어 성절사 민여익을 따라 북경으로 갔다. 이때 태종이 내린 그의 임무는 '제복祭服과 약재藥材' 구매였다. 그런데 이 일로 북경에 갔던 통사 이자영은 귀국하던 길에 객사했다. 그래서 태종은 그해 8월 16일 '이를 불쌍히 여겨'

이자영의 집에 부의를 내려 주었다. 또 10월 11일에는 이자영의 처가 "남편이 왕의 밀명을 받고 갔다가 중국에서 죽었으나 공동묘지에 묻혀 있습니다. 오래되면 분별하기 어려울까 염려되니, 바라건대 남편의 친족 오선嗚宣으로 하여금 하정사를 따라가게 해 뼈를 거두어 돌아오게 하소서."라고 청했다. 이자영의 죽음은 통사다웠다고 할 수 있다.

원민생의 라이벌

1407년(태종 7) 9월 25일 양녕대군이 세자 시절 신년하례를 위해 북경에 갈 때 김시우金時遇는 타각부라는 직함으로 참여하고 있다. 타각부란 역관의 직함 중에서 가장 낮은 직위다. 당시 역관의 서열은 통사, 압마, 압물, 타각부 순이었다. 이때 통사로는 곽해룡과 오진 등 6명이 갔고 압마는 이공효 등 2명, 압물은 이회 등 2명이었으며 김시우가 포함된 타각부도 2명이었다. 세자가 사신으로 가기 때문에 수행원이 많았고 자연스럽게 동시통역사도 12명이나 따라붙었던 것이다.

그러고는 10년이 지난 1417년 7월 21일 중국 사신이 첨총제 원민생과 통사 김시우를 통해 중국의 귀한 물건들을 태종에게 선물하는 것으로 보아 그 사이에 김시우는 통사로 승진했고 원민생 밑에서 일하고 있음을 알 수 있다. 당시 조선을 담당했던 중국 사신 황엄은 8월 6일 중국으로 돌아가면서 통사 김시우에게 태종을 극찬하며 이렇게 말한다.

"너희 나라의 어진 임금으로 예전에 기자箕子·왕건王建을 일컫는데, 지금 임금의 어진 덕이 그들보다 훌륭하므로 황제의 배려와 관심이 특별히 두텁다."

그때부터 김시우는 조선을 방문하는 중국 사신을 접대하고 사신이 돌아갈 때는 의주까지 배웅하는 등 조금씩 중요한 일을 맡기 시작한다. 김시우는 특히 중국 관련 고급정보 입수에 특별한 재능을 발휘했다.

세종 즉위년 12월 18일에는 평안도 관찰사의 긴급보고에서 "명나라 사신 황엄·유천·한확 등이 세종의 즉위를 허락하는 문서를 갖고 조선으로 오고 있다."는 소식을 접한 상왕 태종은 김시우와 김을현에게 쌀과 콩 40석과 안장 갖춘 말 1필씩을 내리고 다음날에는 김시우를 상호군으로, 김을현을 사역원 지사로 승진 임명했다. 다시 12월 26일에는 김시우와 김을현에게 밭 10결을 하사했다. 김시우와 김을현의 외교 밀사업무가 그만큼 중요했고 대성공을 거두었음을 보여주는 것이다.

1419년(세종 1) 12월 14일에는 일본 사신이 서울에 오자 김시우를 보내 한강에서 맞이하는 임무를 수행한다. 중국어로 이중통역을 했을 가능성도 있지만 일본어도 어느 정도 할 수 있었을 가능성을 보여준다.

이 같은 탁월한 능력 때문에 1420년 5월 2일자 기록에 김시우는 통사가 아니라 사신으로 나온다.

"진헌사 김시우와 통사 전의가 북경에서 돌아와 말하기를, '황제가 종이를 진상하는 상주문上奏文에 날짜를 적지 않았다고 진노하므로 금은 진상을 면제해 달라는 주문을 감히 올리지 못했습니다.' 하니 상왕이 말하기를, '금은 진상을 면제해 달라고 청하는 것은 이때가 좋았는데, 만약 이때 청하여 되지 않으면 뒷날에는 반드시 이것으로 빙거를 삼을 것이다. 마땅히 세포細布를 준비했다가 일에 따라서 진상하고 꼭 다시 청해야 할 것이다."

김시우는 세종의 각별한 신임을 받았다. 1421년 9월 6일 세종은 돈녕부 지사 김점에게 통사 김시우를 거느리고 의주에 가서 중국의 사신을 맞아 위로하라면서 김시우를 따로 불러 이렇게 당부한다. 여간한 신임이 있지 않으면 아랫사람보고 윗사람을 잘 돌보라고 말할 수는 없다.

"사신이 만일 상왕의 거처하시는 처소를 묻거든 '수강궁에 계신다.' 답할 것이요, 만일 제주의 말 마릿수를 묻거든 '큰 말 종자는 왜인의 난리로 이미 절종되고, 다만 작은 말뿐이다.' 답할 것이며, 만일 말값을 묻거든 전례에 따라 적절히 답하도록 하라. 또 김점이 평소에 조금 말이 많으니 사신과 말할 때 말을 삼가라 하고, 통사 또한 말을 전할 때 삼가라."

1423년 11월 18일 상호군 김시우는 세종의 특명을 받고 중국을 향한다. 중국에서 말 1만 필을 바치라는데 1만 필을 보내는 과정에서 많은 말이 병들어 나머지 말을 보내려 해도 지금은 강물이 얼고 눈이 깊이 쌓여 적당치 못하니 날이 풀리는 대로 말을 보내겠다는 내용이다. 이때 떠난 김시우는 다음 해 2월 13일 서울로 돌아왔다. 또 1425년 7월에는 오랑캐의 위무 업무차 북방을 다녀온다.

1426년에는 김시우도 처녀와 반찬 만드는 하녀를 중국 황제에게 진헌하는 일을 맡게 된다. 7월 1일 길을 떠난 상호군 김시우는 11월 24일 돌아오는데 그때 황제로부터 사서오경四書五經 및 『성리대전性理大全』 1부 총 120권과 『통감강목通鑑綱目』 1부 총 14권을 받아 왔다. 특히 이 『성리대전』은 훗날 세종이 훈민정음을 창제할 때 중요한 역할을 하게 된다. 이 무렵 김시우는 첨총제에 올라 총제 원민생 밑에서 함께 일한다. 그러나 능력 면에서 김시우는 원민생과 자웅을 겨루는 사이였던 것 같다.

1429년 7월 18일 세종은 좌의정 황희, 우의정 맹사성, 판부사 변계량·허조, 예조판서 신상, 총제 정초, 예문제학 윤회에게 흥덕사興德寺에 모이라 명하고, 지신사 정흠지를 그곳으로 보내 다시 한번 명나라 조정에 대해 금은 세공歲貢을 면제해 달라는 청을 의논하게 했다.

이 자리에서 황희·허조·정초 등은 "주청할 표문表文은 문신으로 하여금 짓게 해 골라 뽑고 다시 윤문하게 할 것이며, 그것을 가지고 갈 재상은 육조판서로 사신을 삼고 도총제 원민생을 부사로 해야 한다."고 말했고, 맹사성·변계량·윤회 등은 "도총제 원민생을 사신으로 삼고 추밀樞密을 부사로 삼거나 종친·부마駙馬로 사신을 삼고 도총제 원민생을 부사로 해야 한다"고 했으며, 신상은 "육조판서로 사신을 삼고 첨총제 김시우로 부사를 삼아야 한다."고 했다.

결과적으로는 맹사성·변계량·윤회 등이 주장한 대로 종친인 공녕군 이인은 사신이 되고 원민생은 부사가 되어 중국으로 가서 임무를 성공적으로 마무리했다. 그러나 실무적으로 사역원을 책임지고 있던 예조판서 신상이 원민생이 아니라 김시우를 추천했다는 것은 김시우의 실력도 원민생 못지않았음을 시사한다. 또 부패했던 원민생을 견제할 의도도 없지 않았을 것이다. 그리고 김시우는 1430년 윤12월 14일 동지총제로, 1432년 4월 25일 중추원 부사로 임명된다.

김시우는 타각부에서 출발해 통사를 거쳐 사신, 중추원 부사까지 올랐지만 원민생과 달리 단 한 차례의 스캔들이나 탄핵이 없었던 것으로 보아 비교적 깨끗한 삶을 살았던 것으로 보인다. 그래서인지 4월 28일 대신들은 "김시우는 비록 아버지 상중에 있으나 본래 역학의 총책임자로서 사대하는 중요한 직무를 담당하고 있었습니다. 또 지금 중국 조정의 사신이 나오는데, 임금 앞에서 전명傳命하는 임무를 비울 수가 없사오니, 우선 임기응변의 법에 좇아 기복 출사하게 하소서."라고 세종에게 청하고 있다. 이렇게 해서 통사의 업무를 계속하지만 한 달 남짓 후인 6월 4일 그는 세상을 떠났다.

김시우의 품성과 관련해서는 그가 죽은 다음 해인 1433년 1월 18일 세종이 경연을 마치고 신하들과 이야기하면서 "김시우가 사역원 제조를 맡았을 때는 엄하게 규찰해 생도들이 학업에 부지런했는데 지금은 그렇지 못하다."고 말한다.

귀화 일본인 통사 • 김원진, 변상
송사에 휘말리다 • 김옥진

실록에 기록된 일본 출신 통역사

세종 초에는 일본에서 귀화해 통사로 활약한 사람들이 몇 명 있었다. 그중 김원진金源珍과 변상邊尙이 두드러진다. 김원진은 원래 일본 쪽 사신으로 일하다가 어떤 연유에서인지는 모르지만 조선으로 귀화했다.

1423년(세종 5) 3월 4일 김원진은 일본 사츠마薩摩 등에 사로잡혀 있던 조선 사람들(남자 5명과 여자 4명)을 되찾아 오는 교섭을 벌여 마침내 이들을 조선에 데리고 오는 데 성공한다.

변상의 기록은 이보다 4년 먼저 나온다.

"1419년(세종 1) 9월 20일 등현藤賢과 변상이 대마도로부터 돌아왔다. 대마도의 수호 종도도웅와宗都都熊瓦가 도이단도로都伊端都老를 보내 예조판서에게 신서信書를 내어 항복하기를 빌었고, 인신印信 내리기를 청원했으며, 토물土物을 헌납했다."

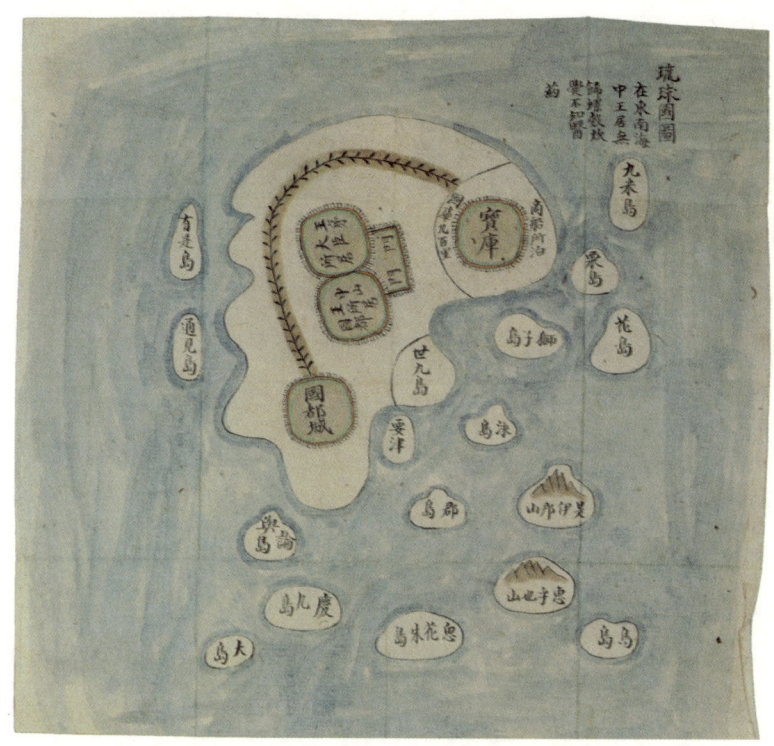

유구국 고지도. 유구국은 1609년 일본의 반속주(半屬州)가 되어 조선과의 공식적인 교류가 단절되었다.

또 다른 귀화인 등현 등과 함께 세종 초 대마도 정벌 이후의 문제를 다루는 데 활약하고 있었던 것이다. 1429년 4월 6일자에는 부사직副司直을 맡고 있던 변상이 "왜 통사 홍성부洪成富가 본디 이춘발李春發과 틈이 졌으므로 홍성부가 그를 죽인 것이다."라고 신고했다.

1430년 윤12월 26일에는 통사 김원진이 유구국琉球國, 오키나와에서 돌아왔다. 역시 그의 임무는 풍랑을 만나 유구국으로 떠내려간 조선 사람들을 데리고 오는 일이었다.

김원진과 변상은 비슷한 시기에 같은 통사로서 활약했기 때문에

서로 알고 지냈다. 그러나 둘 사이는 썩 좋지 않았던 것으로 보인다. 1431년 10월 1일자 기록에 보면 "왜인 등칠藤七과 김원진·변상 등이 같은 귀화인 등현의 집에 모여서 술을 마셨는데 변상이 김원진을 꾸짖기를, '경상도 거제처치사巨濟處置使를 설치한 것은 너의 꾀다.'라고 했다."는 기사가 나온다. 아마도 둘 사이에 경쟁 관계가 있었던 것 같고 조선 조정은 변상을 좋지 않게 여겼다. 그래서 예조에서 갖추어 아뢰므로 형조에 내려 변상을 조사케 했다. 이 문제에 관해 황희 등은 이렇게 말한다.

"변상은 간사하고 아주 교활하오니, 만약 죄를 다스리지 않는다면 후환이 염려됩니다. 더욱이 그 사실의 증거가 명백한데도 항거해 복종하지 않으니, 마땅히 엄격하게 고문을 더해 후환이 없도록 해야 할 것입니다."

이 일로 변상은 통사로서의 활약을 끝맺게 된다. 기록으로 보면 변상은 주로 대마도를, 김원진은 유구국을 담당하고 있었다. 결국 1432년 3월 8일 세종이 "왜인 변상의 난언亂言 사건은 추국한 지가 이미 오래되었으나 변상이 오히려 실토하지 않는다. 내 생각으로는 변상의 난언이 우리나라를 해치고자 한 것이라면 사형에 처해도 죄가 남겠지만, 만약 제 공功을 자랑하기 위해 나온 말이라면 그 정상이 용서받을 수도 있는 것이다."라고 하자 황희 등 신하들은 "이제 의금부의 옥사獄辭, 조서를 보니 증거가 갖추어져 있어 변명하기 어려울 것 같습니다. 마땅히 법대로 형벌에 처해야겠으나 죄가 의심날 때에는 가벼운 것을 좇는 것이 어진 임금의 형정刑政이니 그를 오지에 안치시켜서 그 출입을 금한 채 여생을 보전하게 하소서."라고 했다.

실제로 그후의 실록에 변상의 행적은 나오지 않는다. 어쩌면 김원진의 모략에 희생되었을 수도 있다. 그후에도 김원진은 유구국을 상대로 외교활동을 이어간다.

마누라 바람나고 국제 망신까지 당하다

주로 세종 때에 활약한 김옥진金玉振은 뛰어난 활약상보다는 좋지 않은 추문이 더 많이 전한다. 특히 자주 집을 비워야 하는 통사의 아내는 늘 외간남자들 유혹에 노출될 수밖에 없었는데 김옥진의 부인이 바로 그러했다.

실제로 실록에는 1425년(세종 7) 2월 19일 명나라 사신 박실의 소통사小通事, 전담 동시통역사 김옥진을 파면하고 다른 사람으로 대신하게 했다는 기사가 나온다. 이유는 김옥진이 박실에게 구타당했기 때문이었다. 명나라 사신에게 전담 통역사가 얻어맞으니 그 통역사를 바꿔버린 것이다. 그러나 바로 다음날 우대언右代言 김맹성金孟誠이 문안하니 박실은 문을 닫고 누워서 이렇게 말한다.

"김옥진이 본래 죄가 있는 것이 아니고, 다만 옥진이 명주옷에 물들인 것을 미워해 관원이 옥진을 조금 손보았을 뿐인데 무엇 때문에 옥진을 갈아치웠단 말인가. 이는 반드시 전하께서 아시는 바가 아닐 것이요, 조선 신하들이 나에게 맞서는 도전 행위다."

그래서 다시 김옥진은 박실의 전담 통역사로 복귀했다. 당시 중국 사신들의 횡포가 어느 정도였는지를 보여준다. 통사로서 김옥진은 그리 유능했던 것 같지 않다. 당시에는 김하와 이변이 세종의 총애를 받으며 활동 중이었는데 세종은 김옥진에 대해서 별다른 칭찬을 하지 않을 뿐만 아니라 중요한 임무를 맡기지도 않았다. 간혹 북경을 다녀오기도 했지만 주로 중간 연락사무소 격인 요동과의 접촉을 맡고 있었다. 실제로 김옥진이 가장 많이 한 일은 도망친 중국 사람들을 요동도사에 넘겨주는 일이었다.

1431년 4월 7일에는 밀수 스캔들에도 연루돼 장 80대라는 중벌을 받았다. 본인이 주동한 것은 아니지만 밀무역 현장을 보고도 신고하지 않은 죄목이다. 당시 통사들은 밀무역을 하다가 처벌받든지 그것을 신고하지 않아서 처벌받든지 둘 중 하나를 선택하지 않으면 안 되는 상황에 놓이는 일이 비일비재했다.

1434년 5월 김옥진의 직책은 사역원 주부로 나온다. 그때부터 1437년까지도 그의 주업무는 중국 사람들을 요동으로 압송하는 일이다. 그중 1437년 7월 6일자 기사는 김옥진 자신보다도 당시 세종이 얼마나 주도면밀하고 사려 깊은가를 보여주는 기록이라 인용한다.

"통사 김옥진을 시켜서 중국사람 지원리池源里와 김새金璽 등 7명을 요동으로 풀어 보냈다. 처음에 김새가 야인에게 포로가 되어서 오랫동안 북방에서 살았는데, 어느 날 조선으로 도망쳐 왔다. 김새의 성질이 백공百工의 일에 정교精巧해 스스로 말하기를, '금은을 제련해 주홍朱紅의 가벼운 가루로 하엽록荷葉綠, 모자 꼭대기에 다는 연잎 모양의 파란 장식물 따위의 물건을 만들 수 있다.'고 했다. 임금이 장영실蔣英實에게 그 기술을 전습傳習하라고 명했다. 김새가 말하기를, '돌멩이를 제련해 금은을 만들 수 있다.' 하여 곧 그 말에 따라 널리 돌을 구해서 보이며 말하기를, '모두 진짜 돌이 아니다.'고 해서 마침내 전습하지 못했다. 단지 가벼운 가루로 하엽록 만드는 것을 배웠을 뿐이며 주홍은 역시 전습하지 못했다. 나라에서 그 재주를 사랑해서 머물러 있게 하려고 기생으로 아내를 삼게 해 후하게 대접하니 김새도 역시 기뻐해 가기를 원치 않았다.

정부 대신이 혹은 말하기를, '앞서 포로가 되었던 중국 사람이 북방에서 도망쳐 오면 즉시 중국에 풀어 보내 이제는 벌써 1,000여 명이나 되었습니다. 또 우리나라가 지성으로 사대한다는 것은 중국에 소문이 났는데 한 사람 때문에 사대하는 성심에 누가 된다는 것은 매우 옳지 못하니 보내지 않을 수 없습니다.' 하고, 혹은 이르기를, '당초에 중국의 명령이 없어도 들여보낸 자가 벌써 1,000명이 되었는데 이번에 비록 보내지 않기로서니 무엇이 염려되겠으며, 하물며 이들 네 사람뿐이니 반드시 들여보낼 필요가 없습니다.' 하여 두 가지 의논이 결정을 보지 못했으나 그 수종隨從한 사람의 족친들이 아직도 동녕위(중국땅)에 살고 있어서 끝내 자취를 숨길 수 없으므로 이때에 와서 풀어보냈다."

1440년(세종 22) 6월 김옥진의 부인이 바람을 피워 조정에서도 논란이 되고 '고 사역원 판관 김옥진'이라는 표현이 나오는 것으로 보아 그는 1439년 말이나 1440년 초에 사망한 것으로 보인다. 사헌부 지평 송취가 세종께 아뢴 말이다.

"고 사역원 판관 김옥진의 처는 비록 명문은 아니나 역시 사대부의 후예인데 바야흐로 남편 상중에 있으면서 별시위 이길안과 간통하고, 또 천한 노비와 간통하며, 또 생원 최경인은 그 족친이 아닌데도 가만히 서로 왕래하는 것을 보니 간통하는 것이 아닌가 의심스럽습니다. 옥진의 처와 경인이 모두 말을 꾸며서 숨기고 드러내지 않으니 몸을 구금하고 추국하기를 청합니다."

이 말에 세종은 남녀의 일은 알 수 없으니 서둘지 말라고 명한다.

그러나 같은 해 11월 10일 다시 이 문제가 논의되고 결국 김옥진의 아내는 관비로 전락한다. 그런데 사태는 이것으로 그치지 않았다. 통사 송성립이 요동에 갔다가 김옥진 처의 음란행위를 중국 측에 흘리는 바람에 장 100대를 맞고 유배를 떠났다.

1441년 3월 16일 사헌부에서 올린 보고서를 보면 김옥진의 말년은 비참하기 그지없다. 이미 통사로 활동하고 있던 시절부터 처가 간통한 것으로 나온다.

"옥진이 북경에 사신으로 갔다가 병을 얻어 돌아왔는데도 그의 처는 병이 있다고 해 집에 받아들이지 않았고, 또 치료하지도 않는데다 남편을 배반해 음욕을 행했다."

게다가 1443년 5월 12일에는 김옥진의 어머니가 아들의 재산을 며느리가 간부에게 마주 넘겨준다며 고소를 했다. 이에 관한 의정부의 보고서를 보면 김옥진의 치부가 도에 지나쳤음도 알 수 있다.

"옥진은 본래 가난해 물려받은 재산이 없었는데, 통사로 여러 번 북경에 가서 매매를 함부로 자행해 갑자기 부자가 되었습니다. 조정에 들어온 사람으로서 몰래 매매를 한 자는 비록 사면을 받았다 하더라도 율문律文에 의해 관아에 몰수한다는 것이 '육전'에 기재되어 있습니다. 옥진이 죽은 후에 그의 아내가 재물을 물려받아서 간부인 중가로에게 함부로 주었고, 중가로 또한 비밀리에 받았으니 이것은 곧 피차 모두 죄를 받아야 할 장물입니다. 율문대로 아울러 모두 관에서 몰수하기를 청합니다."

김옥진은 이처럼 통사의 그림자를 보여주는 인물이었다고 할 수 있다.

조선의 자존심을 지키다 • 민광미
빛을 보지 못하고 죽다 • 우효강

진향사, 진위사를 수행

1410년(태종 10) 민광미閔光美의 직책은 사역원 사인司譯院舍人으로 사역원의 말단직원인 셈이다. 그해 2월 민광미는 말 423필을 요동으로 끌고 가는 임무를 수행했다고 나온다. 왜냐하면 당시 중국은 조선에 대해 많은 때는 1년에 1만 마리의 말을 공물로 요구했기 때문에 통사의 중요한 임무 중 하나가 그것이었다. 그래서 통사의 직함 중에 압마가 있었던 것인지 모른다.

5년 후 민광미는 사직으로 승진한다. 그리고 요동을 오가던 예비 통사 민광미가 본격적으로 북경을 드나들기 시작한 것은 1419년(세종 1)이다. 그해 11월 27일 그는 선배 통사 선존의와 함께 사은사를 수행했고 1424년에는 성절사의 통사로 북경을 다녀왔다. 그 사이에 부사 통사에서 정사 통사로 승진한 것이다. 또 같은 해 10월에는 중국 황제가 사망하는 바람에 진향사와 진위사를 수행했다. 말 그대로 진향사란 향을 진헌하는 사신이고 진위사는 명나라에 조의를 표하는 사신이다.

1425년이 되면 실력을 인정받아 중국에서 온 사신의 통역으로 활동한 기록이 나온다. 민광미가 상당히 우수한 통역관이었다는 사실은 1427년 7월 세자가 명나라 조정에 인사하러 갈 때 보낸 통사 명단을 보면 알 수 있다. 7월 23일자 실록의 기록이다.

> 세자가 조현朝見할 때 서장관 겸 검찰관은 직제학 정인지·집의 김종서인데 집현전 응교 최만리를 추가로 정하고, 통사는 행 사직 민광미·사역원 첨지사 임종의·전 사역원 지사 조충좌·사역원 판관 김척·사직 강상단·전 사역원 주부 전의·유종수요, 압물관押物官은 승문원 첨지사 이세형·전 내자 소윤 강석덕이요, 압마관押馬官은 대호군 윤중부·호군 황치신·사복소윤 손이순·사직 홍유근으로 정했다.

이렇게 해서 10월 16일 세자 일행은 출발하는데 여기에 통사가 12명이라고 한 것을 보아 민광미부터 홍유근까지 모두 통사이고 이세형만 승문원 첨지사로서 통사가 아니었다. 민광미는 통사의 수장이었던 것이다.

그후에도 민광미는 중국에서 사신이 올 때마다 통역을 맡아 중요한 업무를 처리하고 있다. 1438년(세종 20)에는 사신단이 태종 때부터 숙원사업이던, 명나라에 바치던 금은 공납면제를 마침내 성사시켜 민광미는 함께 갔던 통사 고용지·전의 등과 함께 밭 10결을 하사받았다.

통사들은 신분적으로 미천했기 때문에 자연스럽게 동료의식이 강했던 것 같다. 1441년 8월 11일 상호군에 오른 민광미는 60명이 연대해서 조선의 통역 발전에 기여한 설장수의 아들들을 등용할 것을 건의하고 있다. 아마도 연대한 60명은 전부 역관들이었을 것이다. 글이 조금 길기는 하지만 역관의 역사와 커리큘럼 등에 대한 소개가 나오는 귀중한 자료이기 때문에 원문을 인용한다.

신 등이 돌아볼 때 우리나라는 삼한에서 고려에 이르기까지 대대로 대국을 섬겼으므로 고려에서는 한어도감漢語都監과 사역 상서방司譯尙書房을 설치하고 오로지 화어華語, 중국어를 익히게 했습니다. 그때에는 중국 사람이 우리나라에 와서 사는 자가 매우 많았고 국초國初에 이르러서는 사역원을 설치해 중국 사람 방화龐和·형화荊華·홍즙洪楫·당성唐城·조정曹正 한방·이원필 등이 서로 계승해 가르쳤으므로 이로 인해 친히 배우고 익혀 인재가 배출되었습니다.

그러나 학도學徒가 읽은 바는 불과 『노걸대』『박통사』『전·후한서前後漢書』뿐이옵고, 또 그 서적에 기재된 것이 대개가 다 상스럽고 속된 말이어서 배우는 자들이 이를 걱정했는데, 삼사판사三司判事 설장수가 화어로써 '소학小學'을 해석하고 이름하기를 직해直解라 해 후세에 전했사옵니다. 이제 주상께옵서 사대하시기를 더욱 정성스럽게 하시와 강이관講肄官과 별재학관別齋學官을 증설하시고 전함前衛 권지 생도權知生徒와 승문원의 이문학관吏文學官·학생 등까지 모두 생활비를 주시며 독실하게 권면하시오니 교양하는 방법이 지극하옵고, 오직 『직해소학』 하나로써만 익히게 하시오니 설장수의 공이 더욱 큽니다.

하물며 중국의 유자儒者들도 직해를 보고는 모두 해설한 것이 지당하다고 말하면서 존경했습니다. 설장수의 사람됨을 가히 알 수 있사온데 성조聖朝에서 일찍이 포상한 적이 없사와 신 등은 그윽이 생각하옵고 유감으로 여기옵나이다. 엎드려 바라옵건대 전하께옵서 특별히 선한 장점을 선하게 여기시는 조처로 장수의 아들을 등용하시와 작질爵秩을 높이 올려 주시오면 비단 지하의 설장수를 위로하는 것만 아니옵고 실로 성조盛朝의 모범이 될까 하옵니다.

세종은 민광미 등의 청을 흔쾌히 들어주었다. 그리고 그해 12월 29일에는 중국에서 온 사신이 금은과 진주를 사겠다고 말한다. 사실상 달라는 것이다. 이에 대해 민광미는 "이는 모두 조선에서 나지 않는 물건입니다."라고 잡아떼고 이런 사실을 영접도감에 전했다. 세종까지 나서서 의정부와 논의 끝에 '광미로 하여금 자기의 말처럼 답하도록' 명했다.

"대인의 청인데 감히 마음을 다하지 아니하겠습니까만 금은은 본국에서 나지 않으므로 세공歲貢 면제를 주청한 것은 조정에서도 아는 바이니 반드시 청을 따르지 못할 것이며, 진주도 본국에서 구할 수 없습니다."

훗날의 일이긴 하지만 통사들이 자신들의 이익이나 승진을 위해 중국 사신들의 힘을 활용하던 것과는 전혀 다른 모습을 보여주고 있는 것이다.

문신 출신의 통사

우효강禹孝剛의 출발은 순조롭지 못했다. 1428년(세종 10) 12월 2일 동료 김광수가 사무실에 친구들과 함께 창기들을 불러 술을 먹다가 발각돼 태형 40대 등의 처벌을 받게 되었다. 그런데 이를 모의했던 우효강만 "공신의 후손이니 처벌하지 말라."고 해서 형을 면제받았다.

다음 해 8월 10일에도 우효강에 관해 좋지 않은 기록이 나온다. 중국 사신이 다녀갈 때 조선이 명나라에 바치는 물건의 종류와 수를 적어 넣으면서 승정원 주서 우효강이 '조기 1,000마리를 1,000근'으로 잘못 적어 넣은 것이다. 뒤늦게 이 사실을 알고 새로 고쳐 쓴 문서를 갖고 먼젓번 문서와 바꿔치기하는 비밀작전까지 벌여야 했다. 그 때문에 우효강과 그를 감독해야 할 상사들까지 모두 의정부에 하옥되었다. 결국 장형을 받고 나서야 풀려날 수 있었다.

1431년 사간원 우정언으로 자리를 옮긴 우효강은 여전히 통사의 일과는 거리가 먼 분야에 있었다. 1433년 11월 7일 병조좌랑으로 자리를 옮긴 우효강은 함길도에 파견된다. 아직은 외교업무라고는 할 수 없고 서울을 방문하는 오랑캐들이 타고 오는 말과 군인의 수를 엄격히 제한하는 문제를 논의하기 위해서였다.

1436년 우헌납으로 승진하고 1437년 이조정랑이 되었다. 문종 즉위년 8월 7일에는 동부승지가 된다. 이렇게 보면 우효강은 세종 때에는 통사로서 전혀 활약하지 않았다는 뜻이다. 그런데 이틀 후 우효강은 중국에서 온 사신을 접대하는 일을 맡고 있다. 처음으로 외교 일선에 나선 셈이다. 1451년(문종 1) 1월 6일 우효강은 우부승지로 승진하고 5월에는 좌부승지로 승진했다.

1453년(단종 1) 우효강은 황해도 관찰사에 오른다. 1454년 10월 19일 형조참판으로 다시 중앙관직으로 복귀한다. 우효강이 주문사로 북경에 처음 가게 되는 것은 1455년(세조 1) 윤6월 29일이었다. 이들이 맡은 임무는 단종이 물러나고 세조가 즉위하게 된 경위를 설명하고 명나라 황제로부터 추인을 받아내는 것이었다. 이런 공을 인정받아 공조참판에 올랐으나 6월 26일 갑자기 세상을 떠나고 말았다.

조선을 '통通'한 세계인

● 손수산, 안지선, 강문보

한글 창제에 기여한 통사

손수산孫壽山은 비밀리에 훈민정음 반포 준비작업이 한창이던 1445년(세종 27) 1월 7일 신숙주와 성삼문을 수행해 요동에 가서 저명한 음운학자 쌍기 등에게 운서에 관한 질문을 하는 작업을 도왔다. 그리고 1449년 12월 중국에서 사신이 왔을 때에도 신숙주와 성삼문의 통역을 맡았다. 다른 사람도 아니고 당대의 손꼽는 학자 신숙주와 성삼문의 통역을 맡았다는 것은 그의 학문적 실력 또한 어느 정도 수준에 이르렀다고 봐야 할 것이다.

문종 때부터 손수산은 본격적으로 중국을 오간다. 즉위년 9월 11일 성절사로 북경에 가서 황제의 조서를 받아왔다. 1455년(세조 1) 12월 27일에는 원종공신 3등에 책록되어 어느 정도의 출세는 보장받았다. 1458년 6월 15일에는 행 사정行司正이라는 직함으로 여진족의 포로가 됐다가 도망쳐 온 요동 사람들을 요동으로 인계하는 임무를 수행했다.

다음 해 8월 10일 손수산은 주문사를 수행해 북경을 다녀왔고 11월 1일에는 사은사를 수행해 다시 북경을 다녀왔다. 1460년에도 문례관을 수행해 북경을 다녀왔다.

이런 기록으로 보아 손수산의 중국어 실력은 당대 몇 손가락 안에 꼽히는 수준이었던 것 같다. 게다가 그에 관해서는 처벌기록 등과 같은 부정적인 자료가 전혀 없다. 그래서 1463년 그의 직함은 사역원 판사에 이른다. 그리고 그해 11월 손수산은 송골매를 명나라에 바치기 위해 북경을 다녀온다. 이런 사신을 진응사進鷹使라고 하는데 1464년에도 그는 진응사로 두 차례나 북경을 다녀온다.

장사꾼에서 출발

안지선安至善에 관한 실록 기록은 세종 때 단 한 건으로 1447년(세종 29)에 조선땅에 흘러들어온 중국 사람들을 통사 자격으로 요동에 인도한 것이다. 그리고 세월이 조금 흘러 1451년(문종 1) 1월 12일 북방 오랑캐의 정보를 탐지해 와 국왕에게 보고한 기록이 나온다. 같은 해 3월 15일 안지선의 신분이 어떠했는가를 보여주는 자료가 있다. 사간원에서 통사인 안지선에게 장흥고長興庫의 책임자인 사使로 임명하는 것이 부당하다는 상소였다.

"안지선은 본시 통사로서 오로지 무역으로 생활하니 장사꾼이나 다를 바 없는데, 이번에 장흥고 사로 제수했습니다. 사使는 한 사司의 장長인데 안지선이 임명되었으니 청컨대 임명한 것을 다 고치소서."

그러나 문종은 이런 견해를 무시하고 안지선을 장흥고 사로 임명한 것을 취소하지 않았다. 1453년(단종 1) 2월 25일 안지선은 통사 자격으로 야인의 포로가 되었다가 조선으로 도망쳐 온 중국 사람 노림路琳 등 남녀 7명을 요동으로 보내는 일을 수행했다. 이 일은 당시 통사의 고유한 업무 중 하나였다. 이런 일을 하는 사람을 당인압해관이라고 불렀다.

같은 해 3월 11일에는 북방 정세를 이야기하던 중 안지선에 관한 이야기가 나온다.

"통사 안지선이 일찍이 요동에 나아갔으니 적변賊變을 염탐해 알 것 이다."

이를 보면 안지선은 일찍부터 북방 정보통으로 활약하고 있었음을 알 수 있다. 1455년 2월 6일에도 안지선은 행 사직行司直이라는 직함 으로 중국사람 김홀노金忽奴 등 9인을 요동으로 보내는 당인압해관의 임무를 수행하고 있다.

1456년(세조 2)에는 주문사 김하·부사 우효강을 수행해서 성공적인 사신업무를 마친 공으로 같은 통사 김자안과 함께 밭 10결을 하사받 았다. 1457년 8월 12일 행 사직 안지선은 원종공신 3등에 책록되었 다. 세조의 중국행을 함께한 공을 인정받았기 때문이다. 1458년 윤2월 11일 안지선은 주문사 이조판서 한명회를 성공적으로 수행한 공으로 동료 통사 김유례·김자안·박지 등과 함께 밭 15결을 하사받았다. 안 지선에 관한 기록은 이것으로 끝난다.

요동지역 정보통

강문보는 전형적인 통사로 세종 때부터 세조 때까지 활약한 인물 이다. 당시 통사들은 종종 사신이 오가지 않은 상태에서 요동에 가서 황제 조서를 등사해 오는 일이 잦았다. 강문보도 1442년(세종 24) 6월 22일 요동에 가서 황제가 새로 황후를 맞이한다는 소식을 등사해 온다.

1448년 4월 29일 강문보는 중국 사람 김만을 돌려보내는 임무를 띠고 요동으로 떠났다. 그런데 한 달 후 강문보는 김만을 다시 데리고 왔다. 요동도사가 조사해 보니 오랑캐에게 잡혔다가 조선으로 도망친 게 아니라 처음부터 조선으로 가려 했다는 것이다. 그러나 조사 결과 오랑캐와 연루된 사실이 드러나 사형을 시켰다.

여기서 드러나듯 강문보는 북경보다는 요동을 오가는 연락임무를 주로 많이 맡았다. 실무형 동시통역사였던 것이다. 같은 해 12월 20일 성절사로 갔던 이변은 돌아오다가 의주에 이르러 먼저 강문보를 서울로 보내 북경방문 결과를 전한다.

1449년 8월 2일 요동을 둘러싼 북방정세가 심상치 않다는 보고를 받은 세종은 즉시 통사 김자안과 강문보를 요동으로 파견한다. 그리고 18일 요동에서 돌아온 강문보는 입수한 정보를 바탕으로 조정에 보고한다.

신이 진무鎭撫 왕황王璜을 보고 물으니 답하기를, '광녕廣寧과 요동 사이의 참로站路가 모두 달달達達에게 노략당해 사람과 가축을 죽이고 사로잡아 간 건만 수만에 이른다. 그 당시 달달이 간 곳을 알지 못해 지휘指揮 오양회嗚良會가 달달 지역에 들어갔다가 잡혀서 억류되었는데 비밀히 사람을 시켜 아뢰기를, '초가을에 달달이 중국을 침범할 것입니다.' 하므로 7월 17일 황제가 군병 8만을 거느리고 친히 정벌하러 거용관居庸關을 출발해 행차가 장안령長安嶺에 이를 즈음 도독都督 양홍楊弘 삼부자가 산속에 복병했다가 적을 습격해 4만여 급을 죽이고 사로잡았다.' 하오나, 이 사실은 전해 들었을 뿐 문서로 전달되어 상고할 만한 것은 없사오며 요동 등의 지방은 지금은 조용해 아무 일도 없습니다.

문종 즉위년 4월 23일 주문사를 수행해 통사로 갔던 강문보가 먼저 돌아와 주문사가 황제로부터 상을 받았다고 아뢰자 문종은 강문보에게 옷 1벌을 하사한다. 또 9월 19일에는 중국에서 온 사신 윤봉尹鳳이 관반館伴, 중국 사신을 접대하는 관리에게 이르기를, "강문보가 무슨 일로 북경에 갔습니까?"라고 묻는 장면이 나온다. 당시 대표적인 중국 사신인 윤봉과 강문보 사이에 각별한 친분이 있었음을 보여주는 대목이다.

1455년(단종 3) 6월 10일 강문보는 여진의 포로가 되었다가 도망쳐 온 중국 사람 점보를 요동으로 압송하는 일을 했다. 그런데 강문보의 경우 세조 초까지도 통사 이외의 관직을 맡지 않은 것으로 보아 학식이 뛰어나거나 했던 것 같지는 않다. 통사로 시작해 통사로 끝난 인물이다.

중국어에 통달한 문관들
• 김계박, 지달하, 이춘경, 이인례, 전명순, 차윤성

일찍 무대에서 사라진 일급통사

김계박金繼朴은 1457년(세조 3) 8월 12일 장유성과 함께 녹사라는 직함으로 원종공신 3등에 책록되었다. 그리고 1459년 사은사를 수행할 때도 장유성과 함께 통사로 갔다 왔다. 1464년 2월에는 정조사의 통사로 중국을 다녀와 새 황제의 즉위소식을 조정에 보고했다. 다음 해에는 다른 통사들과 마찬가지로 도망쳐 온 중국 사람들을 요동으로 돌려보내는 임무를 수행했다. 1468년에는 사역원 판관에서 1품계 승진하는데 '중국 사신의 요청에 따른 것'이라는 주가 붙어 있다.

예종 즉위년에는 황중과 둘이서 세조의 사망 사실을 명나라에 고하러 가는 사신의 통사로 북경을 다녀왔다. 또 1469년(예종 1)에는 황중·장유화 등과 함께 예종 앞에 끌려나와 명나라 사신에게 인사청탁을 했는가와 관련한 국문을 받기도 했다.

성종 때에는 중국 사신을 이용한 인사청탁 폐해가 더욱 심해진다.

오죽했으면 1470년(성종 1) 5월 23일자 사신의 논평에 이런 글이 실렸겠는가.

"중국 사신이 온다고 하면 세력가 자제들이 앞다투어 나아가서 간청해, 드디어 예삿일처럼 조금도 부끄러워하지 않으니 더러움이 심하도다."

어쩌면 이런 혜택을 가장 많이 본 직군의 하나가 통사였을 것이다. 그것은 국내에서는 정상적인 신분상승이 불가능했기 때문에 어쩔 수 없는 일이라고도 볼 수 있다. 국왕이 사신들을 위해 여는 연회장도 인사로비의 장으로 활용됐다. 6월 10일 연회에서 상사(중국측 사신 대표)는 도승지 이극증에게 "부사의 통사 장자효는 승진했는데 나의 통사 김계박은 홀로 승진하지 못했으니, 청컨대 전하께 아뢰어 주소서."라고 노골적으로 청탁한다.

그러나 전후 맥락을 살펴볼 때 김계박은 앞서 본 장유성이나 황중, 김저나 장유화만큼 정동이나 한명회에게 적극적으로 로비를 하지 않았거나 못했던 것 같다. 실력은 그들 이상이면서도 중국 사신의 청탁에도 불구하고 별다른 보직을 맡지 못했다.

1475년 정조사로 북경을 다녀온 김계박은 장자효·장유화·최유강 등 동료 통사와 함께 밭 10결을 상으로 하사받았다. 그후 사망했는지 그에 관한 기록은 더 나오지 않는다. 어쩌면 한명회와도 관계가 있었던 그도 1480~1482년까지 살았거나 활동했다면 당상관에 올랐을지도 모른다.

이문에 능했던 문신 출신

아마도 지달하池達河는 역관으로서보다는 중국어에 능한 문관이었던 것으로 보인다. 이런 경우는 현장활동보다는 승문원에서 이문을 작성하거나 학생들에게 중국어와 이문을 가르치는 데 더 많은 신경을 썼을 것이다. 지달하는 이문에 뛰어났던 게 분명하다.

1481년(성종 12) 5월 13일 지달하는 이춘경·김자정 등과 함께 1품계 특진을 한다. 이례적으로 특진 이유를 '이문을 강의했기 때문'이라고 밝히고 있다. 그러자 5월 20일 사간원 헌납獻納, 정5품 박원수가 "신하가 임금에게 강의하는 것은 당연한 직무를 수행했을 뿐인데 상으로 특진시킨다는 것은 이해할 수 없다."고 말한다.

이에 대해 성종은 이렇게 반문한다.

"쓸 만한 재주가 있었기 때문에 특별히 명해 품계를 더하는 것이다. 임금이 그 사람의 훌륭한 점을 보고서도 관작官爵으로 상을 주어 권장하지 않으면 장차 어떻게 해야 하겠는가?"

아주 마음에 들었기 때문일 것이다.

같은 해 8월 당시 최고 요직 중 하나인 이조정랑이 된 지달하는 천추사 홍귀달이 갖고 온 명나라 병부의 외교문서를 해석해서 국왕에게 올렸다. 이 외교문서가 바로 이문이다. 또 10월 20일에는 "이조정랑 지달하를 질정관質正官으로 북경에 보냈다."는 기록과 함께 성종이 직접 "지달하가 이문에 능하다."고 칭찬하는 기록이 보인다. 여기서 질정관이란 중국어 음운이나 제도 등을 명나라 최고 전문가에게 물어보기 위해 사신이 갈 때 동행시켰던 임시관직이었다.

조선은 신분제 사회였다. 그런데 중인 신분이던 의원이나 역관이 하는 일은 경우에 따라서 대단히 중요했다. 국왕의 생명을 좌우할 수도 있고 국가대사에 치명적인 영향을 줄 수도 있었다. 그러다 보니 세종이나 성종 등은 이들에게 신분을 뛰어넘는 직책을 주어서 격려했다. 1482년 4월 14일 강귀손이 성종의 이 같은 지시를 정면으로 비판하자 성종은 이렇게 답한다.

"의술과 역학은 모두 국가대사다. 지금 대비大妃, 세조의 부인이었던 정희대왕대비께서 편안치 못하신데 나라에 좋은 의원이 없으니 내가 매우 한스럽다. 평시에는 사람들이 모두 의원을 천하게 여기다가도 병들면 모두 급급하게 의원에게 의지해 살기를 구하니 그 임무가 가벼운 것인가? 그리고 역학은 교린交隣 사대事大하는 데 그 임무가 지극히 중요하다. 여진 통사는 내가 알지 못하나 왜 통사에 서인달徐仁達이 없다면 누구에게 배우겠는가? 중국어는 김자정·지달하·장유성·황중 이외에는 사람이 없다."

지달하는 김자정과 함께 당대 최고의 이문과 중국어 전문가였다. 이에 대해서는 신하들도 의견이 같았다. 그래서 1486년 10월 28일 성종도 다른 보직을 맡고 있던 지달하로 하여금 승문원직을 겸직하도록 해 학생들을 가르치게 해달라는 홍응의 요청을 받아들인다.

1487년 12월 9일 지달하의 직책은 승문원 참교承文院參校다. 강의를 하는 최고위직인 참교는 승문원 책임자인 정3품 판교에 이은 종3품직으로 일종의 부원장급에 해당한다. 그리고 1489년 11월 29일에 경연에서 특진관特進官, 경연에서 별도 주제에 관해 진강하는 관직 유지가 성종에게 "지달하는 마음과 행실이 취할 만하고 김자정은 또한 중국말에 정통하니 이 두 사람이 교훈이문을 강의하는 일을 할 만합니다."라며 높이 평가하는 것으로 보아 인격적으로도 뛰어난 인물이었던 것 같다.

성종에게 운학을 강의

성종은 학문도 좋아했지만 중국어에도 관심이 많았다. 그래서 1476년(성종 7) 12월 12일 선정전으로 역관 장유성·황중·이춘경李春景을 불러 서로 중국어로 문답하고 우리말로 풀이하게 했다. 일종의 테스트이기도 했고 그런 모습을 즐긴 것으로 보인다. 그리고 이춘경이 국왕 앞에 불려 간 3명 중 하나였다는 것은 그만큼 실력을 인정받고 있었다는 뜻이기도 하다. 그리고 그해 12월 14일에는 우의정 윤자운이 하정사의 구성과 관련해 의견을 올리는데 여기서도 이춘경의 이름이 나온다.

"통사 장자효와 강이관 이춘경은 다 일에 익숙하므로 데리고 가고자 합니다."

강이관이란 질정관과 비슷한 직책으로 중국어뿐만 아니라 이문에도 능했다는 이야기다. 그런데 1477년 10월 28일에는 압물 이춘경이 북경에 가면서 정해진 숫자 이외의 마포麻布를 갖고 간 죄로 김중선과 함께 장 100대에 고신을 빼앗겼다. 그러나 1479년 7월 8일에는 대사헌 박숙진이 올린 보고서에서 '역학에 정통한 이수손·이춘경·방귀화'라는 대목이 나오는 것으로 보아 널리 실력을 인정받고 있었다.

이춘경의 경우 실력에 비해 관직이 높은 것은 아니었다. 1480년 7월 14일 중국 사신의 청으로 통사 당효량唐孝良이 선공감 판관繕工監判官으로 임명된 데 대해 신하들이 이의를 제기했다. 무과에 속한 당효량을 문관으로 승진시키는 것은 곤란하다는 것이다. 그러면서 나온 이야기의 한 대목이다.

"한훈漢訓, 중국어에 정통한 방귀화 같은 사람도 주부가 되었고, 이춘경은 등제登第, 역과에 합격한 뒤에 겨우 서령署令을 받았으니 당효량의 관직이 실로 그 동류보다 지나칩니다."

그리고 다음 해인 1481년 5월 13일 이춘경은 지달하·김자정 등과 함께 성종에게 이문을 잘 강의한 공으로 1품계 특진했다. 같은 해 9월 14일에는 이춘경이 성종 앞에서 『동자습童子習』을 강의한 후 성종과 중국의 문물 전반에 관해 함께 토의하는 장면이 나온다. 성종이 묻고 이춘경이 답하는 식이다.

"황제에게 부마駙馬가 있는가?"

"단지 선제先帝의 부마만 있습니다."

"조복朝服의 관冠은 우리나라와 같은가?"

"똑같습니다. 단지 공公·후侯·백伯은 이엄관耳掩冠입니다."

"황실에 형제가 있는가?"

"성혼하면 모두 외방外方에 봉해집니다."

"형제가 서로 보지 못한다면 친족을 친애하는 예의는 어떠한가?"

"절일節日에 표문을 바치거나 진하陳賀할 때에도 스스로 올 수가 없습니다."

같은 해 10월 22일에는 성종이 조선의 음을 바로잡는 문제를 논의하도록 지시한다. 이 자리에는 이명숭·이춘경·이창신 등이 참여했다. 다소 어려운 내용이 포함돼 있긴 하지만 앞서 본 대로 당시 운학韻學의 핵심문제가 무엇이었는가를 아는 데 도움이 되기 때문에 전문을 인용한다.

"성운聲韻에는 칠음七音과 청탁清濁이 있는데 우리나라 음은 치두齒頭와 정치正齒의 구분이 없으며, 또 순음脣音의 경중輕重의 차이가 없습니다. 그러므로 중국어를 배우는 자는 그 정교함을 얻을 수 없습니다. 먼저 우리나라 음을 바르게 하면 운학을 밝힐 수 있습니다. 신 등이

『동국정운』을 살펴보니 사私와 사思는 치두음齒頭音이고, 사師와 사獅는 정치음正齒音이어서 합해 하나의 음이 되며, 비卑와 비悲는 순중음脣重音이고, 비非와 비飛는 순경음脣輕音이어서 합해 하나의 음이 되며, 방芳자는 전청음全淸音이고 방滂자는 차청음次淸音이지만 역시 혼돈되고 분별되지 않아서 권인權引의 말과 같습니다.

앞으로 본국정운本國正韻은 칠음을 나누고 청탁으로서 협운叶韻, 어떤 운의 문자가 다른 운에도 통용되게 함이 되게 해 초학자로 하여금 먼저 이 책을 익힌 후 홍무운洪武韻을 배우게 하면 칠음회성七音回聲이 입에서 저절로 구분되어 한음을 배우는 데 반드시 도움이 될 것입니다."

중국어를 제대로 익히기 위해 우리말과 중국말의 음운학적 차이문제를 이야기하고 있는 것이다. 질정관이나 강이관들이 했던 질문도 주로 이런 문제들과 관련된 것이었다.

연산군 때의 통사

세조 때와 성종 때 요동지방 건주위에 대한 정벌에서 알 수 있듯이 요동지방은 군사적으로 늘 불안정했다. 이런 가운데 명나라도 여진족을 두려워해 수시로 조선에 파병을 요청했다. 그러다 보니 여진족과 조선의 사이가 좋을 수 없었다.

북경이나 요동을 오가는 통사들이 늘 위험에 처한 것은 그 때문이었다. 1493년(성종 24) 12월 3일 천추사 안침이 돌아와 성종에게 보고하는 내용을 보면 이런 어려움을 알 수가 있다.

"달자達達족가 5운運으로 나뉘어 중국 조정에 조하朝賀하는 것을 피해 역관驛館에 들지 않고 운소運所에 머물렀습니다. 그때 관부館夫, 역관 담당 관리가 달자와 말하기를, '조선 사람들이 무엇 때문에 그대들을 두려워해 한 관館에 같이 들지 않는가?'하자 달자가 답하기를, '근래에 우리 사람들이 조선에서 매우 많이 죽었으니 어찌 우리 보복을 두려워하지 않겠는가? 함께 관에 들었다면 우리가 마땅히 한두 사람을 죽였을 것이다.'라고 했습니다."

그러면서 안침은 통사 이인례李仁禮를 비판한다. 비판 내용은 이렇다. 이인례가 성종에게 건의하는 바람에 허물이 있는 통사가 부사가 되었고 그후 통사들이 오만방자해져서 상하구분이 없어졌다는 것이다. 그러니 온갖 부정을 저질러대는 통사들을 보면서 중국 사람들이 지극히 옳지 못하게 여긴다는 것이다. 이인례가 그랬다는 것은 아니고 그런 건의를 한 장본인이 이인례다. 그것은 통사들 입장에서 본다면 일종의 권익을 대변한 것이다.

이인례가 기록상 통사로서 활동을 보여주는 것은 1494년 8월 19일자가 처음이다. 중국 사람들이 평안도로 피해오면 그들을 요동에 데려다주는 것이다. 사은사 통사로 임명된 이인례가 북경으로 가는 길에 이 임무를 수행한다.

그런데 이인례와 관련된 기록들을 보면 그의 중국어 능력과 관련된 언급은 없다. 아마도 전형적인 통사였던 것으로 보인다. 1499년(연산군 5) 9월 18일자에는 호조판서 박숭질이 연산군 앞에서 이인례를 비판하는 대목이 나온다.

"전일 국가에서 이인례에게 산호·명박明珀 등 물건을 중원에서 무역해 오게 했는데, 이인례가 그 물건을 사지 않고 제 마음대로 다른 물건을 사 왔으니 그 죄가 중하옵니다."

이인례가 사 온 것은 석대石帶였다. 그보다 훨씬 귀한 옥대의 시장가

격이 면포 150필인데 이인례는 조정에 석대의 값으로 270필을 청했다. 여느 통사들처럼 폭리를 취하려 한 것이다. 그런데 연산군은 별다른 조처 없이 내버려 두라고 한다.

무슨 잘못을 했는지 모르지만 1504년 8월 20일에는 "이인례를 잡아들이라."는 명이 떨어진다. 이렇게 잡혀 온 이인례는 8월 30일 장형 80대를 맞는다. 이 또한 사무역과 관련된 것이었을 가능성이 높다. 이인례의 경우 대명외교에서 중요한 일을 하지 않은데다 연산군 역시 외교를 소홀히 했기 때문에 그와 관련된 잘못일 가능성은 별로 없기 때문이다.

그해 10월 7일에도 연산군은 통사 돈백형과 이인례가 색이 바랜 저사紵絲를 궐내에 들였으니 논죄하라고 명한다. 돈백형의 경우 실록에 몇 차례 기록이 나오는데 대부분 부정적인 것들이다. 1537년(중종 32)에는 요동에 갔다가 마음대로 돌아와서 처벌을 받기도 한다. 뭔가 문제가 심각했던 통사였던 것 같다. 그런데 변덕이 심했던 연산군답게 다음날 "통사 돈백형과 이인례를 놓아 보내라."고 명한다.

그리고 1508년 명나라의 승인을 받아 낸 후 이인례도 공을 인정받아 공신에 책록된다. 또 그해 6월 8일 이인례는 명나라 사신을 접대했다는 기록이 나오는데 그것이 이인례에 관한 마지막 기록이다.

한학에도 능했다

1497년(연산군 3) 3월 전명순田命淳은 압해관으로 요동을 다녀와서 요동지방 정세를 연산군에게 상세하게 보고한다. 그후 정확히 10년 동안은 전명순에 관한 기록은 전혀 없다. 연산군 때는 통사들에게도 압흑의 시대였기 때문이다. 1507년(중종 2) 2월 15일 전명순은 사위사辭位使 김응기와 승습사承襲使 임유겸을 수행해 북경을 다녀왔다.

그러나 성과는 좋지 못했다. 사위사란 연산군이 왕위에서 물러나게 되었음을 고하는 사신이고 승습사는 중종이 왕위를 잇게 된 것을 고하고 승인을 받아내는 사신이다. 그러나 중국에서는 아직 전왕이 죽지 않았으므로 승인에 난색을 보였다. 중종반정이 승인을 받지 못한 것이다. 여기서 전명순이 요동을 오가지 않고 북경까지 사신을 수행했다는 것은 그가 일급통사 반열에 올랐다는 뜻이다.

다음 해 7월에는 으레 그렇듯이 중국 사신이 전명순의 품계를 올려주라고 청탁한 문제로 조정에서 논란을 벌인다. 대부분 이런 일에는 신하들의 반대에도 국왕이 올려 주는 게 관례이다시피 했다. 그런데 전명순의 경우는 결국 원래의 품계대로 남게 된다. 이때만 해도 중종이 너무 어렸고 신하들의 반대가 거세었기 때문이다. 그러나 어전 통사로서의 업무는 대략 1521년(중종 16)까지 이어졌다. 왜냐하면 1536년의 한 기록에 보면 김안로가 "전명순은 16년 동안 일을 하지 않고 늙어버렸다."고 말하는 대목이 있기 때문이다.

정확하지는 않으나 전명순도 결국 당상관에 올랐을 것이다. 그리고 그해 윤12월 13일 전명순은 세자가 중국 사신을 접대할 때의 통사로 차출된다. 그것을 세자 통사라고 했다. 전명순에 관한 기록은 1539년 4월 18일자가 마지막인데 이때 윤개와 이응성이 어전 통사로 활약했고 전명순은 주양우와 함께 보조 통사였다. 아주 특출난 실력의 소유자는 아니면서도 말만 할 줄 아는 통사와 달리 1536년에 중종이 "전명순은 한학에 능하다."는 말을 한 것으로 보아 글도 어느 정도 읽을 줄 아는 인물이었던 것 같다.

명종 즉위 승인을 받아오다

1536년 12월 2일 중종은 명나라 사신이 언제 조선에 오는가를 알아보기 위해 통사를 요동으로 보내라고 명한다. 이렇게 해서 승정원은 차윤성車允成과 이영을 요동으로 보내도록 주청했다. 그런데 12월 14일 요동으로 간 차윤성과 이영으로부터 아무런 연락이 없자 중종은 안절부절못하는 모습을 보인다.

결국 이것이 문제가 되어 다음 해 1월 24일 석강에서 특진관 김인손은 차윤성과 함께 앞서 언급된 돈백형을 처벌해야 한다고 주장한다.

"요즈음 천사天使, 중국 사신 때문에 생기는 폐단이 이루 말할 수 없습니다. 12월 1일에 천사가 조선으로 나온다는 소식을 들었을 때 설 전에 강을 넘어올 것이라 해 경외京外가 한바탕 소동을 벌였으며 시기에 미쳐서 조처하느라 온 나라가 다 그 폐해를 받았습니다. 차윤성은 미리 가서 자세히 탐문하는 일을 맡겼으나, 요동에 가는 것도 일찍 들어가려 하지 않았고 또 곧 치계하지 않아 국가가 이토록 소요하게 했으니 지극히 그르다 하겠습니다. 돈백형도 탐문하는 일을 맡겨 탕참湯站과 요동 등에 보냈으나 중도에서 동지사의 선래 통사를 만나 편의한 대로 곧 돌아왔으니 그 국법을 두려워하지 않는 것이 이러합니다."

이에 대해 중종은 차윤성이 본의 아니게 그랬으니 용서하도록 하고 돈백형에게는 중벌을 명한다. 그리고 3월경에 서울에 들어온 천사 일행을 접대하는데 차윤성이 통사로서 참가하고 있다. 그리고 정권이 바뀌어 1545년(인종 1) 5월 10일 중국 사신 일행을 위해 모화관에서 인종이 주최하는 전별연이 열렸다. 이 자리에서 사신은 관례처럼 통사들의 진급을 청탁한다.

"거느렸던 통사 차윤성·최세협은 다 그 공로에 보답하지 않을 수 없고, 이화종도 본디 서로 친한 사이인데 공로는 훨씬 더하므로 승직시키기를 바랍니다. 번거롭게 여기지 말고 제 간청을 들어주소서."

이에 대해 인종은 신하들에게 의견을 묻는다. 그래서 차윤성은 사역원 내에서 승진한다. 그러자 6월 17일 사헌부·사간원 등은 "통사 차윤성·최세협은 남몰래 올려 달라고 청해 꺼림없이 법도를 어긴 것이 박청 등과 다름없으니 승직을 취소하소서."라고 청했다. 그러나 인종은 들어주지 않았다. 그리고 인종이 1년 만에 승하하자 차윤성은 1546년(명종 1) 12월 명나라에 인종의 사망을 알리고 명종의 승인을 청하는 고부청시사를 수행해 북경을 다녀온다.

기밀누설죄로 문초 받다
• 주양우, 박청, 최세영, 홍겸

한글 가르치다 처벌받다

"주양우朱良佑는 본래 미천한 사람으로 일찍이 사역원 생도가 되기를 희망해 한어를 익히기는 했으나 인물이 용렬하니 중국에 웃음거리가 될 뿐만 아니라 질정관의 사명도 제대로 수행하지 못할 것입니다. 다른 사람으로 교체해야 합니다."

"주양우에 대해서는 나도 태생이 미천한 것을 모르는 바 아니나 질정관에 제수한 것은 한어를 알기 때문이다. 그랬기 때문에 정승이 경연에서 '주양우에게 한어를 더욱 정통하게 익히게 하려면 반드시 중국에 보내 중국인과 이야기하게 해야 한다. 그런 뒤에야 훗날 천사가 왔을 때 어전에서 통역할 수 있다'고 말한 것이 아니겠느냐. 현재 어전에서 통역할 만한 자가 없으니 불가불 보내어 익히게 해야 한다."

1535년(중종 30) 3월 3일 사헌부가 올린 보고서와 그에 관한 중종의 답변 일부다. 질정관은 통상적으로 문신이 맡지 통사가 맡는 자리가 아니다. 그런데 이 맥락을 보면 중종은 주양우를 어전 통사로 키울 생각이 있었기 때문에 주양우를 질정관으로 임명해 중국어 실력을 더욱 키우게 하고 싶었던 것이다.

같은 맥락에서 다음 해 2월 25일 영의정 김근사는 가능한 한 자주 주양우를 중국에 보내 실력을 배양시켜야 한다며 동지사를 따라갔다 온 그를 곧 떠나는 성절사 행차에 다시 보낼 것을 건의한다. 당시로서는 뛰어난 어전 통사가 없어 조정의 골칫거리였기 때문이다. 1539년 당시 어전 통사는 윤개와 이응성이었고 주양우는 전명순과 함께 예비 어전 통사였다. 그런데 전명순은 나이가 많아 은퇴를 앞둔 상황이었다.

이처럼 잘나가는 듯하던 주양우는 1539년 11월 뜻밖의 일로 추국을 당하게 된다. 11월 19일 대사성 정세호가 자신이 겪은 이야기라며 이렇게 말한다.

"신이 북경에 갔다가 돌아오는 길에 요동에서 혼자 방에 있는데 어떤 중국 유생이 들어와서 한글로 자기 이름은 주사周土이고 자字는 상지尚志라고 썼습니다. 신이 속으로 깜짝 놀라 누구한테 배웠느냐고 물었더니 '그대 나라의 주양우가 가르쳐 주었다.'고 했습니다. 이런 식으로 중국 사람들이 한글을 알게 될 경우 우리나라에서 숨기는 일이 설사 사소한 것이라도 누설되어 전해지면 관계되는 바가 중대하니 중국으로 가는 사신이 북경에 갈 때 이러한 일들을 누설하지 않도록 이르는 것이 어떠하겠습니까?"

통사들이 중국 사신들의 혜택만 입은 것은 아니었다. 중종 때의 통사였던 안훈의 경우에는 은을 갖고 가서 중국 물건을 사려다가 문제가 되어 중국 정부에 사형을 당했다. 중국 사신들의 마음에 들지 않는 선물을 했다가 봉변당하는 일은 비일비재했다.

주양우의 실수는 당시로서는 결코 사소한 것이 아니었다. 주양우는 이 일로 별다른 처벌을 받지 않았지만 경력에 커다란 오점으로 남아 두고두고 그의 출세길에 걸림돌로 작용한다. 정확히 언제 복권·복직이 되었는지는 모르지만 중종 38년에 주양우는 군기시 판관이라는 직책을 맡고 있었다. 이때 그의 승진과 더불어 승문원 교리를 겸하게 하려는 움직임이 있었는데 사헌부에서 다음과 같은 상소가 올라오는 바람에 좌절되고 만다.

"주양우는 지난날 북경에 갔을 때 중국 사람과 교통해 언문을 가르쳤으니 잘못이 매우 큽니다. 평상시 역관들이 국법을 두려워하지 않고 우리나라에서 숨기는 일을 전달하지 않는 것이 없습니다. 비록 적발해 죄를 다스리지는 않았으나 여론이 좋지 않은데 주양우는 문관으로서 오히려 삼가 단속하지 않고 하는 짓이 이와 같으니 서둘러 승직시켜야 할 사람이 아닙니다. 그리고 미천한 사람으로 승문원 교리를 겸함은 더욱 온당치 못하니 아울러 개정하소서."

주양우가 정식 어전 통사가 되는 것은 명종 때였다. 1558년(명종 13) 3월 17일 주양우는 북경에 가서 세자 책봉을 받아온 공으로 1품계 특진한다. 여기에도 그가 중국 사신에게 청을 넣었음이 드러나 한동안 조정이 시끄러웠다.

특진 요청으로 물의를 일으키다

무대는 1545년(인종 1) 5월 17일 경복궁 경회루다. 이 자리에서 중국 사신 장봉과 오유는 인종과 함께 술잔을 기울이며 이런저런 이야기를 나눈다. 통역은 어전 통사인 이응성이 맡고 있다. 두 사신은 이름까지 거명하며 "통사 최세영崔世瀛·홍겸洪謙·박청朴菁은 매우 부지런하고 근신해 밤낮으로 일에 힘썼으니 그 공로가 작지 않습니다. 보답하지 않을 수 없으니 청컨대 은급恩級, 직급을 올리는 것을 내리소서"라고 부탁하자 인종은 그렇게 하겠다고 말한다.

그날로 신하들은 "이화종의 경우에는 특별한 공이 있어 승진을 시킨 것이지만 최세영·홍겸·박청은 무슨 공이 있습니까?"라고 반발한다. 사실 통사들이 중국 사신에게 뇌물을 주거나 해서 청을 넣는 경우는 늘상 있어 온 일이지만 이처럼 어전 통사도 아닌 일반 통사들이 한꺼번에 청을 넣는 경우는 드물었다. 다음날은 대간까지 나서 통렬하게 비판한다.

"통사 이화종·박청·최세영·홍겸은 다 중국 사신의 청에 따라 중한 가자를 주라고 명했으나 작상爵賞, 상으로 작위를 높임의 외람됨이 이보다 심할 수 없습니다. 이러한 잡류인 사람이라도 반드시 그 공로를 살피고 술업術業, 전문분야이 정통해야 작명爵命을 내릴 수 있는데 이 사람들은 중국 사신을 모시고 좌우에서 시중들었을 뿐입니다. 별로 공로와 재능이 없고 그 술업도 정통하지 않은데 외람되게 중한 가자를 주었으므로 물정이 온편하지 못하다 여기오니 빨리 성명成命, 인사명령을 거두소서."

물론 인종은 대간의 말이 옳다는 것을 인정하면서도 이미 그쪽에 통보했기 때문에 불가하다고 말한다. 연일 비판상소가 제기되는 가운데 6월 7일 충격적인 내용이 담긴 이들에 관한 상소가 올라온다.

"통사 박청·최세영·홍겸은 중국 사신의 차비差備, 시중을 맡은 임시직으로서 국가에서 금기하는 물건도 다 알려 주어 중국 사신들에게 그 욕심을 채우도록 해서 환심을 얻은 뒤에 남몰래 가자를 올려 주도록 청했습니다. 임금을 업신여기고 나라를 판 죄가 매우 큽니다. 꺼림 없이 법도를 어긴 것이 이토록 극도에 이르렀으므로 듣는 자마다 누구나 다 몹시 분하게 여깁니다. 빨리 의금부에 명을 내려 율문에 따라 엄하게 죄를 다스리고 가자도 아울러 고치소서."

단순한 뇌물제공이 아니라 일종의 기밀누설에 해당되기 때문에 그냥 넘어갈 수 없었다. 인종도 가자를 취소하지는 않지만 의금부에서 죄를 다스리라고 명한다. 통사로서 해서는 안 될 치명적인 잘못을 저지른 것이다.

이들 세 사람 중에서 그나마 가장 활발한 활약상을 보인 것은 홍겸이었다. 홍겸은 1537년(중종 32)부터 1562년(명종 17)까지 장장 25년 동안 통사로 일했다. 특히 초창기에는 그에 관한 중종의 생각이 좋은 편이었다. 1537년 중종은 홍겸이 보낸 보고서를 읽어 보면서 "알아보기 쉽게 글을 잘 썼다."고 칭찬한다.

그리고 어전 통사까지는 아니지만 북경을 오가고 중국 사신이 오면 상사와 부사 중에서 상사의 통사를 맡은 것으로 보아 상당한 실력의 소유자였던 것은 분명하다. 1545년 때 박청·최세영 등과 고초를 겪었던 홍겸에 대한 기록은 10여 년 동안 나오지 않는다. 홍겸은 12년 후인 1557년이 되어서야 다시 북경을 오가는 사신단의 통사로 활약한다. 1558년에도 홍겸은 사신의 요청으로 1품계 특진을 해서 신하들의 비판을 받는다. 다음 해 3월에는 안자명과 함께 명종 앞에 불려가 서로 중국말로 대화하는 시연을 보이기도 했다.

1562년 3월 29일 기록을 보면 홍겸의 아들도 통사의 길을 가고 있었던 것 같다. 당시 공조판서가 명종에게 호통당하는 장면에서 "홍겸이 하루는 나에게 옷감을 보내고서 자신의 아들을 압해관으로 삼아 달라고 청탁하길래 물리쳤다."고 말한다. 아들을 위해 뇌물을 썼다가 거절당한 것이다.

주로 공무역을 맡았던 박청의 경우에는 원래 질이 안 좋은 편이었다. 그는 이미 1537년에도 국가가 중국과 무역해야 할 물건 중 절반 이상을 떼먹었다가 들통이 나 처벌받은 적이 있다. 1539년에는 진하사進賀使의 통사로 북경을 다녀왔다. 어느 정도 실력은 있었다고 봐야 한다. 박청은 1544년에도 공무역에 문제가 생겨 형을 받는다.

그러나 최세영의 경우에는 1545년(인종 1)에 고초를 치른 후 사망했는지 더 이상 이름이 나오지 않는다. 홍겸이나 박청이 그후에도 계속 활동을 하는 것으로 봐서 더욱 그렇다.

왕의 죽음을 전하는 임무를 맡다
• 고언명

고부사의 명을 받다

조선에서는 임금이 죽으면 명나라 예부에 이 사실을 알려야 했다. 이런 임무를 띠고 북경에 가는 사신을 고부사告訃使, 말 그대로 부음을 전하러 가는 사신이다. 1544년 39년 동안 임금 자리에 있던 중종이 세상을 떠나자 고언명高彦明은 동료 통사 이석과 함께 고부사의 통역관으로 북경에 갔다. 그리고 선래 통사로 1545년(인종 1) 2월 27일 한양에 돌아와 북경에서의 일을 보고한다.

먼저 명나라 관리가 "중종이 언제 돌아가셨고 춘추는 얼마이며 재위기간은 또 얼마인가, 그리고 세자의 나이는 어떻게 되는가?" 등을 물어서 고언명 등이 답하려는 순간, 옆에 있던 다른 관리가 갑자기 "강정왕康靖王은 어느 해에 훙서하시고 양로왕養老王은 어느 해에 승계하셨는가?"라고 쓴 작은 종이를 이석에게 내밀었다. 여기서 강정왕은 성종이고 양로왕은 연산군이다.

이에 이석 등이 곧 사신에게 물어본 다음 다시 종이에 써서 "강정왕은 홍치弘治 7년에 홍서하셨고 양로왕은 8년에 승습하셨다."고 답했다. 그러나 그 명나라 관리는 해당부서에 그 종이를 넘기면서 홍치 6년에 화재가 나는 바람에 각종 기록들이 소멸되어서 새로 증빙할 근거를 마련하기 위해 글로 쓰라고 한 것이라고 밝혔다. 문제는 그다음이다.

이를 지켜보던 명나라의 사제사랑祠祭司郞이 "양로왕은 살아 계신가?" 하고 묻고 고언명 등이 "아직 살아 계시다."라고 하자 다시 '병은 나으셨느냐?' 하고 물었다. 이에 병이 있어 밖에는 못 나가고 집에만 계신다고 하자 나이를 물었고 이제 일흔이라고 답했다.

명백한 거짓말이었다. 연산군은 폐위되어 강화도에 유폐되었다가 1506년(중종 1)에 30세 나이로 죽었다. 이것은 자칫하면 커다란 화를 부를 수도 있는 거짓말이었다. 이 말을 들은 조정은 발칵 뒤집어진다. 인종은 앞으로도 문제가 되지 않도록 처리할 수 있는 방안을 찾아내라고 명한다.

"선래 통사의 말로 보건대 양로왕을 이처럼 거론했으니 매우 염려스럽다. 혹 중국 사신이 와서 이것을 묻는다면 어떻게 답해야 하겠는가? 적절히 응대할 말과 뒤탈이 없게 할 내용을 조정이 미리 헤아려 조처하도록 삼공에게 이르라."

다행히 그후 사신이 왔을 때 이 문제는 별로 부각이 되지 않아 무사히 넘어갔다. 그리고 그해 7월 인종이 세상을 떠나자 다시 고언명은 고부사의 통사로 북경에 갔다가 11월에 먼저 돌아온다. 이때 그는 명나라가 인종의 시호를 '영정榮靖'으로 정했다고 조정에 보고했다.

그후 한동안 고언명에 관한 기록이 없지만 아마도 계속해서 중국을 오가는 사신들의 통사를 하면서 명나라 사신이 왔을 때는 영접을 맡는 통사로 활약했던 것으로 보인다. 고언명에 관한 기록이 다시 나오는 것은 1554년(명종 9) 1월 22일이다. 유감스럽게도 그의 잘못이라고 할 수는 없지만 좋지 못한 일 때문이다.

사헌부는 사은사로 갔던 김주가 명나라 예부에서 상을 주려 하자 그의 종이 나서 자기 이름도 끼워 달라고 했다. 그래서 동지사가 그 부탁을 들어주었다. 그 바람에 사신 동지사·서장관 등이 파직되거나 투옥되었다. 나라의 이름을 욕되게 했다는 것이다. 이 과정에서 통역을 맡았던 고언명도 의금부에 끌려가는 봉변을 당했다. 고언명으로서는 다소 억울할 수도 있었다.

1558년 3월 17일 세자를 책봉하는 글을 갖고 왔던 명나라 사신이 돌아가자 명종은 관련된 인사들에게 은전을 베풀라고 명한다. 이런 일이 있을 때는 문신들도 혜택을 입지만 대부분은 통사들의 몫이었다. 이때도 원접사 권철, 도승지 이탁, 우부승지 이감 등 대여섯 명을 제외하고는 대부분 통역과 관련된 분야에서 일한 사람들이 차지했다. 당시 통역관들이 맡았던 직책을 볼 수 있다는 점에서 전문을 인용한다.

"어전 통사 주양우·고언명, 도감낭청都監郞廳, 영접도감의 실무진들 윤행·이언경·유종선·이중호, 상천사 별통사上天使別通事, 명나라 쪽 상사를 담당하는 통사 홍겸은 각각 한 자급資級씩 올려주고 …… 관반 정사룡은 각각 안장이 있는 말을 내리고, 별통사別通事, 명나라 쪽 부사를 담당하는 통사 김기, 소통사小通事, 기타 수행원들을 통역하는 통사 곽지원·장세곤은 그 아문衙門, 해당기관의 으뜸가는 녹祿을 주고…… 어전예차 통사御前預差通事, 예비 어전 통사 등은 차등을 두어 상을 내리라."

여기서 한 가지 눈에 띄는 것은 고언명이 마침내 주양우와 함께 어전 통사가 되었다는 사실이다. 그런데 바로 그날 사헌부에서는 이들에 대한 특진이 부당하다는 상소를 올린다. 이에 대한 명종의 답변을 봐도 고언명은 중국 쪽의 부탁이 아니라 국왕 총애 때문에 어전 통사에서 한 자급이 올랐음을 알 수 있다.

"고언명·주양우는 어전 통사로서 통역한 공로가 없지 않으며, 홍겸은 사신의 청에 따라 자급을 준 것이고 으뜸가는 녹을 준 역관 등도 다 사신의 청에 따른 것이다."

즉 고언명과 주양우는 중국 사신의 청을 따른 것이 아니다. 이를 보더라도 그에 관한 별다른 기록이 나오지 않던 1547년부터 1554년 사이에도 계속 일급통사로 활약했다고 추정하는 게 온당할 것 같다.

임진왜란 때의 외교 첩보원

• 정득, 진씨 삼형제, 박의검

정2품 중추부 지사까지 오르다

정득鄭得은 1585년(선조 18) 역과에 합격해 역관의 길에 들어섰다. 이 때 그의 나이 대략 20세 안팎이었다고 볼 수 있다. 그에 관한 최초의 실록 기사는 임진왜란이 한창이던 1597년 6월 14일에 나온다. 명나라 장수 총병 오유충이 선조를 방문하자 선조가 그를 맞이하는데 이 때 통역을 맡는 사람이 정득이다. 오유충은 평양전투 때 철환을 맞는 부상을 입기도 했다. 그런데 오유충은 무슨 이야기를 나누다가 그 옆에 있던 정득을 가리키며 "명나라 군 내부의 복잡한 사정은 정통사가 아는 바입니다."라고 말한다. 정통사란 통사 정득을 말하는 것이었다. 그리고 이 무렵 정득은 오유충의 전담 통사로 일하며 중국 측 비밀을 조선 조정에 전하기도 했다.

명나라 사신이나 장군의 접대를 책임지고 있던 접반사 윤형이 1597년 6월 28일 통사 정득의 보고를 선조에게 올렸다. 하루 전날인

6월 27일 저녁 명나라 관리 호응원이 오유충을 찾아와 한동안 이야기를 하고 돌아간 후 오유충이 정득을 조용히 불렀다는 것이다. 오유충은 정득에게 이렇게 말하는 것이었다.

"국왕이 왕자녀를 다 내보내고 국왕 역시 곧 뒤따라 나갈 것이라고 들었는데 그런가? 이것은 무슨 뜻인가? 중국에서 그대 나라를 위해 이처럼 싸우고 있는데 국왕은 수습할 생각은 하지 않고 이처럼 하고 있다니, 만약 국왕이 아침에 나가면 우리는 저녁에 돌아갈 것이다. 나는 집을 떠난 지 7년이 되도록 만 리 이역에서 분주하게 일하고 있는데 이것이 어찌 좋아서 하는 일이겠는가. 국왕이 스스로 자기 나라를 버린다면 명나라 군이 무엇 때문에 그대 나라에 와서 지키며 전량錢粮, 돈과 식량을 허비하겠는가. 이것이 무슨 일인가? 듣고는 매우 괴이해 놀랐다."

이에 정득은 그럴 리 없다고 했는데도 오유충은 의심을 풀지 않았다며 조선 사정을 잘 아는 도사 호응원이 그런 말을 한 것으로 보이니 호응원을 불러 오해를 풀어야 하지 않겠느냐고 선조에게 건의했다. 그러나 선조는 그럴 필요 없다고 잘라 말한다.

그후에도 정득은 차비 통사로 명나라 군의 지도부나 명나라 사신의 통역으로 활약하며 중요한 정보들을 조선 조정에 은밀하게 제공하는 활동을 한다.

그런데 전쟁이 끝난 후인 1606년(선조 39) 11월 16일 정득은 사헌부의 탄핵을 받는다. 형조의 낭관에게 뇌물을 제공했다가 발각된 것이다. 이로 인해 정득은 관직을 삭탈당했다. 정득은 광해군 때 다시 통역현장에 나선다. 그런데 명나라 사신은 광해군을 책봉하면서 은 1만 냥을 요구했다. 1609년(광해군 1) 6월 1일 사간원은 이 일과 관련해 이미 은 3,000냥을 보냈음을 지적하면서 역관이 성심을 다해 일을 하지 않아 이런 일이 생겼다며 통사 표헌과 정득의 처벌을 요청했다.

그러나 이는 애초에 두 사람에게 책임을 물을 성질의 것이 아니었기 때문에 별 탈 없이 지나갔다. 오히려 다음 해인 1610년 5월 7일 정득은 주품사 신흠을 수행해 명나라에 가서 성공적인 임무수행을 했다고 해서 함께 갔던 당상 통사 임춘발과 함께 큰 상을 받았다. 이때 정득의 관직은 정2품으로 정헌대부였으며 중추부 지사까지 이르렀다.

삼형제 통사

먼저 진효남秦孝南은 임진왜란이 터진 1592년(선조 25)부터 1603년까지 활약했던 통사다. 1592년 7월 진효남은 표헌과 함께 조선을 지원하기 위해 들어오는 명나라 장수들의 통역으로 활약한다. 실록 11월 30일자 기록에 보면 우리 군의 도원수를 보필하는 유희서가 비밀리에 선조를 찾아와 보고를 올리는 대목이 있다. 명나라의 조속한 지원을 바라는 선조가 왜 일이 제대로 진행되지 않느냐고 따지자 유희서는 이런저런 보고를 하는 중에 이렇게 말한다.

"심유경은 진효남과의 사이가 매우 친밀해 심지어 윤근수와 한응인에게 진효남을 당상관으로 올려 주라는 부탁까지 했습니다. 외모로 보아서는 매우 관대하게 대우하는 듯했으나 그의 속마음은 실로 헤아릴 수 없습니다."

심유경은 명나라 장수로 훗날 도요토미 히데요시와 거짓화평조약을 맺어 일본군의 재침을 초래하는 바람에 참수형을 당하게 된다. 그런 심유경이 진효남과 친분이 두터웠다는 것은 당시 진효남의 통역실력이 만만치 않았다는 뜻이기도 하다. 그후 진효남은 명나라 제독 이여송의 전담 통사가 되어 조선 관리들과의 대화를 통역했다. 그 조선 관리 중에는 이항복도 포함되어 있었다.

1601년 4월 30일 전쟁이 끝나고 나서 대신들에 대한 논공행상이 이뤄지는 가운데 비변사가 올린 글 중에 진효남의 이름이 나온다. 선조가 의주로 몽진蒙塵할 때 진효남은 서울에서 의주까지 직접 따라왔다고 하는데 일부에서는 평양에서 뒤늦게 따라붙었다고 주장하니 직접 선조가 가려 달라는 것이었다. 그런데 2년 후인 1603년 선조는 이에 대해 "직접 호종했는지를 잘 모르겠다."고 답한다. 이것으로 그의 이름은 실록에서 더 이상 나오지 않는다.

진지남秦智南은 여러 가지로 볼 때 진효남의 동생이었던 것 같다. 진지남도 형과 함께 명나라 군대에 소속되어 통사로 활약했지만 그렇게 뚜렷한 활동을 보이지는 않았다. 오히려 그는 광해군 때를 지나 인조때 중용된다. 이때 그는 차비 통사로 활약하고 있다. 그리고 그의 활동은 주로 요동지방을 중심으로 이뤄졌다.

한편 진지남의 동생인지 형인지는 불분명하지만 진인남秦仁南은 광해군 때 압물 통사에서 상통사로 승진했다는 기록이 나온다. 다만 특별한 활약을 보인 것은 없다. 이 무렵 활발한 활동을 보인 사람 가운데 진예남이라는 이름도 나오는데 그 또한 이들과 형제이거나 가까운 친척이었던 것으로 보인다.

애국심이 강했던 통사

임진왜란 당시 통사들의 활약상은 다양했다. 그중 명나라 장군의 전담 통사로 일했던 역관을 군문 통사라고 불렀고 특히 박의검朴義儉은 군문 통사로 뛰어난 능력을 발휘했다.

통사 박의검에 관한 기록이 처음 나오는 것은 임진왜란이 터지고 3년이 지난 1595년(선조 28)부터다. 그전에는 나이가 어렸거나 직위가 장군의 통역을 맡을 만큼 높지 않았기 때문일 것이다. 1595년 5월 13일의 기록을 보면 박의검은 명나라 부사 양방형의 예비 통사다. 그렇게 높은 지위는 아니었던 셈이다. 그러나 이때 명나라 사신은 정사와 부사 사이에 갈등을 빚고 있었고 이런 내용들을 자세하게 파악해 접대도감을 통해 조선 조정에 보고한 인물이 바로 박의검이다.

다음 해 박의검은 휴전협상을 하러 일본을 방문하는 명나라 부사를 수행했다. 아마도 남호정도 그때 같이 갔을 것이다. 그런데 남호정은 정사와 부사 사이의 문제에 연루되는 바람에 관직에서 쫓겨난 반면 박의검은 오히려 성공적인 임무완수를 이유로 귀국한 후에 특진을 한다.

그리고 그해 6월 1일 박의검은 선조를 알현하고 자신이 보고 들은 내용을 상세하게 보고했다. 그리고 6월 20일 선조는 다음과 같은 밀지를 승정원에 내리는데 거기에 박의검의 이름이 나온다. 일본과 협상을 하는 명나라를 지근거리에서 관찰해 정보를 입수하라는 내용이다.

"중국 사신이 도해바다 건너 일본에 들어감한다는 말은 틀림없다. 어제 내가 박의검을 들여보내서는 안 된다 했으나, 다시 생각하니 양 사신의 게첩揭帖, 통지문에 회답하지 않는 것은 온당하지 않다. 황신黃愼, 명나

라 사신이 거느린 역관과 진유격陳遊擊, 명나라 장군이 거느린 역관 김선경
金善慶 등 몇 사람은 박의검이 거느리고 있는 자라 칭해 일본에 따라
가서 적중賊中의 형지形止를 살피고 아무쪼록 중국 사람이 왕래할 때
에 함께 왕래해 첩보를 입수하게 하려 한다. 또 무변武弁 가운데에서
지혜가 있는 자를 가려서 문안사問安使라 칭해 박의검과 함께 대마도
에 들여보내 중국 사신이 말하는 것을 듣고 아울러 저들의 곡절과 적
병이 진퇴하는 절차를 정탐해 중국 사람과 같이 돌아오게 하는 것이
마땅할 듯하다."

한마디로 박의검을 위장해서 명나라와 일본의 정세를 알아내려고
하는 것이었다. 그만큼 박의검의 비중이 컸다는 뜻이기도 하다.

1597년 1월 1일 삼도수군 통제사 이순신 장군이 선조에게 글을 올
렸는데 그 내용은 자신의 부하 가운데 공을 세운 장수들을 포상해
달라는 건의였다. 여기서 이순신은 흥미롭게도 그 장수들이 공을 세
우는 데 결정적 기여를 한 인물로 박의검을 거론한다. 그만큼 박의검
의 애국심이 뛰어났던 것이다. 그리고 같은 시기에 통사로 활약한 박
인검이 있다. 아마도 같은 집안 사람인 것 같은데 훗날 정3품 통정대
부까지 오르게 된다.

실록이 기록한 역관의 발자취

선존의宣存義

1403년(태종 3) 5월 11일

명나라 황제가 바뀌어 축하사절단 일원으로 북경을 다녀와 동료 통사 조사덕曹士德, 태종 초에 활약한 통사이며 통사 이자영의 매부·매원저梅原渚, 태종 초에 활약한 통사·강방우康邦祐 등과 함께 각각 밭 15결을 하사받다.

1413년(태종 13) 8월 4일

중국에 내시로 뽑혀 간 김음·최인계 등의 부친상과 모친상을 전하고 현지에서 사망한 통사 최호의 유골을 거두기 위해 주문사로 북경에 갔다가 10월 24일 돌아오다.

1416년(태종 16) 5월 18일

명례방明禮坊의 사역원 첨지사 선존의의 집 기둥에 벼락이 쳤다.

1417년(태종 17) 7월 17일

통사 선존의가 내시 노희봉과 함께 중국 사신 황엄을 접대했다.

1418년(세종 즉위) 10월 22일

오랑캐 정벌을 위해 북방을 찾은 중국 군사들을 선존의와 박미가 위로하고 동시에 정세를 염탐했다.

1419년(세종 1) 8월 5일

통사 최운과 선존의가 대마도에 포로가 되었다 돌아온 중국 사람 송관동 宋官童 등 12명을 만나 대마도에 관한 정보를 얻어왔다.

1419년 11월 27일

사은사를 수행했던 통사 선존의와 민광미가 명나라 서울에서 돌아와 황 제가 경녕군敬寧君을 극히 후대한 일을 아뢰고, 또 아뢰기를, "중국에는 기린·사자·복록福祿 등 이상한 짐승이 있는데 황제가 화공에게 이것을 그리라고 명하고, 홍여방으로 하여금 기다리고 있다가 다 그리거든 가져가게 했습니다."라고 했다.

1421년(세종 3) 8월 9일

통사 선존의가 북경에서 돌아와 말하기를, "우리나라에서 도망간 승려 홍혜洪惠 등이 천자의 명을 받들어 남경으로 가서 천계사天界寺에 거주하게 됐다."고 했다.

강방우康邦祐

1402년(태종 2) 9월 28일

통사 강방우가 요동에서 평양에 이르렀는데 서북면 도순문사都巡問使가 요동지방의 정세에 관한 강방우의 말을 급히 전했다.

1403년(태종 3) 5월 11일

명나라 황제가 바뀌어 축하사절단의 일원으로 북경을 다녀와 동료 통사 조사덕·매원저·선존의 등과 함께 각각 밭 15결을 하사받다.

1404년(태종 4) 4월 18일

근자에 조선국에서 보낸 화자火者, 내시 35명을 사역원 부사 강방우를 시켜 북경으로 데려가게 했는데 중도에서 병사한 2명을 제외하고 나만羅萬 등 33명을 중국 조정에 인계했다.

1404년 5월 21일

사역원 부사 강방우를 시켜 소 1,000마리를 요동으로 보냈다. 중국에 보내는 공물이었다.

1406년(태종 6) 5월 23일

동북면 도순문사 박신이 중 해선海禪을 잡아 서울로 보냈다. 해선이 사방을 유람한다는 핑계를 대고 몰래 중국에 들어갔다가 돌아와서 경원부慶源府 지경에 이르렀는데, 박신이 사람을 보내 유인해 잡아 보냈다. 순금사에 내려 대간과 형조가 함께 국문했다. 처음에 역자 강방우가 북경에 갔다가 돌아오다가 복주復州에 이르러 요동 천호遼東千戶 김성金聲을 만나니 말하기를, "본국의 중 해선과 계월戒月이란 자가 왔다." 했다. 중도에 이르러 강방우가 한 중을 만났는데 그가 해선인 것을 짐작하고 중국말로 말하기를, "네가 조선 중 해선이 아닌가?" 하고 바로 향어鄕語, 조선말를 써서 속이기를, "나는 동녕위 백호東寧衛百戶인데, 무릇 이 위衛에 사는 자는 모두 조선 사람이다. 네가 왔다는 말을 들으니 어찌 고향 생각이 없을쏘냐?" 하니, 해선이 말하기를, "산승도 이 같은 얘기를 들었습니다." 했다. 강방우가 조정에 즉각 보고했고 결국 해선은 붙잡히게 된 것이다.

1408년(태종 8)

사역원 지사로 승진하다.

1423년(세종 5)

사역원 판사로 요동에 말을 보내는 업무를 수행했다.

최윤崔倫

1442년(세종 24) 2월 17일

명나라 황제에게 신년 인사를 하고 다녀온 정조사 이조참판 성염조成念祖를 수행해 북경을 다녀왔다. 세종으로부터 옷 1벌을 하사받았다.

1443년(세종 25) 9월 15일

제주도 안무사 신처강이 바람에 휩쓸려간 강권두 등 7명의 이름과 용모를 적은 글을 올리자 최윤이 명나라 사신에게 전해 혹시 명나라에서 그 사람들을 거두거든 송환을 부탁했다.

1446년(세종 28) 5월 11일

조정의 명을 받아 요동에 가서 무창군茂昌郡에서 잡혀 간 인구와 우마牛馬를 송환해 줄 것을 청했다.

1447년(세종 29) 윤4월 27일

통사 최윤이 중국의 모처로부터 입수한 첩보에 근거해 세종은 함길도 도절제사에게 북방의 방어를 튼튼히 하라고 당부했다. 최윤은 중국의 지인들로부터 북방 깊은 곳의 달달達達 와라야瓦剌也가 먼저 억만 명 군사를 거느리고 여름이나 가을쯤 해서海西의 야인野人을 습격하려 한다는 첩보를 입수해 조정에 보고한 바 있다.

1449년(세종 31) 2월 21일

세종의 밀명을 받고 요동을 다녀오다.

1450년(문종 즉위) 5월 17일

사은사로 갔던 병조참판 조서안趙瑞安과 형조참판 안완경安完慶을 수행해 중국 황제를 알현하고 돌아오다. 최윤은 통사로 갔던 김유례와 함께 각각 밭 10결을 하사받았다.

1450년 8월 8일
명나라에서 온 사신 윤봉 등을 접대하다.

1450년 8월 29일
명나라 사신 윤봉이 하사받은 집을 직접 가서 보고는 최윤에게 대만족을
표시했다.

1451년(문종 1) 5월 15일
호군으로 승진한 최윤은 일본에 잡혀 있다가 풀려난 중국 사람 38명을 요
동에 인계했다.

1453년(단종 1) 10월 8일
사용司勇 최윤은 조선으로 도망해 온 중국 사람 최자탑 등 11명을 요동에
인계했다.

1454년(단종 2) 3월 1일
최윤은 조선 사람으로서 명나라에 환관으로 들어간 김흥여의 부탁을 받
고 그의 조카인 김담에게 편지와 각종 선물을 전했다가 발각되었다. 이 일로
사헌부에서는 최윤을 참형에 처해야 한다고 했으나 관직을 3품계 깎이는 것
으로 마무리되었다.

1455년(단종 3) 1월 30일
고신을 되찾았다.

사진 제공

〈이천우 영정〉_국립광주박물관
〈요동지도〉_국립중앙박물관
〈해동지도—경도〉_규장각한국학연구원
〈연행도〉_숭실대 한국기독교박물관
〈연행사〉_명지대 박주석 교수
〈동팔참〉_한국학중앙연구원
〈통문관지〉_규장각한국학연구원
〈노걸대언해〉_규장각한국학연구원
〈박통사언해〉_대구가톨릭대 중앙도서관
〈석성 초상화 초본〉_국립중앙박물관
〈한음 선생 영정〉_개인 소장
〈평양성탈환도〉_국립중앙박물관
〈대완구〉_육군박물관
〈인조14년 통신사입강호성도〉_국립중앙박물관
〈동국정운〉_건국대학교 박물관
〈경교명승첩〉_한국 데이터베이스 진흥원 공공저작권 신탁관리시스템
〈망원정지〉_한국학중앙연구원
〈훈몽자회〉_한국학중앙연구원
〈연려실기술〉_규장각한국학연구원
〈성호사설〉_성호기념관
〈이산해 영정〉_국립중앙박물관
〈심희수 영정〉_국립중앙박물관
〈동국병감〉_한국학중앙연구원
〈유구국도〉_국립중앙박물관

이 책에 사용된 사진들은 대부분 저작권자의 동의를 얻었지만, 저작권자를 찾지
못하여 게재 허락을 받지 못한 사진에 대해서는 확인되는 대로 허락을 받고 정식
동의 절차를 밟겠습니다.

KI신서 4693

실록으로 읽는 조선 역관 이야기
조선을 通하다

1판 1쇄 발행 2013년 2월 28일
1판 2쇄 발행 2013년 5월 3일

지은이 이한우
펴낸이 김영곤 **펴낸곳** (주)북이십일 21세기북스
부사장 임병주 **출판콘텐츠기획실장** 안현주
기획 송무호 오미현 **편집** 김춘길 이상실 **디자인 표지** twoes **본문** 노승우
마케팅영업본부장 이희영
광고제휴 김현섭 김다영 강서영 **프로모션** 민안기 최혜령 이은혜
영업 이경희 정병철 정경원
출판등록 2000년 5월 6일 제10-1965호
주소 (우413-756) 경기도 파주시 회동길 201 (문발동)
대표전화 031-955-2100 **팩스** 031-955-2151 **이메일** book21@book21.co.kr
홈페이지 www.book21.com **트위터** @21cbook **블로그** b.book21.com

© 이한우, 2013

ISBN 978-89-509-4693-7 03900
책값은 뒤표지에 있습니다.